文物名家大讲堂

中国工艺

主　编　中国文物学会
　　　　专家委员会

主　讲　陈丽华
　　　　刘静
　　　　李永兴
　　　　冯乃恩
　　　　李英华

《中国工艺》

主　　编　中国文物学会专家委员会
顾　　问　罗哲文　谢辰生　彭卿云
执行主编　刘　炜　段国强
艺术总监　田　村

主　　讲　陈丽华　刘　静　李永兴　冯乃恩
　　　　　李英华
文字统筹　侯　闽　段国强　陆晓如
版式设计　大禾文化
排　　版　刘新慧

中国文物学会专家委员会简介

中国文物学会专家委员会是中国文物学会的下属机构，成员由全国各地的文物、博物馆、考古等有关机构的知名专家组成，包括各学科的专家84名，均为所在学科的学术带头人，他们在各自的研究领域有着突出的成就，有些甚至被誉为“国宝级”的专家。

中国文物学会专家委员会积极参与国家文物、考古和博物馆的学术研究、管理与保护工作，出版了大量权威性的、在全国具有广泛影响力的图书，并多次获得国家图书奖，为弘扬和保护中华传统文化发挥着重要的作用。

凝聚大家智慧
传承文明之光

书贺『文物名家大讲堂』出版

戊子初春

罗哲文

引言

中国工艺美术品涉猎门类广泛，品种繁多。广义上说，在各类古代文物中，诸如玉器、青铜器、金银器、陶器、瓷器、漆器、珐琅器、竹木牙角雕、玻璃器以及织绣等，都可归为工艺美术品。但因玉器、青铜器、金银器、陶器、瓷器工艺自成体系，因此均单独成卷。而将上述类别以外的漆器、珐琅器、竹木牙角雕刻、玻璃器以及织绣合为工艺卷。

中国工艺美术不仅门类繁多，产生的历史更是悠久。中国是世界上最早使用漆器的国家，最早的漆器可追溯到距今七千年前的新石期时代早期，并应用到人们的生活中，在战国、两汉及明清时期出现了三次制作高潮。竹木牙角雕刻最早也可追溯到新石器时代，经过漫长的发展，到明清时期成为一门独特的工艺。中国更是世界上最早开始养蚕，并发明缫丝、织绸、印染和刺绣工艺的国家，从此，中国的织绣工艺以先进、复杂的技术，精致优良的性能，丰富多彩的花色品种而著称于世界，被誉为“丝国”。玻璃虽然是在青铜冶炼中偶然产生的，而且在很长一段时间内一直是玉器的代用品，但也逐渐发展成为一门独立工艺，并逐渐吸收西方的玻璃配方及先进的成型工艺，制作出具有中国特色的玻璃器。金属珐琅器虽然出现较晚，而且是自国外传入的，但它自诞生那天起，就成为皇家贵族的专用品，在皇家的支持下迅猛发展，并与中国传统艺术结合，成为中国文化善于吸收外来文化精髓变为己用的文化精神的有力证明。

从祖先留下来的难以计数的古代工艺珍品中，可领略它们所具有的品种丰富、技法多样、纹饰富丽、制作精湛的特点。它们不仅在工艺美术的百花园中绚丽夺目，成绩斐然，而且是中华民族几千年灿烂的文明史以及中国人民伟大的创造力和聪明才智的见证，在中国艺术史上占有重要的一页。但是，因为工艺门类繁杂，作品存世量少，与传统的青铜、陶瓷、玉器等重器比较，属于少有人关注的小项，在历来的文物研究和收藏中缺乏应有的重视。因而在今天国家提倡保护传统工艺、古代工艺品收藏渐热的时代背景下，为广大藏家提供全面系统的关于古代工艺品的知识显得尤其重要。因此，敦请故宫博物院陈丽

主讲　陈丽华

华（漆器）、刘静（竹木牙角雕刻）、李永兴（金属珐琅器）、冯乃恩（玻璃器）、李英华（织绣）等多位在研究中国古代工艺品方面颇有建树的专家学者开讲，可算是对于中国古代工艺研究、鉴赏的补阙之作。

特别需要说明的是，本书的主讲者之一李英华女士，已于2004年因病去世。她长期从事古代织绣工艺的研究，发表了大量的有关著述。本书第五讲“织绣风华灿烂”改编自她生前的著作，借着本书的出版，也算是对这位耕耘一生的专家的纪念吧！

目录

第一讲　漆出千文万华来

第二讲　竹木牙角显雕艺

第三讲　宫廷珍宝珐琅器

第四讲　晶莹剔透玻璃器

第五讲　织绣风华灿烂

第一讲 漆出千文万华来

主讲 陈丽华

漆器是中国独特的一种工艺门类。中国最早的漆器可追溯到距今七千年前的新石期时代早期，并开始应用到人们的生活中。西周时期，漆器已被应用，器形、纹饰与青铜器相似，具有礼器的作用。战国至西汉时期漆器发展繁荣，品种繁多，应用范围从礼乐器、生活器、兵器、车马器到专用于陈设的工艺品，已有了彩绘、描金、锥画、戗金以及加扣、镶嵌等多种工艺技法。隋唐至宋元，漆器生产由实用转向艺术，元代还出现了一些以制作漆器著名的工匠。明清时期，漆器得到了皇家的推崇，宫中设有专门的制作机构，不仅将以往的工艺技法发扬光大，还创出了许多新工艺、新品种，在数量、品种、工艺诸方面均达到了历史的最高峰。

1.最早的漆器

漆器是中国发明的一种古老的传统手工艺品。以漆液涂在器物的表面，制成日常器具或工艺美术品。漆液是漆树上分泌出的一种半透明状、灰乳白色的液体，遇到空气氧化后变成黑色。漆树生长五至十年后即可割漆，即将漆树皮用刀切口，插入竹管外导，这就是天然生漆，俗称大漆。漆树在中国分布普遍，主要有贵州、四川、云南、湖南、江西、安徽、陕西、河南等地，越南、朝鲜、日本、泰国、印度等地也有生产。生漆的主要成分是漆酚、漆酶、树胶质及水分等。用它作涂料，有耐潮、耐高温、耐腐蚀等特殊功能。生漆直接调灰料、漆糊，用以做漆胎，经过加工提炼可调制成多种色漆，光彩照人。

中国古代漆树的种植十分普遍。《尚书·禹贡》记："兖州、豫州贡漆。" 说明远在夏禹时代，生漆就被作为贡品，周代，漆树成为主要的经济林木，纳入林业管理规划之中，政府设有专官管理。战国时哲学家庄周"尝为漆园吏"。（《史记·庄周列传》）《周礼载师》云："唯其漆林之征，二十而五。"说明漆林利益的优厚。汉代时流传着"陈夏千亩漆，与千户侯等"的谚语，当时私有千亩漆收入的富豪之家，相当于一个千户侯；有千件漆器、千桶漆者，其财富相当于千乘之家的公侯（《史记·货殖列传》）。唐代大诗人王维在其辋川的庄园内就设有"漆园"，今所传宋代郭忠恕所绘的《辋川图卷》画有漆园等。明清两代，对漆树的种植和管理也十分重视。明太祖朱元璋于洪武年间，在南京东郊建立皇家漆园、棕园、桐园，种植漆、桐、棕树各千万株，以建造海

漆树

军战船。今南京孝陵卫有明代三种园林的遗址。陕西平利县牛王庙保留着清代对漆林管理的碑文。由此可见，漆树自古以来就被作为一种经济作物而加以种植、提倡，在社会经济中占有一定的地位。

在古代，以漆涂物，称为“髹”，用漆绘制图案纹样，称为“饰”。《韩非子·十过篇》云：虞舜“作为食器，斩山木而财之，削锯修之迹，流漆墨之上，输之于宫，以为食器。禹作为祭器，墨染其外，而朱画其内。”现代考古发掘资料证明，漆的使用和漆器的出现，在我国至少已有六七千年的历史。

朱漆木碗

新石器时代·河姆渡文化

高5.7厘米

口径10.6厘米

1978年浙江余姚河姆渡遗址出土

现藏浙江省博物馆

1978年，在距今约七千年的浙江余姚河姆渡遗址第三文化层中清理出一件木碗，内外都有朱色涂料，微有光泽。据科学鉴定，这种朱红色涂料为调朱色生漆。这是目前所知我国最早的漆器。这说明，至少在六七千年以前，天然漆就已运用于生活用品当中。中华民族是世界上最早用漆的民族之一。此碗的出土，对研究我国漆器的起源有极其重要的价值，是漆器工艺史上一个划时代的发现。

嵌玉朱漆高柄杯残迹及复制器

新石器时代·良渚文化

高29厘米

1986年浙江余杭反山12号墓

现藏浙江省文物考古研究所

漆绘黑陶罐

新石器时代·良渚文化
高8.6厘米 口径6厘米
江苏吴江县梅堰遗址出
现藏南京博物院

除此之外，新石器时代发现漆器的遗址还有几处。浙江余杭反山良渚文化古墓中发现一件嵌玉朱漆高柄杯，杯上髹红漆并嵌有玉石，可见良渚文化的漆工艺已能和玉雕镶嵌相结合。此杯出土时胎体已朽，但通体漆膜仍保持原状，是我国已知最早的嵌玉漆器。此器胎体浅浮雕图案，再上漆、嵌玉，工艺十分复杂。江苏吴江梅堰良渚文化遗址中发现漆绘黑陶壶，以棕红色为地，黄、红两色彩绘，经化学检测证明，彩绘物质与汉代漆器相同，为生漆，和仰韶文化的彩陶实验结果迥异。良渚文化的年代为公元前3300年～前2200年，距今5000～4000余年。

1978～1980年山西襄汾陶寺墓地的大型墓中，发现有部分彩绘木器，胎骨虽朽，仍可辨认的器形有鼓、圈足盘、斗、案、豆、俎等，多为红彩地，用白、黄、黑、蓝、绿色绘出图案；一部分器物仅单色红彩，彩皮剥落时呈卷状，与漆皮颇似。木器的造型和器表所用调合、黏接剂的物理性能，与漆器较为接近。发掘者认为，这一发现对揭示中国古代北方漆器的祖源不无意义。墓地的时代距今3800～4000年。内蒙古敖汉旗大甸子古墓中发现两件薄胎朱色漆器，器形似觚，经C^{14}测定，距今3400～3600年。

新石器时代的髹漆器物，像红、棕色等，均为调色漆。那么我国最早使用未经调色的天然漆始于何时，还有待于今后新的考古发现。

新石器时代的漆器，尚处在比较原始的阶段，器物主要以红、黑两色为主，也有棕红等色。器物的髹涂装饰方法，或为满涂，或有线条装饰，像江苏吴江出土的漆彩绘陶杯和陶罐，器身黑灰色地上彩绘着粗犷的线条，杯的口缘大面积涂饰。线条简单，上下交错有序，具有图案化、抽象化的特征，表现出原始的装饰艺术。

2. 商周漆器的进步

商代漆器，早期以河南偃师二里头遗址和河南安阳小屯墓葬中出土的漆器为代表。出土物中残存的棺椁表面雕刻的龙纹及彩漆雕花木板，均以红、黑两色漆为饰；还有钵、觚、鼓、盒等器，均表面髹朱漆，虽都已残损，但尚能辨认器形。在相当于商代早期的河北藁城遗址中，发现漆器残片26块，其中两块有画彩，其他都是先在木胎上用利刃雕成花纹，再涂朱色，有的花纹上还嵌有绿松石，所雕花纹表面呈浮雕式。在一块残片花纹间有安装合页的痕迹。在14号墓的一件圆盒朽痕中，发现一段半圆形金饰片，厚不到1毫米，正面阴刻云雷纹，显然是原来贴在漆器上的金箔。在遗址的墓葬内还发现四件漆器，胎已朽，据残片观察，器形有长方和圆形盒两种，饰有饕餮纹、圆点纹和云雷纹。商代晚期漆器从河南罗山县天湖墓出土的有黑漆木碗、丝线缠绕黑漆木柲及朱红弦纹黑漆木豆八件。在该墓地出土的青铜礼器中，有八件铜鼎和一件铜卣，在繁缛的饕餮纹、圆涡纹、夔龙纹和云雷纹阴线部位都填充了黑漆，使纹饰更加鲜明醒目，可见漆的使用已比较广泛。

漆棺残片

商

河北藁城台西村商代墓出土

现藏河北省文物研究所

西周时期出土漆器的有河南浚县辛村，陕西长安普渡村、张家坡，湖北蕲春毛家嘴，洛阳庞家沟、上村岭虢国墓地等，器形有漆豆、漆俎、椭圆形漆盘漆杯等。北京琉璃河燕国墓地也发现有漆器，多出于中型墓，有豆、觚、壶、簋、杯、盘、俎、彝等，器胎一般较厚

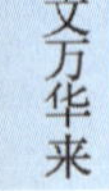

漆觚残迹

西周

残高28.3厘米

北京琉璃河燕国西周墓地出土

现藏中国社会科学院考古研究所

重，器表皆有漆绘，有些用蚌片、蚌泡等镶嵌，与彩绘共同组成装饰图案，其工艺之精，形态之美，代表了西周髹漆工艺的最高成就。这一时期的漆器在器形上与同时期的青铜器及装饰纹样颇为一致，可见，当时不同工艺品种间相互借鉴、相互影响的关系。

春秋时期有河南光山宝相寺黄君孟夫妇墓出土的主棺，通体髹黑漆，边缘朱绘窃曲纹及波纹。所出漆豆盘边有圆圈纹，用漆绘画出蚌泡装饰。同出河南光山的黄季佗父墓棺表面亦髹黑漆，朱红彩绘窃曲纹。山西长治分水岭墓出土的漆箱残片，旁有铜铺首，可知当时已有金属饰件。残片朱地黑纹，绘多条蟠绕的虬龙，纠结构成相连的图案，残片边缘饰蟠螭纹、窃曲纹、几何纹，变化繁多。长子县内古墓所出漆器纹饰与铜器相似，显示出与长治分水岭古墓出土的漆器的关系。所出器物有髹红黑漆舟、编竹胎黑漆盒及扁壶。扁壶多在秦汉墓中发现，在春秋墓中较为罕见。1971 年在齐国故城所在地的山东临淄郎家庄春秋晚期墓中发现一件圆形漆器残片，残存部分直径 19 厘米，图案分内外两层，中心绘三兽翻滚嬉戏，外层绘屋宇，中有人物，躬身相向而立，或举物过顶，或双手承接。屋宇之间用鸟、鸡、花草等填空隙。发掘者指出，残片的花纹题材及章法布局和其他地区所出东周漆器皆异，故认为是齐国风格。湖北当阳赵巷四号墓出土的彩绘蟠螭纹漆簋，通体以黑漆为底，饰红色云雷纹、波浪纹和变形窃曲纹。这是楚国最早的漆礼器，器形与中原的青铜器相同，纹样粗犷豪放。礼器一般多为青铜器，漆礼器较少见。

这个时期的漆器主要是以红、黑两色为主，或红地黑彩，或黑地红彩。漆器装饰纹样多为几何纹（有圆点、方圆、三角形、云雷纹等）、兽面纹（饕餮纹）、蕉叶纹，西周流行凤鸟纹、圆涡纹，春秋时期还出现窃曲纹、蟠螭纹、虬龙纹等，多为同期青铜器中常见的纹样，图案布局规矩、严谨，较少变化。

商与西周漆器在工艺技法上表现出鲜明的时代特点和工艺技术上的进步，特别是在装饰手法上有许多新的特点，如镶嵌和贴金箔工艺等。

镶嵌作为一种装饰艺术，出现在商代与西周时期的漆器上。镶嵌的物质主要有绿松石、玉石、蚌壳等。商代遗址中发现的饕餮纹的眼睛和眼角镶有磨制成圆、方、三角形的绿松石作装饰。河北藁城商墓出土的嵌绿松石漆棺残片，以红、黑两色漆为饰，勾勒出夔纹图案，并嵌以绿松石，虽是残片，但借此我们可以想见当初完好器物之精美。镶嵌是商代流行的装饰方法，商代青铜器上也常镶嵌绿松石。到西周时，漆器上做镶嵌更加普遍成熟，螺钿和蚌泡镶嵌技法盛行，成为这一时期装饰的突出特点。

螺钿是将蚌片组成的图案镶嵌在漆面上。蚌泡是将蚌壳磨成一面平整一面圆鼓的圆泡，将平整的一面嵌入漆器表面，鼓面向外。洛阳浚县辛村、庞家沟、上村岭、北

彩绘蟠螭纹漆簋

春秋

高21厘米

湖北当阳赵巷四号墓出土

现藏宜昌市博物馆

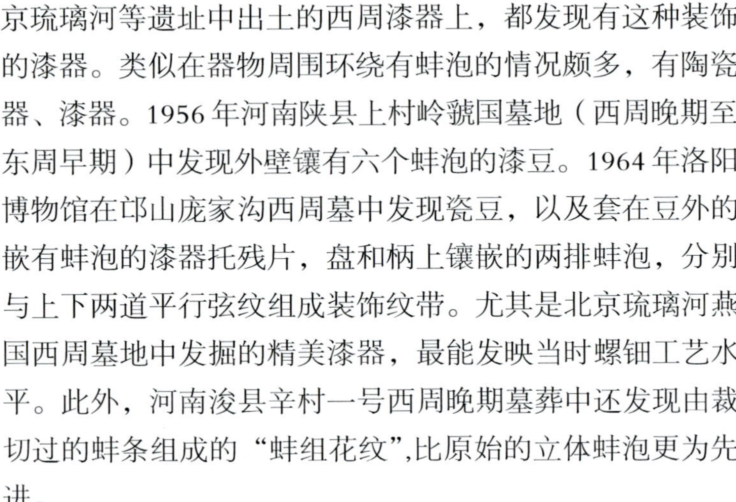

京琉璃河等遗址中出土的西周漆器上，都发现有这种装饰的漆器。类似在器物周围环绕有蚌泡的情况颇多，有陶瓷器、漆器。1956 年河南陕县上村岭虢国墓地（西周晚期至东周早期）中发现外壁镶有六个蚌泡的漆豆。1964 年洛阳博物馆在邙山庞家沟西周墓中发现瓷豆，以及套在豆外的嵌有蚌泡的漆器托残片，盘和柄上镶嵌的两排蚌泡，分别与上下两道平行弦纹组成装饰纹带。尤其是北京琉璃河燕国西周墓地中发掘的精美漆器，最能发映当时螺钿工艺水平。此外，河南浚县辛村一号西周晚期墓葬中还发现由裁切过的蚌条组成的“蚌组花纹”,比原始的立体蚌泡更为先进。

贴金箔工艺是将金箔纹饰镶贴到漆器上。商代河北藁城台西村遗址中发现的圆形漆盒中，有一段半圆形的金饰片，正面阴刻云雷纹，背面有朱漆痕迹，显然是原来贴在漆盒上的金箔。这个重要发现，把我国漆器上镶嵌金箔工艺的诞生时间提早到商代。北京琉璃河燕国墓地发现的一件漆觚上，器身贴有三道金箔，金箔表面光滑平整，与漆表面粘接牢固在下面两道金箔上，各镶嵌着三个间距相等的绿松石片。与朱漆、绿松石相映衬，十分美观，表明当时金箔加工和绿松石镶嵌技术已具有一定的水平。

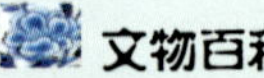

文物百科

螺钿、金箔

螺钿，又称钿嵌、陷蚌、坎螺或螺填，是一种镶嵌工艺，即将贝壳磨制成人物、花鸟、几何图形或文字等薄片，镶嵌在器物上作装饰。金箔，是用黄金锤成的薄片，多用在建筑、服饰、器物等表面贴饰。

黑漆嵌螺钿花鸟纹经箱

唐

长35厘米 宽12厘米 高12.5厘米

1978年苏州瑞光塔发现

现藏苏州市博物馆

阅读链接

螺钿漆器的起源

以螺钿嵌饰漆器，具有色彩斑斓、熠熠生辉的美感，是中国漆器的一种重要的工艺技法。宋人方勺《泊宅篇》中已有“螺填”之名，元末陶宗仪《辍耕录》中始称为“螺钿”。明代隆庆年间著名漆工黄成的《髹饰录》中更是列有“螺钿”条，并详述其工艺特征：“螺钿，……百般文图。点、抹、钩、条，总以精细密致如画为妙。又分截壳色，随彩而施缀者，光华可赏。又有片嵌者，界郭理皴皆以划文。”

但螺钿漆器的起源，目前还存在着争论。一般根据现存的考古资料认为起源于西周时期，如河南浚县辛村卫国墓中出土的蚌泡和各种经裁切的几何形蚌片组成的图案，北京琉璃河遗址出土的漆罍和漆豆，都是用裁切成片的蚌片磨成拼嵌出饕餮、凤鸟、圆涡等图案纹样，有的蚌片上还有划纹等。但也有人认为商代漆木器中已有蚌片镶嵌的痕迹，琉璃河出土的嵌螺钿漆罍具有晚商风格，因此主张“晚商说”。此外，还有“南北朝说”、“唐代说”等，都还有待于今后更多的考古资料的支持。

3.楚国——漆器的社会

战国是中国封建社会的初期，各地区的社会经济发展不平衡，由于政治制度、文化传统的不同，手工业和商业的发展也存在着差异。作为南方强国的楚国，土地肥沃，物产丰富，所以手工业和商业比较发达，这就给漆器生产创造了很好的条件。同时，南方温暖的自然条件，适宜漆树的种植，为漆器的发展提供了丰富的物质资源。到战国中期以后，楚国的疆域已包括现在的湖南、湖北、安徽、江苏、浙江等省的全部；山东、河南、四川、贵州等省的一部分，成为当时最大的国家。迄今为止，考古发现的战国漆器大多出自楚墓。近几十年来，文物考古工作者在湖南、湖北、河南、安徽、江苏、浙江等地发掘数千座楚墓，出土数以千计的漆器，反映了楚国髹漆业的兴盛发达。

彩绘木雕鸳鸯形漆豆
战国
高25.5厘米 径18.2厘米
湖北江陵雨台山楚墓出土
现藏荆州博物馆

湖北江陵是楚墓最为集中的地方，境内的纪南城是当时楚国郢都的故地，集中居住着楚国最上层的贵族富豪，鼎盛时期楚国高级贵族的墓葬便多在郢都附近。按战国礼俗，上层贵族的墓葬多用“人器”（主人生前使用的器物）随葬。因此，贵族们生前使用的大量精美漆器便随葬入墓。湖南长沙是当时楚国重要的城邑，楚国中下层贵族的墓葬非常集中，出土漆器的数量和品种相当可观。河南信阳长台关是楚国北方重镇。这些地区出土的楚国漆器数量最大。

楚国的上层社会简直就是一个“漆器的社会”。漆器开始取代以意识形态功能为主的青铜礼器。这意味着以青铜礼器象征统治者权势、身份和地位的周代礼仪政治制度的解体。湖北江陵楚墓中这一时代性的变化表现最为鲜明，作为随葬器物的漆器完全取代青铜礼器，或仿铜、陶礼器而

漆木酒具盒

战国

长71.5厘米 高19.6厘米

湖北荆门包山楚墓出土

现藏湖北省博物馆

单独使用。可以说，战国时期的楚国髹漆业代表了我国战国时期漆工艺的水平。

从出土的战国漆器看，品类多种多样，多数为实用器，少数为冥器，依使用功能，大致分为生活用具、娱乐用具、陈设工艺品、丧葬用具及车马饰件等。生活用具包括饮食用器、日用器等，有杯（耳杯、筒杯、豆形杯）、豆（圆形、方形、椭圆形、鸳鸯形等）、盒（奁盒、圆盒、方盒、罐形盒、带足盒、曲尺形盒、双耳椭圆盒、龟形盒、鸳鸯形盒等）、箱（衣箱、酒具箱、餐具箱），有卮、樽、壶、盘、碗、勺、俎、案、几、梳、篦、禁、桶、虎子、拐杖、床枕、架、扇把、绕线棒等。湖北江陵楚墓出土的彩绘木雕鸳鸯形漆豆，以木为胎，盖、盘扣合成一只蜷伏的鸳鸯，简练又不失生动。通体髹黑漆，以朱、黄两色漆彩绘金凤、云纹等。造型极具想象力，豆与鸳鸯形结合巧妙，色彩斑斓。楚人出行时常携带酒具盒和食具箱，称为“行具”。湖北荆门包山楚墓出土的漆木酒具盒，器盖、身均用整木雕成，盖首两端浮雕成龙首，器身两侧均雕有云纹龙足，漆内用隔板分为四段六格。出土时，盒外套有皮囊，内装耳杯两套，每

黑漆朱绘回旋纹几

战国

长60.6厘米 宽21.3厘米 高51.3厘米

1978年湖北随县曾侯乙墓出土

现藏湖北省博物馆

套四件，方壶一对和食盒一件。这类酒具盒虽然是楚国漆器的典型器物，但目前在楚墓中仅发现三件。湖北随县曾侯乙墓出土的黑漆朱绘回旋纹几，由三块木板榫接而成，遍髹黑漆，以朱漆绘云纹、回旋纹。结构简练、精巧，榫卯配合严实，色彩鲜艳、精美。

礼乐用具包括鼓、六博盘、瑟、笙、琴、竹篪、排箫、舞盾；与乐器有关的瑟指套、鼓捶、钟槌、钟架、磬架、磬槌等。瑟是中国独自发展起来的大型弦乐器。湖北随县曾侯乙墓出土的彩绘龙纹漆瑟，通体黑漆底，上施朱色，侧板绘有凤鸟纹、菱纹、云纹、变形龙纹，细腻繁缛，瑟尾则浮雕饕餮和龙蛇，是一件具有很高艺术价值的珍品。

陈列工艺品主要有木雕座屏、彩绘木鹿等。如曾侯乙墓出土的黑漆朱绘卧鹿，以整木雕成，头插真鹿角，作卧状，神态安详。鹿身以黑漆为地，朱绘花瓣纹和星

彩绘龙纹漆瑟

战国

长167.3厘米 宽42.2厘米 高13.7厘米

1978年湖北随县曾侯乙墓出土

现藏湖北省博物馆

点纹，形象真实，情态生动。

丧葬用具主要有镇墓兽、木俑、虎座立凤、木辟邪等；还有作为葬具的笭床、棺椁。

兵器类见有甲、盾、木剑、剑箙、箭箙、剑椟、矛柄、盾柄、戈柄、戟柄、刀鞘、匕鞘、剑鞘、弓、弩机以及兵器架等。帝王乘坐的车马具像龙首车辕、车舆栏杆、车伞柄、马镳、肩舆及车舆构件等。在兵器及车马具上髹漆，在战国时期十分常见，其主要作用是保护和装饰。湖南长沙五里牌楚墓出土的彩漆龙凤纹盾，用皮革制成，器形扁平，形似葫芦。两面均髹黑漆，用赭、黄色漆绘出生动的龙凤纹和云纹，颜色鲜艳，制作精湛。盾本来是一种防御武器，一般用木制成，而此件用皮革，并绘有美丽的花纹，很可能是舞蹈用具。

彩漆龙凤纹盾

战国

高64.5厘米 宽45.5厘米 厚0.7厘米

湖南长沙五里牌406号墓出土

现藏湖南省博物馆

黑漆朱绘卧鹿

战国

长45厘米

1978年湖北随县曾侯乙墓出土

现藏湖北省博物馆

4. 浪漫与巫术的结合

彩漆带流杯

战国

高10厘米　径19.3厘米

湖北荆门包山2号墓出土

现藏湖北省博物馆

战国楚墓出土的漆器大多饰有十分精美的花纹图案，其纹样涉及内容广泛，构思巧妙，极富想象，是我国古代装饰图案最为灿烂的时期，极具浪漫色彩，其基本特征是继承与创新并重。传统纹样来源于商周铜器上的夔龙纹、凤鸟纹、云雷纹等几何纹，经过大胆的处理，形成生动流畅、洒脱舒展的新风格。创新的纹样包括动物纹和叙事画类，也有神话鬼怪、巫术之类以及天象纹样的图案装饰。

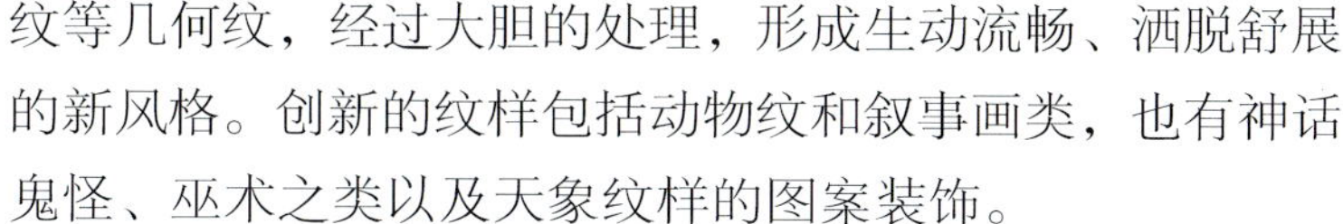

几何纹以直线和折线表现的有方块纹、三角纹、菱形纹等；以曲线表现的有云纹、雷纹、圆涡纹、窃曲纹、S形纹等；以点画表现的有目纹、点纹等。其中云纹是常见的主题纹样，形态变化繁多。这些花纹多来源于商周青铜器的传统装饰，特别是早期的漆器纹饰中，仿青铜器的占相当大的比例，且繁复多样，中期较为简化，晚期则改变。几何纹多作为装饰出现在器物的边缘，也有与其他纹饰交替使用的。

龙凤纹是当时漆器中普遍流行的纹饰，分为变形和写实两种，以变形为多，撷取主要的形体特征，运用流云纹、卷云纹或S形构成，或似蛇，或似螭，或作兽面带角等，还

彩绘龙纹漆瑟上的凤鸟纹

狩猎纹漆卮

战国

高12.8厘米 径11.2厘米

1952年湖南长沙颜家岭35号墓出土

现藏湖南省博物馆

有被抽象的龙纹，是早期龙的形象。凤鸟在楚文化中具有招魂、辟邪的含义，在楚文化中最为常见。写实的凤鸟纹是以写实手法表现禽鸟的形象，其头、眼、冠、足、尾、翅一应俱全。特点是或昂首振翅，或展翅欲飞，大步跨越等，表现出一种健壮、奔放、生机勃勃的活力。变形凤鸟纹则仅具凤鸟的主要形体特征，运用S形或卷云纹、流云纹、花枝纹的构图手法，唤起观赏者的想象力和联想力，别具意趣。这种夸张和具有神秘色彩的变形，在楚漆器纹饰中表现得极为突出，成为战国时期装饰图案的主题。湖北包山楚墓出土的彩漆带流杯，杯体通饰一只凤鸟纹，非常特别，可算是代表。

写实的动物纹在战国漆器上主要发现有虎、鹿、豕、马、牛、羊、猴、犬纹等。这些动物形象以完全写生的手法，构图生动逼真，形神兼备，如湖南长沙南郊颜家岭楚墓出土的狩猎纹漆卮，器壁以黑漆为地，绘朱色花纹。纹分为五圈：第一、三、五圈为鸟头变体云纹；第二圈为狩猎纹，绘有猎人、野牛、猎犬形象；第四圈绘有侏儒牵猴、奔兽、双鹤觅食等图案。构图想象丰富，笔法简练，神情生动，动物形象更是具有写实意味，充分显示了楚国工匠们的高超技艺。

以新兴的写实手法描绘现实生活场景与人物活动的生动场面，是战国漆器上最常见的题材，多取于现实生活中

车马人物出行图漆奁

战国

高10.4厘米 径28厘米

湖北荆门包山2号墓出土

现藏湖北省博物馆

黑漆朱绘二十八宿图匫
战国
长71厘米 宽47厘米
高40.5厘米
1978年湖北随县曾侯乙墓出土
现藏湖北省博物馆

三觭角雕镇墓兽
战国
长10.2厘米
湖北荆门包山2号墓出土
现藏湖北省博物馆

的宴饮、歌舞、攻战、出行、狩猎等活动场面。如荆门包山大冢漆奁上的“车马人物出行图”，共有26个人物，骑马、骈车各两乘。另有马匹、雁、狗、猪等禽畜。纹饰精美，特别是出行图案表现了当时贵族出行、迎宾的场面，景物比例准确，形象写实逼真，色彩柔和，线条勾勒圆熟，是一幅绝妙的美术作品，又是战国时期楚国礼俗、贵族日常生活诸方面的真实写照，具有极高的史料价值。

随县曾侯乙墓出土的漆器中，有一件二十八宿青龙白虎漆匫（衣箱），用漆书写一个篆文大“斗”字，表现出北斗在我国古代天文学中的特殊地位。环绕“斗”字，写有二十八宿的名称，绘有青龙、白虎形象。它是迄今为止我国发现时代最早的描写天文的文献之一。把我国二十八宿全部名称的可靠记载提到战国初期，说明二十八宿在我国创立不会晚于公元前6世纪，这是研究中国古代天文学的一件重要文物。

战国楚漆器有一个十分突出的特点，就是具有浓郁的巫术神话色彩，如在漆器纹饰中的各种奇异怪诞的神灵，夸张变形的人和动物形象以及镇墓兽、辟邪等髹漆葬具。曾侯乙墓出土的漆内棺在方形和矩形画面中分别布置不同类型的神异、龙凤及怪兽形象。神怪图象，形貌极其谲诡怪异同墓出土的彩绘乐舞图鸳鸯形漆盒，盒腹两侧的撞钟击磬图和击鼓舞蹈图，分别绘一乐师手持长棒在悬挂甬钟和石磬的鸟形笋虡旁撞钟的场面，人物造型都夸张到怪异的程度，撞钟击磬的乐师乍看竟似鸟人，造型奇诡，给舞乐活动笼罩上一层梦幻的色彩，是研究中国古代神话，探寻其精神世界的钥匙。

漆镇墓兽是战国楚墓中最有特色的随葬品之一。其形制有单头、双头、变形龙面式、变形人面式等等。漆木辟邪，也是战国楚墓中所见的丧葬具，其形象神秘古怪。

文物百科

镇墓兽　辟邪

镇墓兽，中国古代放在墓葬中的神兽。有兽面、人面，鹿角，保护死者亡灵不受伤害。辟邪，中国古代瑞兽，形似狮，头有角，身有翅，具有祈福祛邪的作用。

彩绘乐舞图鸳鸯形漆盒

战国

长20.1厘米　宽12.5厘米　高16.5厘米

1978年湖北随县曾侯乙墓出土

现藏湖北省博物馆

5.先进的工艺

战国楚漆器在制作工艺上，很突出的一点表现在器物制胎工艺的进步上，这是漆器形制变化多样的前提和基础。战国漆器以木制胎骨为主，还有夹纻胎，皮、竹、藤胎等。

楚国漆器早期的木质胎骨比较厚重，器物不够轻巧。至中、晚期胎骨减薄，薄木胎器明显增多。木胎制作方法有斫削、碹凿、卷接、雕刻等多种。斫削方法简单，大多采用整块木料先挖制成型，再斫削外型，如耳杯。圆形器物多采用挖制内部碹制器表，这类器物外表留有碹制加工痕迹。卷接是将长条形薄木条卷合起来作成器物的胎体（卷成圆桶状，用漆液粘合），再依所需装上盖、底板拼合而成，这种方法是楚国漆器胎体制造工艺的一大进步。雕刻是楚国漆器中最富有特色的工艺，有圆雕、浮雕、透雕及榫卯结构、粘接工艺等综合手法。曾侯乙墓出土的彩漆

凤鸟纹漆耳杯
战国
径15.7厘米
1982年湖北江陵马山1号墓出土
现藏湖北省博物馆

彩漆雕龙盖豆

战国

高24.3厘米　口径20.8厘米

1978年湖北随县曾侯乙墓出土

现藏湖北省博物馆

雕龙盖豆，盖钮与双耳作仿铜浮雕龙形装饰，盖顶雕三龙，耳面内侧为龙形鼻、嘴的兽面，耳面外侧饰两龙，耳的两旁各饰一大龙，耳顶面作一首双身龙。以黑漆为地，浮雕部位施鳞纹并间以金点，其他部位朱绘云纹、菱形带纹、变形凤纹。雕刻精致，彩绘艳丽，如同新作。湖北江陵望山楚墓出土的漆绘透雕动物纹座屏，整体运用透雕、圆雕、浮雕相结合的手法，雕刻出相互交织的动物55个，其中有大蟒20条、蛇17条、蛙2只、鹿、凤、雀各4只。黑漆地，以灰绿、朱红、金、银等漆彩绘凤纹等图案，髹饰精美，动物形态生动，堪称艺术杰作。

夹纻胎又叫“重布胎”，现代称之为“脱胎”。“纻”是麻类的一种，以纻麻纺成的织物为主要原料，在模具上先刮漆灰再贴麻织物，在麻织物上刮漆灰，待麻布干实，去掉胎模，磨光表面，即成胎骨，在其上髹漆彩绘花纹。此种胎骨具有胎薄体轻，造型随意，不易变形开裂等特点。夹纻胎至迟在战国中期已经出现，漆器中的夹纻胎骨虽数

漆绘透雕动物纹座屏
战国
高15厘米 宽51.8厘米
湖北省江陵望山1号楚墓出土
现藏湖北省博物馆

量不多，但是战国漆器胎骨的一大进步，属于新的器胎品种，是现代脱胎漆器的先驱。如四川青川郝家坪出土的黑漆朱绘虺龙纹樽，器壁是夹纻胎，胎薄体轻。

此外，战国漆器中还发现有以皮、竹、藤为胎者，如江陵拍马山和长沙五里牌出土的漆甲、漆盾等，均以皮为胎，髹漆作彩绘。

由于胎骨的进步与发展，使之可以利用不同的器胎制作各种型制的器物，简繁随意；由于制作水平的提高，使得战国时期的漆器品种骤然增多，造型多样美观，为以往所不及。

彩绘漆棺
战国
长184厘米 宽46厘米
高46厘米
湖北荆门包山2号墓出土
现藏湖北省博物馆

战国楚漆器对彩绘、描金、锥划、扣器等多种制作与装饰技法已熟练运用。

彩绘是楚漆器最为流行的装饰手法。其色彩的配置是经过对自然界中色彩的选择、对比、取舍、提炼而成。在色彩斑斓的图案纹样中，大量使用鲜亮明快的暖色——朱色作为主旋律，辅之以冷色——绿灰、黑色作为衬托，有时采用朱、黑互为底色的色彩构成。在视觉效果中，明显突现以红、黑二色的强烈对比为基调的色彩主题，在此基调上又敷陈五彩，给人以雅而不俗、繁而不厌，极为和谐的艺术效果。楚漆器色彩丰富，除以红、黑两色为基本色调外，还使用黄、蓝、绿、白、褐、金、银等色。如湖北荆门包山2号墓出土的彩绘漆棺，棺内髹红漆，棺外髹黑漆，通体以红、黄二色漆及金银粉共饰九个单元的龙凤纹样，每单元绘四龙四凤，色彩鲜明。

锥划是战国漆器上出现的一种新的装饰技法。即以锥状金属工具在髹好的漆面上刻画出阴线花纹，所刻花纹细若游丝，飘动流利。

扣器是战国中、晚期常用以加固漆器口边的技法，即以金属制成的圈箍镶包在器物的口沿或底圈，集美化与加固装饰为一体。这种加扣的做法是随着漆器胎骨的进步而产生的。像奁、卮等器，一般采用厚度仅为一至二毫米的薄木板卷成，夹纻胎漆器的器壁也薄，因此通常都在此类器物上加扣借以加固。如安徽舒城出土的战国晚期错金铜扣大漆盒，盒上的错金铜扣花纹生动流畅，说明楚国扣器和金银细工已达到相当高的制作水平；汉代盛行的金银扣器，正是在此基础上发展起来的。

黑漆朱绘虺龙纹樽

战国

盖径21.5厘米 底径17厘米 通高11.7厘米

1980年四川青川郝家坪出土

现藏四川省文物管理委员会

6. 秦汉遍布全国的制漆业

秦汉时期漆工艺得到空前发展，成为我国漆工艺发展史上一个辉煌时期。

代表秦代漆工艺水平的是湖北云梦睡虎地秦墓出土的560余件漆器。品种、工艺、纹饰丰富，开汉代漆器大发展的先河。如彩漆变形凤鸟纹长盒，以整木挖制，盖、身扣合，双耳似兽嘴。器内髹朱漆，外髹黑漆，朱、褐色漆绘图案化凤鸟纹。为秦代特有器形，纹饰富丽，色彩鲜艳。黑漆彩绘单凤双鱼纹洗，木胎剜制。内底黑漆地上朱漆绘一凤鸟，单腿独立，头顶高冠，外有两鱼。纹饰写实，富有情趣。20世纪90年代开始发掘的江陵扬家山135号墓，是目前江陵地区发掘规模最大的一座秦代早期墓葬，出土漆器数十件，绝大部分保存完好。花纹风格及造型与云梦

彩漆变形凤鸟纹长盒

秦

长27.8厘米　高11.8厘米

1975年湖北云梦睡虎地9号墓出土

现藏云梦博物馆

黑漆油彩云九子奁
西汉
通高20厘米 口径35.2厘米
1972年湖南长沙马王堆1号墓出土
现藏湖南省博物馆

彩漆云纹锺
西汉
通高57厘米
口径18.1厘米
底径20厘米
1972年湖南长沙马王堆汉墓出土
现藏湖南省博物馆

睡虎地秦墓出土的漆器相似，特别是漆器上的烙印文字、针划文字等，均为秦代漆器所盛行。秦末时期的墓葬在河南泌阳官庄村发掘有四座，出土漆器 17 件。此外，有四川荥经、青川、广州西村及东郊较零散的秦代漆器出土。

两汉时期漆器的出土遍及国内很多地区，其规模和数量也是前所未见的。

发现的汉代前期漆器主要出自云梦、江陵、长沙等地的墓葬。湖北云梦大坟头一号墓，出土漆器 81 件，与睡虎地秦墓漆器十分相似，只是在品种上稍有差异。江陵凤凰山墓群，年代下限到汉景帝，三次发掘出土漆器 500 余件，90％以上集中在文景时期的墓中，品种与大坟头基本相同，同属一文化体系。

长沙马王堆三座汉墓出土两汉前期了最多最重要的一批漆器，共有 700 余件，其中二号墓漆器约 200 余件，按墓主利仓卒年（吕后二年，公元前 186 年）推断，应是汉初制品，但保存情况不佳。其余两座墓出土漆器都保存完好如新，为文景时期制作。彩漆云纹锺，

彩漆云气鸟兽纹樽

西汉

通高21.5厘米 径22厘米

1979年江苏邗江胡场汉墓出土

现藏扬州市博物馆

旋木胎，有盖，口微侈，平唇，长颈，溜肩，鼓腹，圈足。盖上有三个橙黄色“S”形钮。器表黑漆地上朱绘折曲纹、点纹、鸟形图案，主题花纹带为朱色和灰绿色描绘的几何云纹。外底部正中隶书“石”字，表示容量。纹饰变化丰富，色泽鲜丽。

出土两汉前期漆器的重要地点还有湖南长沙象鼻嘴、汤家岭、砂子塘、咸家湖曹女巽墓，安徽阜阳双古堆汝阴侯墓等。此外，广东广州西村石头岗、三元里马鹏岗，陕西咸阳，湖北宜昌，四川成都等地都发现有汉前期漆器。地处边远的广西贵县罗泊湾1号墓，发现耳杯残片700余件，盘残片100余件，许多件器上有“布山”烙印，证明是当地的制品。山东临沂银雀山四号墓出土的耳杯底部有“莒市”戳记，也应为地方产品。

两汉中晚期漆器虽不及前期数量大，但出土地点较前期增多。尤其是漆器较难保存的黄河流域各省、区，陆续有所发现。

河北满城刘胜夫妇墓出土的漆器是汉武帝时期漆工艺的代表作品。底部多有朱书或刻铭文。江淮地区是出土两汉晚期漆器最多的地方，保存也最好，安徽天长、江苏盱眙、扬州、徐州、海州霍贺墓、连云港网疃庄等墓，屡屡发现成批的精美漆器。安徽巢湖放王岗出土的300余件漆木器，保存完好，色泽如新，在江淮地区的汉墓中都不多见。扬州是汉广陵国故地，所出漆器数量在其他地区之上。近年来较大发现就有十几处，以邗江胡场一号墓和五号墓、东风砖瓦厂汉墓、甘泉乡“妾莫书”墓、邗江姚庄101号墓出土的漆器多且精，最具特色。如邗江胡场汉墓出土的彩漆云气鸟兽纹樽，圆筒形身，腹部有一对铜质铺首衔环，下部为三个蹄形足。器身纹饰极为丰富，以朱、黄、深绿等色绘龙、虎、狼、鹿、雁、鸟以及几何纹、流云纹，蹄足还各绘一人面纹。工艺、纹饰极为精美。

山东临沂、莱西、文登等地是出土两汉后期漆器的重要地点。西南地区的四川成都、巴县、西冒等地都有漆器

彩绘盝顶长方形漆盒

西汉

高9.7厘米

1991年安徽天长祝涧三角圩汉墓出土

现藏天长县文物管理所

彩漆折叠式几

西汉

通高70.5厘米 长90.5厘米 宽16.5厘米

1973年湖南长沙马王堆汉墓出土

现藏湖南省博物馆

发现。1996年绵阳永兴双包山二号西汉墓中出土髹漆器五百余件。岭南的广州和广西的合浦、贵县，云南的晋宁，宁夏的银川等地，也都有汉代的漆器出土。出土漆器的墓葬几乎遍布全国，超过前期，这与当时把漆器作为商品流通、进奉皇室和漆器产地增多有直接的关系。

在蒙古人民共和国及朝鲜北部，也出土有汉代漆器。朝鲜与我国东北部相比邻。汉武帝时，朝鲜北部有乐浪等郡，该地的官吏拥有许多汉代日用器物，交往频繁，死后这些器物便成了随葬品。

秦汉漆器品种的显著特点是以日常生活用器为主，也有文房用具、娱乐器和丧葬用具。器形上有的沿袭战国漆器形制，有的则在原器形及品种上有所改进和变化。

生活用器有耳杯，形状与战国时期的圆耳杯相近，呈椭圆形、平底，新月形耳，战国时的方耳杯、高座耳杯至此已绝迹。耳杯分为酒杯和食杯两类。盛装耳杯的具杯盒，椭圆形，盖底同大。漆盒造型较战国时规矩，但形制变化多样。新品种主要有单层长方盒、盝顶式长方盒、双层长方盒、马蹄形梳篦盒、双层月牙盒、长方半月联盒、有柄圆盒、椭圆形盒、正方形盒等。奁盒有五子、七子、双层七子、九子等多种。此外，常见的还有盛饭、盛水的皿器漆盂，长柄有斗的漆勺、漆匕，漆匜、漆扁壶、漆卮、樽、盘、鼎、钟、钫、笥等。

其中马王堆汉墓出土的彩漆折叠式几极富特色，两端设有二足，外足固定，由三根圆形木棒构成，上面榫接入几面，下面榫接于座上。正面黑漆地上以朱、赭、灰绿三色，绘一张牙舞爪的龙，周围以云纹作衬托。几沿饰菱形几何纹。背面朱色无花纹。足黑漆地，下部以朱灰绿色绘兽面纹。纹饰精美，设计精妙，别具匠心。

彩绘梳篦漆盒

西汉

高6厘米

1991年安徽天长祝涧三角圩汉墓出土

现藏天长文物管理所

7. 新工艺层出不穷

秦代漆器胎骨仍以厚、薄两种木胎为主，薄木胎增多。木胎漆器制作方法主要为挖、斫、卷制三种，像凤形勺、耳杯等，采用整木挖制而成。有的器物为两半分别挖制后粘合到一块。圆形器如卮、樽类则采用薄木卷制，然后用厚木制成的盖、底粘合到一起。夹纻胎和竹胎漆器数量不多。

西汉时薄木胎和夹纻胎增多。木胎漆器仍使用斫、卷木胎，但碹制技术广为采用，既使器形整齐美观，又提高效率。以夹纻胎制作漆器，在汉代广为流传。如马王堆出土的黑漆彩绘云纹奁，夹纻胎制，器体轻薄、精巧。由于夹纻胎和薄木卷制法的流行，使汉代漆器的造型均较美观整齐，奁、盒之类无不以精巧玲珑取胜，造型变化多样，与胎骨制作技术的进步有着密不可分的关系。

除以上常见胎骨外，马王堆汉墓出土的漆器也有竹作胎的，如黑漆朱绘雕龙纹勺，斗以竹节为底，呈筒形，柄为长竹条制成，接榫处用竹钉与斗相联结。四川绵阳双包山二号西汉墓出土有陶胎漆钟、漆鼎。

秦汉时期的漆工艺技法，除继续沿用战国时期的彩绘和锥画等方法外，又有新的发展和进步，最突出的是加扣镶嵌、堆漆和锥画的流行。

漆器上加金银铜扣的做法，在秦代漆器上较多见，到西汉中晚期，扣器的比例大增。汉代漆器的口缘和器身等

黑漆彩绘云纹奁
西汉
通高16.9厘米 径24.1厘米
1973年湖南长沙马王堆3号汉墓出土
现藏湖南省博物馆

黑漆朱绘雕龙纹勺
西汉
长62厘米 斗径11厘米
1972年湖南长沙马王堆1号墓出土
现藏湖南省博物馆

部位加金银铜扣箍的很多，有的在一件器物上竟加多达七八圈，有些还安装上铜纽、环鋬、铺首与铜蹄足等铜构件。这种做法，既可增强器物的美观，又加强了器物的牢固性。此类有鎏金铜扣并经精工镂刻花纹的漆器极为珍贵，东汉和帝熹皇后为节省国用，曾以扣器为奢侈之物，勒令禁止征用，自此以后，“其蜀汉扣器，九带佩刀，并不复调”(《后汉书·和熹邓后传》)四川汉代官营扣器生产，至此明显减少。

汉代漆器除加扣外，非常流行用金银铜薄片剪刻花纹镶嵌在漆器上，实际上是唐代盛行“平脱”漆器的前身。这种彩绘与金银细工、镶嵌等工艺技法溶为一体的做法，体现汉代漆工艺的成就。这一时期还出现了在镶嵌金银箔片镂刻的纹饰上，用朱色或黑色漆勾画出物象轮廓和动物的眼、足等细部的方法。安徽天长汉墓出土的银扣贴金银漆奁，盖面隆起，中间饰银质柿蒂纹，以三层凸弦纹围绕，盖身各饰三道银扣。器壁漆黑，饰朱漆云纹。每层云纹上等距贴四金四银动物图案，有驼、虎、朱雀、鸵鸟等。整器贴金银与银扣技法结合，色彩艳丽，图纹精美，为汉代漆器精品。

用漆或油调灰堆出花纹的做法称为“堆漆”，是汉代出现的以表现立体花纹的新技法，是汉代漆工艺技法的一种新成就。此做法在长沙汉墓出土的漆器上有发现。如马王堆三号墓发现的彩绘盝顶长方形漆奁上的云气纹，是先用白色沥粉勾起轮廓，然后用朱、绿、黄三色漆勾填出彩色

银扣贴金银漆奁

西汉

高9.5厘米

1991年安徽天长祝涧三角圩汉墓出土

现藏天长县文物管理所

云纹，故边线明显凸起，具有立体感。这种做法无论是用漆灰还是沥粉材料堆起，都属于后来的堆漆技法。因此，明代《髹饰录》中列为“阳识”、“堆起”漆器，可溯源至此时。

针划技法到汉代普遍流行，而且技艺十分娴熟。马王堆三号墓出土的竹简上明确记载此技法的名称为“锥画”。马王堆3号墓中出土的狩猎纹漆奁，锥画线条纤细入微，必

彩绘盝顶长方形漆奁

西汉

长48.5厘米 宽25.5厘米 高21厘米

1973年湖南长沙马王堆3号墓出土

湖南省博物馆藏

须就着明亮的光线才看得清。所饰人物、禽兽均神态逼真至极，表明汉代锥画技术水平已达到高超水平。此时的锥画还采用在针刻纹中加色漆、金彩和彩笔勾点等做法。湖北光化汉墓出土的鸟兽纹漆卮，盖面装饰一飞龙图案，盖内饰一飞鸟，卮身满饰流云，云间有行走回首的虎、飞鸟、奔跑的玉兔以及张牙舞爪的怪人等。整个图案线条均用针划出，内填金彩，是我国古代“戗金”漆器技法的最早标本，为宋元时期戗金技术的大发展打下了基础。

文物百科

戗金

中国漆器工艺技法。即在漆器表面，以针或雕刀刻划出纤细的纹样，在纹样中上色漆，然后填以泥金或金箔，使花纹露出金色的阴文。根据填色的不同，还有“戗银”、“戗红”、“戗彩”。

针刻鸟兽纹漆卮

西汉

高10.5厘米 口径9厘米

1973年湖北光化五座坟西汉墓出土

现藏湖北省博物馆

8.丰富的纹饰内容

秦汉时期的漆器纹样，内容十分丰富，大体有几何纹、动物纹、自然景象、神话故事和叙事画纹样等几类。

几何纹仍是秦汉漆器装饰的主要纹样。装饰在器物的口边、圈足和四周，作为边饰。纹样的构图以带状、散点等形式出现。多以抽象的云龙、凤鸟纹构成，是由战国漆器上的几何变形凤鸟纹演变而来，一般有三种形式：一是由几何变形连体凤鸟纹作块状和卷云纹，构成倾斜三角式和倾斜式条状纹样；二是由曲线、折线式的几何变形连体凤鸟符号，构成倾斜状的条形纹样；三是由凤鸟变形带状与抽象凤鸟纹相结合，构成条状纹样。江苏邗江胡场汉墓出土的彩漆斜方格纹碗，腹部朱绘斜方格纹、圆圈纹、锯齿纹等组合成的连续几何纹样，纹饰规整，图案性很强。

动物禽鸟纹样在秦汉漆器上被广泛使用，有写实和夸张变形的两种。写实的主要有虎、豹、熊、马、牛、鱼、鸟、猴、鹿、猪、鹤等。由于所绘花纹趋于写实，故使秦汉漆器呈现出全新的面貌。如云梦睡虎地44号秦墓出土的漆扁壶，一面绘一头雄壮的犀牛，另一面在奔马上绘一只飞鸟，构成马快如鸟飞的意境。11号墓出土的黑漆朱绘单凤双鱼

彩漆斜方格纹碗

西汉

高7厘米 口径15厘米

1979年江苏邗江胡场汉墓出土

现藏扬州市博物馆

黑漆彩绘兽鸟纹扁壶

秦

高22.8厘米 腹宽24.2厘米

1975年湖北云梦睡虎地出土

现藏云梦博物馆

纹洗，内底朱绘双鱼一凤，凤鸟单腿站立，头顶又似高冠，又似置物的承盘。凤鸟和鱼描绘写实，羽、翅、鳞、鳍等均一一表现。

变形夸张的动物禽鸟纹主要有云龙、云凤纹，是具象与抽象并用，写实与写意结合。秦汉时期，尤其是汉代漆器上流行一种云纹和龙纹相结合的云龙纹。秦汉时期流行的变形凤鸟纹是由战国楚漆器上的几何变形凤鸟纹演变而来，所不同的是将变形凤鸟纹或几何变形凤鸟纹的局部与云纹揉合在一起，表现出一个完整的构图。这类图案，粗看似云，细看似凤，这种似云非云，似凤非凤的云凤纹，是秦汉漆器上具有代表性的典型纹饰。

龙凤纹较常见的有类似英文字母的“S”形，龙凤如行似飞，优美活泼，一个画面上常常绘有两个以上的云凤、云鸟纹，构成盘旋追逐的艺术效果。这种纹饰是继承了商周青铜器上的构图方法，但更加优美而富于变化。还见有“B”形纹，见于湖南、湖北出土的秦汉漆器上，不仅

数量多，而且变化多样，竟达30余种。有人认为它是一种夸张变形的鸟头纹，也是从楚漆器纹饰中的几何变形凤鸟纹演变而来的。从许多漆器上看到，有的“B”形是单独使用，有的是由二组或二组以上的“B”形纹用横线连起，还有在此基础上变形夸张成为连体变形凤鸟纹等，这种纹饰变化规律比较清楚。秦代的变形鸟头纹样，一般由近于写实的两个鸟头构成（即典型的“B”形纹），变化较少；西汉则由两组变形鸟头纹或两组以上繁复的图案构成，类型很多。这种变形鸟头纹在秦汉漆器上应用十分广泛，主要绘于器物的外壁与盖部，秦代像漆卮一类的器物上往往以变形鸟头纹为主要纹饰，其余均与其他纹样相配合。

黑漆朱绘单凤双鱼纹洗

秦

口径29厘米

高8.8厘米

1975年湖北云梦睡虎地11号墓出土

现藏云梦博物馆

以夸张的手法表现神话故事和巫术题材来装饰漆器，是秦汉漆器图案装饰的又一特征。汉代在意识形态方面，尤其是文学艺术领域，较多地保持着楚文化的特色，远古流传下来的神话故事和巫术文化，在秦汉漆器作品上得以

彩漆凤鸟纹奁

秦

口径18.1厘米

高8.1厘米

1975年湖北云梦睡虎地7号墓出土

现藏云梦博物馆

彩绘黑地漆棺

西汉

长256厘米 宽118厘米
通高114厘米

1972年湖南长沙马王堆1号墓出土

现藏湖南省博物馆

充分发挥和反映，出现许多神话故事和怪人异兽、飞龙、飞凤和仙山羽人等图案。如马王堆 1 号墓出土的黑地彩绘漆棺，棺外以黑漆为地，彩绘舒卷自如的云气纹。云气纹用沥粉勾边，线内填色漆，线条奔放有力。云气间绘有怪兽、仙人、动物等，组成仙鹤觅蛇、神兽骑马、仙人乐舞、怪兽格斗等。图案以幻想虚构的云气旋转、奇神怪兽为题材，描绘了上百个奇神怪兽，展示了一个个神秘离奇的故事，是汉代神话故事最为典型的作品。

汉代信奉道教和巫术，人们祈求长生不死，或死后羽化升仙。汉代漆器上山纹和云纹大量出现是这种思想的具体反映。云纹和山纹象征“天堂”和“仙山”，云山中描绘神鬼仙人、奇禽怪兽，以及白鹿等。西汉晚期出现羽人形象，多和鸟兽纹同时出现。扬州一带的漆器上羽人形象多发现。

以写实手法反映人间现实生活内容的人物画题材也是秦汉漆器装饰纹样的一部分。这类题材除继续保留楚国已有的狩猎、歌舞、贵妇出行、历史故事等内容外，还出现了宣扬孝子、义士、圣君、贤相、烈女等历史故事题材，这是汉代提倡“三纲五常”、“忠孝仁义”伦理道德的反映。

彩绘贴金银箔嵌玛瑙珠漆七子奁

西汉

高14.5厘米 口径22.5厘米

江苏邗江甘泉乡姚庄101号汉墓出土

现藏扬州博物馆

如江苏邗江姚庄西汉墓出土的银扣嵌玛瑙七子漆奁，奁外表纹饰由银钿和金、银箔组成。在金银箔上和空隙处绘朱色云气纹，装饰华丽，形象极其丰富。奁盖顶部饰六处银柿蒂，蒂中心嵌一颗玛瑙珠，柿蒂周围贴金银箔饰带，银箔因氧化，纹饰已模糊不清，但仍有几组金箔画面清楚，其中有羽人跽坐操琴、羽人骑狼等。羽人体形、面相与人相似，头后梳高髻，肩背部出羽翅。奁身及奁盖外部均以三道银扣形成两个纹饰带，主要以金银箔组成山水云气纹，在山水之间装饰有羽人祝寿、车马出巡、狩猎、斗牛、六博、听琴等，上下围以几何纹饰带。表现题材丰富，人物刻画精细，为汉代漆器人物画的杰出作品。

秦汉漆器图案装饰，从总体上看，有着鲜明的风格和时代特征，既反映了楚文化遗风影响，又表现出新的创新意识。色彩使用十分丰富，除红、黑两色为基本色调外，其他色彩如黄、绿、灰、赭、金、银等色都基本具备，同时还能调制出油彩，使漆器的色彩更加丰富。

9. 铭文反映的官私工场

秦汉漆器刊刻文字及符号的器物较战国时期明显增多，所记漆器制造年代和地点的文字内容较战国时期更为详细具体，文字内容大体分为物主标记、用途、容量、制作时间、制作地点、工匠姓名及漆工工序等多种。刊刻方法主要有烙印、针划和漆书几种。

秦墓出土的漆器上刻有大量的符号和文字，主要是记载漆器的产地、工匠的姓名等。如云梦睡虎地秦墓出土的许多漆器上出现“咸亭”、“咸市”、“许市”、“郑亭”及“亭”、“咸亭上”等字样，应是秦代咸阳市亭、许昌市等管辖的漆器作坊的产品标志。还有漆器作坊所在地的地名及制作工匠的名字，如“路里”、“阴里口”、“朱三”、“张二”等，尤为重要的是云梦出土的漆器上发现战国时期不曾见到的漆工工序名称，如“素”、“告（造）”等，实际上是漆器工序中的素工、上工、造工等，说明秦代漆器制作已开始有明确的分工。

此外，在河南泌阳秦墓出土的漆器上刻有纪年文字，如出土带有“平安侯”铭文的漆盒上，在圈足内刻有“卅七年左工匠造”，一件漆圆盒上刻有“卅五年口工造”等。

汉代漆器铭文与秦代相比，官府所造漆器铭文更为具体详细，器物上标有符号的较少见，增加器物的用途、容量及物主标记等内容，不少出土漆器有详细的年代、制作地点、工官姓名、作者分工名称等。

从出土的许多漆器铭文中可

彩漆兽首鸭形食盘

秦

高13.3厘米

凤尾下烙印“咸亭”两字，记载了此器的产地。

1975年湖北云梦睡虎地出土

现藏云梦博物馆

以了解到，汉代漆器的生产主要掌握在官方手里，官府设有专门的制造漆器的工场，并设有工官管理。《汉书·地理志》记载，西汉设有八郡工官，即广汉郡、蜀郡、河内郡、河南郡、颍川郡、南阳郡、济南郡、泰山郡等。

工官制品，即由汉中央政权直接设在各郡的官营工场制品。在贵州和朝鲜古乐浪郡等地出土的部分漆器上，都刊有官营工场的铭文，其中以贵州清镇、平坝出土的西汉元始年间蜀郡和广汉郡工官制造的鎏金铜扣纪年铭漆盘和耳杯、甘肃武威磨嘴子62号西汉墓绥和元年（公元前8年）“考工”款识的耳杯最为著名。贵州玡珑坝汉墓出土的黑漆朱绘雷凤纹耳杯，外底部为有针划隶书铭文70字，记载了此器制造的时间（元始三年，公元3年）、地点（广汉郡）、容积、制造者等，是汉代漆器中铭文纪事最完备的。

蜀郡和广汉郡工官是西汉后期中央政府设置的重要的漆器生产机构，是西汉初期以来由官营工场向宫廷作坊管辖性质的一种转变。经过对出土标本的观察和测量，蜀郡和广汉郡工官制造的耳杯，在式样、尺寸、图案和铭文体例上一致，证明两处工官的漆器工场之间存在着统一的管理体制和技术规格的要求。

“考工”，即西汉中央政权的少府卿属官考工令。朝廷设少府，少府下设考工室。设在京城长安的少府“考工”作坊也有一套相应的管理体制。元兴元年（公元105年）和帝去世，殇帝继位，邓太后临朝，停止蜀郡和广汉郡工官为宫廷制造漆器，西蜀工官此后不再为宫廷制造漆器。东汉中期以后，官营漆器制造业已经衰落，实际考古发掘中出土的东汉后期漆器确实减少了。

西汉官营漆器制作随着工官的设置，已建立起一套严密的组织体

黑漆朱绘雷凤纹耳杯
西汉
口径16.6厘米 高3.8厘米
1958年贵州玡珑坝汉墓出土
现藏贵州省博物馆

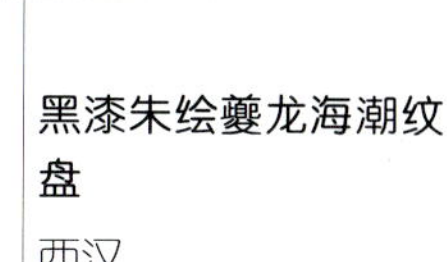

黑漆朱绘夔龙海潮纹盘

西汉

口径27.2厘米 高4.1厘米

1959年贵州清镇新新桥汉墓出土

现藏贵州省博物馆

制和完备的制作工序，贵州清镇新新桥汉墓出土的黑漆朱绘夔龙海潮纹盘，折唇背面有针划隶书铭文61字，记载了制造此件漆器的十个工种，即素工（做漆胎灰底）、髹工（在漆胎上涂漆）、上工（在漆器上进一步涂漆）、铜扣（或作铜耳）黄涂工（做铜扣或铜耳并鎏金）、画工（在漆器上作画）、工、清工（相当于现今的检验工，做最后修饰）、造工（作坊主）、漆工（专门制漆）、供工（供应材料）。工官的官制设有护工卒史、长、丞、掾、令史等多级官职，督造官吏层次很多。在这种严格的管理之下，在那么多工种匠师的通力合作下制造出来的漆器，其工艺水准之高可以想象。

秦代及西汉初期，漆器多为地方市亭所管辖的漆器作坊的产品，像秦代漆器上的“咸亭”、“许市”，汉代漆器上的“咸市”、“筥市”等。这些地市府经营的地方性官府漆工作坊，有的转变为中央直接控制的工官作坊，产品主要供宫廷使用。

在西汉前期的官府漆工中，还有一种与市府作坊并存的由诸侯王和受封列侯直接经营或管辖的漆器作坊制造的

彩漆云纹耳杯及盒

西汉

通高12.2厘米 口径19厘米

1972年湖南长沙马王堆汉墓出土

现藏湖南省博物馆

漆器。如安徽阜阳双古堆西汉汝阴侯墓中出土的漆器上有“女（汝）阴”烙印戳记，针刻女（汝）阴年号、司造官吏和制造工匠姓名、器物名称、尺寸、容量等内容的铭文。“女阴，故胡国”（《汉书·地理志》），属汝南郡，故城即今安徽阜阳市。汝阴侯是汉高祖刘邦对夏侯婴的封号。双古堆出土的漆器表明是汝阴侯府自设漆工作坊的制品。马王堆汉墓出土的彩漆云纹耳杯盒，上下口沿均红漆书“轪侯家”三字，亦为此证。

除官府作坊生产漆器，有一部分款识表明它可能是私人手工作坊生产的制品。如乐浪郡王光墓出土的有铭文的三十余件漆器上，铭文大都简单，如“利王”、“口牢”、“巨王口”、“王氏牢”等。这些铭文多为工匠之名，有人认为可能还有买主姓名或墓主人名字等。江陵凤凰山西汉墓出土的漆耳杯上针刻文多是某“里”。“里”为汉代行政管理的一种最小单位，说明汉代的漆器生产除官营外也有民营的手工作坊。

10.填补空白的发现

东汉末年开始到三国两晋南北朝近400年的时间里，战乱频繁，各族人民迁徙融合，再加上青瓷的发展和较为低廉的价格，使漆器在许多场合让位于瓷器，所见漆器数量很少，因此形成了漆器发展史上的空白期。

1984年在安徽马鞍山市雨山东吴名将右军师左大司马朱然墓内，发现了一批精美的漆器，代表了三国漆工艺的最高水平，填补了漆工艺发展史的一段空白。

这批漆器共有60余件，有大型彩绘案，中分多格的槅，三足的凭几，罕见的犀皮羽觞，还有盘、樽、奁、盒、壶、砚、虎子、屐、尺等，计十几个种类。出土时有的比较完整，色泽如新，有的胎已腐朽，仅存漆皮。这批漆器，因发现有“蜀郡作牢”铭记，故可知为蜀郡所造，说明尽管东汉中期以后，蜀郡由中央直接控制的漆器制造业已经衰落，地方乃至豪强地主经营的漆器生产仍未终止，蜀郡漆器制作在两汉基础上继续发展。

“蜀郡作牢”铭

三国吴

1984年安徽马鞍山三国吴朱然墓出土

现藏安徽省文物考古研究所

羽觞又称耳杯，是中国古代的饮酒器。朱然墓出土的漆器中，有一对犀皮漆羽觞，皮胎，椭圆口，平底，耳及口沿均镶鎏金铜扣。羽觞正面髹黑漆，花纹并不明显，背面纹饰以黑、红、黄三色相间。表面光滑，花纹自由流畅，如行云流水，匀称而富有变化。制作工艺已相当成熟。犀皮漆器，是利用自然颜色和层次的变化来达到装饰效果，与人工设色的图案或描绘的纹饰截然不同。朱然墓出土的羽觞的髹漆工艺技法与明代黄成《髹饰录》中所说十分吻合，属于“黑面红中黄底

犀皮鎏金铜扣皮胎漆羽觞

三国吴

长9.6厘米 宽5.6厘米 高2.4厘米

1984年安徽马鞍山三国吴朱然墓出土

现藏安徽省文物考古研究所

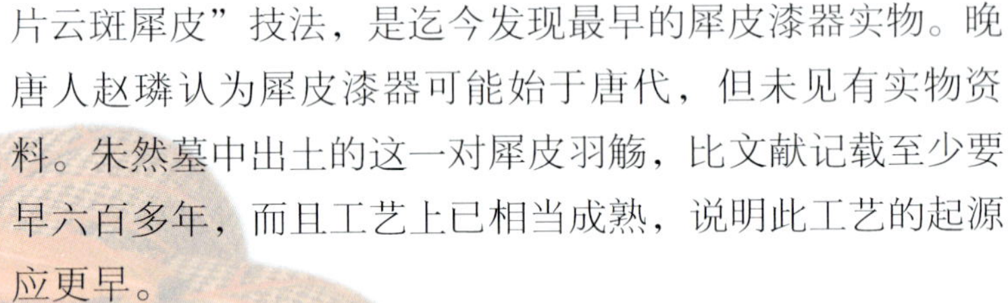

片云斑犀皮”技法，是迄今发现最早的犀皮漆器实物。晚唐人赵璘认为犀皮漆器可能始于唐代，但未见有实物资料。朱然墓中出土的这一对犀皮羽觞，比文献记载至少要早六百多年，而且工艺上已相当成熟，说明此工艺的起源应更早。

朱然墓中出土的彩绘漆器纹饰，较多地以完整的人物故事为题材，比汉代的叙事画题材更为丰富，写生手法极为高妙，生活气息十分浓厚。在人物刻画上，作者不仅运用动作、衣服纹饰来比较准确地表现各种人物的身份和特征，还注重表现特定环境下的人物面部表情。人物头部、四肢与躯干的比例准确，人物是欢喜还是哀伤，是说笑还是争吵，都表现得十分生动。彩绘季札挂剑图漆盘，是三国时期最为精彩的彩绘漆器之一。盘心绘春秋时吴国的季札在徐君冢前挂剑致祭的历史故事，把季札哀惋悲伤的神情描绘得淋漓尽致，令人肃然起敬。故事画外圈装饰白鹭啄鱼、童子戏鱼等图案，盘边缘饰狩猎纹一周。童子对棍图漆盘，在山前空地绘两个稚气十足的活泼童子，身穿肚兜，光着屁股，相互舞棍对打，颇具儿童的天性。彩绘贵族生活图漆盘，盘内为反映贵族生活场面的图案，分为室内、室外两部分，室内为宴宾图，室外为出游图，是贵族追求自由享乐生活的真实写照。用色十分考究，使画面错落有致，十分生动，且具有写实意味。

这批漆器在用色上相当讲究，用色有朱红、红、黑红、金、浅灰、深灰、赭、黑等。大部分是用黑漆勾画轮廓，再根据需要在轮廓内涂金、红等色漆，最后用红漆或黑漆勾画发式、五官、衣纹之类，形成丰富的层次。

两晋南北朝时期的漆器发现很少，较为重要的有1997年江西南昌市新火车站基建工地发掘的晋墓和山西大同石家寨北魏司马金龙墓。这一时期的漆器以生活用品为主，主要有盘、盒、奁、箱、羽觞、槅、碟、托盘、碗、匕、箸等，大器有木板屏风、漆棺等。整体风格与汉、三国时期极为相似。一是反映在品种和形制上；二是在装饰工艺上，有镶铜扣边饰和盖面中心镶柿蒂形鎏金铜饰，保持汉代漆器的风格。三是在漆器的装饰题材、构图风格和用色上。如南昌晋墓出土的漆器，一般用红、黑、绿三种颜色彩绘，以基本色绘主线条，另用一种对比色勾边，第三种颜色填

彩绘季札挂剑图漆盘

三国吴

直径24.8厘米

1984年安徽马鞍山三国吴朱然墓出土

现藏安徽省文物考古研究所

彩绘童子对棍图漆盘
三国吴
直径14厘米
1984年安徽马鞍山市三国吴朱然墓出土
现藏安徽省文物考古研究所

空隙，以增强画面的变化和立体效果。在装饰题材和构图上，以三号墓出土的宴乐图盘最为精彩，以红、黑、灰绿等色彩绘人物、车马、瑞兽等组成的宴乐图，彩绘并以黑色勾出轮廓，再做平涂设色，浓淡有致，表现出汉、三国漆器风格的延续。宴乐图漆盘与三国朱然墓出土的贵族生活图漆盘的形制、构图、题材内容几乎相同，用墨线勾勒轮廓的手法，与北魏时期的绘画题材相似，完全取材于现实生活，是魏晋社会生活状况的反映，也是晋代绘画艺术在漆器装饰上的体现。

司马金龙墓出土的彩绘人物故事图漆屏风为残件，较为完整的有五块，板面遍髹红漆作地，两面彩绘人物故事及衣冠器物。漆画分上下四层，每层有文字题记和标题，说明内容和人物身份。内容取材于汉代刘向的《烈女传》

彩绘贵族生活图漆盘
三国吴
直径24.8厘米
高3.5厘米
1984年安徽马鞍山三国吴朱然墓出土
现藏安徽省文物考古研究所

彩绘宴乐图平漆盘

东晋

直径25.5厘米

高3.6厘米

1997年南昌火车站出土

现藏南昌市博物馆

故事。画法是用墨笔勾勒轮廓，用黄、白、青绿、橙红、灰蓝等色彩绘，人物面部、手部涂铅白，是为油彩，是油色与漆色兼用的实例。此器既是一件古代漆画工艺品，又是一幅北魏绘画真迹。

 **文物百科**

犀皮

漆器工艺。即先在器胎上用石黄入生漆调成稠漆，制成高低不平的表面，再髹涂不同色漆多层，各色相间，最后通体磨平，原凸起部分遂形成不同漆层的花纹，有片云斑、圆花斑、松鳞斑等。花纹天然流动，色泽灿烂。

彩绘人物故事图漆屏风

北魏

残长80厘米 宽20厘米

1965年山西大同北魏司马金龙墓出土

现藏大同市博物馆

11. 工艺化的唐五代漆器

唐五代时期漆器工艺在髹饰品种和技法上都有创新和发展，如金银平脱漆器、螺钿镶嵌漆器、夹纻漆造像，工艺进一步提高，出现了末金镂、雕漆等新的髹饰方法。从文献记载和发掘的漆器实物看，唐、五代漆器的工艺品特征十分明显。因为随着青瓷制造技术的成熟，漆器由日常生活用品向具有欣赏性的工艺美术品方向发展，因而对制作工艺要求更加精细，在审美上的要求更加突出。

唐五代出土的漆器不多，主要为两个类型，一是光素无纹的漆器，二是金银平脱或嵌螺钿漆器。一色光素漆器以生活用器为主，有盘、碗、碟、勺、盂、钵、盒、奁、盏托等，盘、碗、碟出现了出棱分瓣，多呈五曲梅瓣形，是这一时期的特点，具有鲜明的时代特征。平脱漆器有漆背铜镜、册匣、镜盒、经箱等，还有漆琴和夹纻造像等。另据《酉阳杂俎》、姚汝能《安禄山事迹》等书记载，唐玄宗、杨贵妃赐给安禄山的各种平脱漆器，除盘、盏、勺、碟之外，还有函、饭罂、箸、屏帐等种类。

唐代金银平脱漆器是从汉代嵌金、银箔花纹的方法发展而来的，但平脱花纹采用满铺的方法，所用金银片面积大，用料厚，裁切成花纹后，花纹上还雕刻精细的“毛雕”，也有的花纹间填以色漆，使图案更加华丽。这种装饰技法，损耗大量人力、物力、财力，是很贵重的漆器。唐朝就曾因财政困难，下令禁做耗工费时的器物，其中就包括平脱漆器，以扭转“淫巧之风”。唐肃宗至德二年（公元 757 年）朝廷下令“禁珠玉、宝钿、平脱、金泥、刺绣。”大历七年（公元 772 年）六月唐代宗再次下令：“诏诫薄葬，不得造假花果及手（平）脱、宝钿等物。”以后平脱漆器逐渐减少，五代犹存，至宋代绝迹。

平脱工艺在唐代还应用于铜镜上，即先做漆背，再嵌贴镂刻的金、银片或厚螺钿。1951 年河南郑州出土的唐代

羽人飞凤花鸟纹金银平脱漆背铜镜

唐

直径36.2厘米

1951年河南郑州出土

现藏中国国家博物馆

羽人飞凤花鸟纹金银平脱漆背铜镜，镜背在褐色漆地上满嵌金、银片镂刻的飞凤、花鸟及展翅的羽人等，镜钮外围平脱八瓣莲花。花纹上毛雕纹理，富丽堂皇，为明显的盛唐风格。洛阳唐墓出土的人物花鸟纹嵌螺钿漆背铜镜，用橙红、油绿色螺钿片嵌成花纹：两位老者在树下弹琴、饮酒，一位侍女站立一旁，另点缀以仙鹤、狸、雀鸟及花石等。

嵌螺钿漆器的另一件杰作，是发现于江苏瑞光塔的五代黑漆嵌螺钿经箱。其通体满嵌彩色螺钿花卉图案，盖顶为三组团花，斜墙嵌四组花叶、飞蝶，边沿嵌花叶、飞鸟，箱身立墙嵌石榴、宝相花，箱座嵌花纹，贴金箔。螺钿上均毛雕花纹。唐五代的螺钿镶嵌在缀珠陷钿、崇尚华美的社会风气影响下，制作工艺十分考究、精致。

文献记载唐代已出现雕漆，如黄成《髹饰录》说唐代雕漆“多印板刻平锦朱色，雕法古拙可赏，复有陷地黄锦者”。其后的杨明对《髹饰录》加注补充道：“唐制如上说，而刀法快利，非后人所能及，陷地黄锦者，其锦多似细钩云，与宋元以来之剔法大异也。”这两位髹漆名匠概括了唐代雕漆的基本特征，只是目前尚未有实物佐证。

唐代髹漆装饰技法中还有一种“末金镂”，就是在髹漆的表面撒播金屑成为花纹的做法。这一技法在日本正仓院所藏唐代金银钿庄大刀上有应用。此刀为鲛（鲨鱼）皮柄，鞘身有末金镂纹样。后来日本的“莳绘”就是从末金镂发展起来的，二者在制作技法上是一致的。

唐五代漆器在制胎上以圈胎法为多。与以往的木胎等做法不同之处是，圈胎法是采用薄杉木条，水浴加湿，弯曲成圈，一圈圈卷叠胶粘成形，外裱麻布，施漆灰，然后髹漆。这种制胎的优点就是将各圈接口错开，分散木条的应力，使器身不易变形，又坚固耐用。这是唐五代漆器在制胎上的一大进步。

嵌螺钿人物花鸟纹漆背铜镜

唐

直径23.9厘米

1955年河南洛阳涧西出土

现藏中国国家博物馆

黑漆嵌螺钿经箱

五代

长35厘米 宽12厘米

高12.5厘米

1978年江苏苏州瑞光塔出土

现藏苏州市博物馆

唐五代漆器的图案装饰风格，与当时社会的繁荣景象相对应，花卉、鸟禽成为主要的装饰题材，如完整的花树、折枝花卉、蔓草、花头以及花瓣等。人物题材则重在表现文人的闲情逸致。另外还出现佛教中的飞天形象，体态丰满，飘带飞舞，一派歌舞升平的景象。

 **文物百科**

平脱

漆工艺技法，即以金、银薄片剪刻成纹样，嵌贴在漆器表面，然后全面髹漆，再磨显出与漆面相平的金银花纹。在金、银片上锥刻花纹，线条细如毛发，称毛雕。

12.民用化的宋代漆器

宋代漆器已从高档奢侈品逐渐走入日常生活，体现了漆工业民用化的特点。品种主要以日用器物为主，如饮食用器盘、瓶、罐、勺等，装饰用具奁、梳、镜盒、粉盒等，文具笔筒、笔床、镇纸、尺子、画轴等，还有家具几等。日用品的形制特征变化明显，皆以造型优美、样式翻新见长。造型上具备两个特点：一是经济、实用，出现分段套式的奁、匣等。二是造型讲究美观，胎体轻薄，比例规矩匀称，源起于唐五代的漆器起棱分瓣，至宋代更为流行，成为这一时期的明显特征，如盘、碗、盒等有葵瓣式、花瓣式、八

黑漆莲花式四层奁

南宋

高48.2厘米 腹径27.2厘米

1953年上海青浦任氏墓出土

现藏上海博物馆

瓣式等，其造型均精致美观，轮廓线条圆润流畅。

与宋代文化相对应的是，工艺美术上也出现文人化倾向。漆器一反唐代的丰满富丽，代之以清新淡雅的风格，以器身线条优美、色泽素雅为特色。在装饰上既有以色泽、造型取胜的一色器，也有与绘画相结合的雕饰作品。

一色漆器是当时流行的样式，不加任何花纹装饰，髹涂漆色以黑色居多，紫色次之，也有朱色漆，间有表里异色。当时的定州、襄阳、江宁、杭州、温州等地，都是著名产地。

一色漆虽光素无纹制作工艺上却十分讲究，巧妙精细。造型美观大方，以起棱分瓣为其明显特征。胎体一般以薄木胎制作而成，有的则采用木条圈叠法。上海青浦任氏墓出土的黑漆莲花式四层奁，木胎，莲花形，四层一盖，有子母口。通体光素无纹，内外均髹黑漆。制作工整，盖、底扣盒严密，具有很高的工艺水平。现藏故宫博物院的紫漆海月清辉七弦琴，通体髹紫漆，虽光素无纹，制作工艺却十分讲究。宋代漆器的另一种风格是具有装饰纹样的器物，主要表现在雕漆、嵌螺钿、戗金等几个品种上，图案纹样写实，多以园林、山水、人物、楼阁、花卉、鸟禽等为题材，具有工笔画的效果。装饰图案还有表现人物题材

紫漆海月清辉七弦琴

南宋

长117.5厘米

现藏故宫博物院

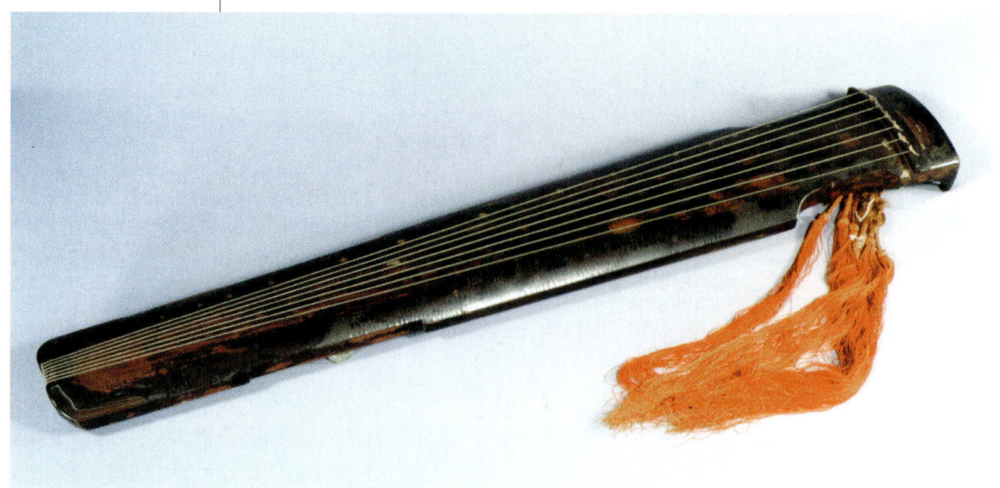

园林仕女图戗金莲瓣形朱漆奁

南宋

径19.2厘米

高21.3厘米

1977年江苏武进林前南宋墓出土

现藏常州市博物馆

的作品，具有很浓厚的风俗画意趣，反映出髹漆工艺与绘画相结合所形成的新的特色，如江苏武进南宋墓出土的戗金花卉人物纹连瓣式漆奁、戗金人物图长方形漆盒等，都是这类题材的代表性作品。

图案构图上，出现以开光形式表现主题画面的手法，多以人物楼阁为图案主题，衬以山水鸟兽，边缘饰折枝花卉等。雕漆实物见有雕刻锦地，上压各种装饰图案，有雕曲线以示水波纹，雕斜格花卉作锦地，雕曲折回转单线、类似窄长的回纹以表示天空漂浮的云纹等几种锦纹地，为元明雕漆锦地打下基础。

宋代戗金漆器已取得较高成就。江苏武进南宋墓出土的三件器物，均为戗金图案纹饰，细密均匀，灿烂成辉，是宋代戗金技法最高水平的代表作。园林仕女图戗金莲瓣形朱漆奁，莲瓣形，分成四层，木胎髹朱漆，口沿处包镶银。盖面戗刻园林仕女图。在朱红色的漆地上戗刻金纹，人物、山石、花卉，无不精致高雅，繁丽绚烂，具有极佳的装饰效果。三件戗金漆器上刻有铭文，表明其为温州制品。

宋代雕漆主要有剔犀、剔黑、剔红三个品种，均达到较成熟阶段。明人高濂在《燕闲清赏笺》中对宋代雕漆这样描述："宋人雕红漆器，以朱漆厚堆至数十层，始刻人物楼台花卉等象，刀法之工，雕镂之巧，俨若图画。"剔犀器

黑漆填朱戗金花卉纹盒

南宋

长15.4厘米

宽8.3厘米

高11厘米

1977年江苏武进林前南宋墓出土

现藏常州市博物馆

主要有江苏金坛周瑀墓出土的团扇柄，为“乌间朱色”的做法；四川彭山南宋虞公着夫妇合葬墓出土的圆盒形残件，为朱面剔犀器；江苏武进南宋墓出土的云纹执镜盒，褐底黑面，从刀口处可见朱、黄、黑三色漆更叠，雕云纹。堆漆肥厚，雕刻刀法娴熟，是目前所见最早的剔犀漆器实物。

宋代剔黑器有流传到日本的醉翁亭图盘和婴戏图盒，两件作品刻法相同，风格相似。还有被认为是宋代的剔红桂花纹香盒，刀法纤细工整，藏锋不露，与唐代“刀法快利”，锋棱显露的风格截然不同。

填漆，即填彩漆，是在漆面上刻出花纹轮廓，然后彩填稠漆，磨平如画。江苏武进南宋墓出土的黑漆填朱戗金花卉纹盒上的柳塘图，其景色以黑漆描金与戗金相结合，空地钻圆点纹内填朱漆后磨平，这种技法是我国漆工艺中填漆做法的雏形。

此外，宋代的识文描金技法也十分成熟。识文是用漆

檀木识文描金方形舍利函

北宋

通高41.2厘米 底宽24.5厘米

1966年浙江瑞安慧光塔出土

现藏浙江省博物馆

临安府符家黑漆钵

南宋

高6.2厘米

口径16.8厘米

1953年浙江省杭州市老和山宋墓出土

现藏浙江省博物馆

灰堆出花纹，花纹与漆地同一颜色，有阳文和阴文花纹，花纹上描金称“识文描金”。代表作品是浙江瑞安北宋慧光塔出土的经函和舍利函。施工笔描金绘出图案，无论是人物、花卉，线细如游丝，工整流畅。据器内金书铭文，知其制于北宋庆历二年（1042年），为宋代最精致的描金漆器。

剔黑漆盘

宋代漆器具款的较多，依其款文大体有长款和短款两种。长款标有漆器制作年代、制造地点、工匠名姓等。短款只标明工匠的店铺、姓氏或记年代等。款字部位一般为黑漆朱书，偶见有墨书。晋代就有了对出售的漆器必须用朱色写明制作者姓名、年代的规

 **文物百科**

雕漆

漆器工艺技法。在器胎上堆漆至一定厚度再剔刻花纹。根据雕漆的不同颜色，有剔红、剔黄、剔黑、剔彩等。髹涂两种或三种色漆，在剔刻花纹刀口断面可见不同色层的，称“剔犀”。

定，宋代是沿袭前代做法。从漆器款识中可以看出，宋代漆器已具有明显的民间制漆性质，像“辛大郎祖铺”等，具有民用漆器的明显特征。这些漆器显然是专门用来出售而生产的，具有鲜明的商品特征。此种特征在五代漆器中已有发现，至宋代更加普遍。南宋吴自牧《梦粱录》中记述，临安（今浙江杭州）城内大街及诸巷店铺“连门皆是”，著名的漆器铺有“清湖河下戚家犀皮铺”、“里仁坊游家漆铺”、“彭家温州漆器铺”、“黄草铺温州漆器”等。杭州市老和山宋墓出土的一件黑漆钵上，就书有“壬午临安府符家真实上劳”。仅临安城内就有如此众多的专门生产、出售漆器的店铺，说明了宋代民用制漆业的高度发展。

剔漆犀云纹执镜盒

南宋

长27厘米

直径15.4厘米

1977年江苏武进林前南宋墓出土

现藏常州市博物馆

阅读链接

剔犀漆器源于何时？

剔犀漆器即是髹涂多层色漆至一定厚度，然后剔刻出云纹、回纹等花纹，具有色彩斑斓绚丽，纹饰富于立体和动感的效果，是雕漆工艺中的一种独特技法。明代黄成著《髹饰录》对其有描述：“剔犀有朱面，有黑色，有透明紫色，或乌间朱线，或红间黑带，或雕黶等复，或三色重更叠。”剔犀漆器在元、明时已十分盛行，但其最早起源于何时，目前还是一个尚待解决的问题。有持唐代说的，英国人迦纳（H.M.Garner）认为1906年斯坦因（Stein,Aurel）在米兰堡发现的唐代皮质漆甲片，是最早的剔犀器。当代文物学家王世襄认为漆甲近似“锥毗”，是剔犀尚未定型的一种做法。杨明在《髹饰录》注释中认为，剔犀较锥毗“精复色多”，即色漆堆积的层次多，且“厚用款刻”，即花纹要剔刻到深厚的漆层中。目前所见最早的剔犀漆器实物为宋代，工艺技法与《髹饰录》中所记相同，而且工艺已成熟，说明剔犀至迟在宋代已定型。

13. 大家辈出的元代漆器

元代漆器造型与宋代漆器形制大体相同，主要以日用器物为主，有饮食用具、装饰用具等。器形上有些发展和变化，如漆盘，除圆形外，出现了八角方盘和葵瓣盘等；漆盒除传统式样的圆形、长方形外，出现了蔗段式，形状为圆形，平盖面，直壁，平底，无足或有矮卧足。出棱分瓣器形也是元代漆器的特点之一。

元代漆工技法已发展到成熟的阶段，制作技术艺臻绝诣，尤其是戗金、嵌螺钿以及雕漆技法各尽其妙。

元代戗金漆器制作较之宋代更加盛行，陶宗仪《辍耕录》中有对戗金的记载："嘉兴斜塘杨汇髹工戗金戗银法，凡器用什物，先用黑漆为地，以针刻画，或山水树石，或花竹翎毛，或亭台屋宇，或人物故事，一一完整。然后用新罗漆，若戗金则调雌黄，若戗银则调韶粉。"浙江嘉兴人彭君宝，就是当时的戗金漆器名家。《格古要论》称他"戗山水、人物、亭观、花木、鸟兽，种种臻妙。"目前能见到的元代戗金漆器在日本保存有数件，其中山本清雄所藏的

剔红观瀑图八方盘
元·杨茂
径17.8厘米
高2.6厘米
现藏故宫博物院

戗金人物花鸟纹经箱，凤鸟、人物皆划丝细密，物象甚繁，极其华丽，技法与《髹饰录》所说的“物象细钩间一一划刷丝”相吻合。

《髹饰录》说：“螺钿古者厚而今者薄。”说明厚螺钿与薄螺钿漆器的出现有先后之别。据文献记载，南宋时已有薄螺钿漆器，但目前未见有实物。现今所见宋以前的嵌螺钿器均为厚螺钿。元代开创了薄螺钿漆工艺的先河。北京元大都后英房遗址中出土的嵌螺钿广寒宫图漆盘残片，盘面巧妙地利用五彩缤纷的薄螺片自然光泽，嵌成广寒宫秀丽的建筑和云树，色彩斑斓，嵌工精细，是《髹饰录》中“分截壳色，随彩而施缀”的做法，较之厚螺钿在工艺技法上前进了一大步，是目前发现的唯一的元代薄螺钿实物，对研究螺钿漆工艺的发展，具有极为重要的价值。

雕漆虽出现较晚，但到元代已发展到炉火纯青的程度，并形成名家辈出的局面。张成、杨茂、张敏德即为代

嵌螺钿广寒宫图漆盘残片

元

直径37厘米

北京元大都后英房遗址出土

现藏首都博物馆

剔红东篱采菊图盒
元
直径12厘米
高3.9厘米
1953年上海青浦任氏墓出土
现藏上海博物馆

表人物，他们的作品代表元代雕漆的最高水平。《髹饰录》记载："宋元之制，藏锋清楚，隐起圆润，纤细精巧。"从文献记载和实物看，两代雕漆所具有的艺术特点是相同的。

元代雕漆装饰图案也主要为花卉鸟禽、山水人物。以花卉为题材的作品，改变以往折枝、小朵花卉的衬托地位而多采用大朵花满铺的图案化表现手法，一般不刻锦纹，而是在黄漆上直接雕刻花卉。其构图或以一朵花卉为主题，旁衬数个含苞欲放的花蕾，或几种花卉集于一器之上。常见的花卉主要有栀子花、秋葵、山茶、牡丹、梅花、兰花等。以花鸟题材为主的作品，黄漆为地，不刻锦纹，花卉衬底，上压飞禽。这种具有时代特征的装饰风格，直到明初仍继续使用。以山水人物为题材的雕漆作品，一般刻有三种不同形式的锦纹，天锦用曲折回转单线，类似窄长的回纹表示，水锦用波纹组成，地锦以方格或斜方格内饰多瓣形小花表示，似繁花遍地，表示天、水、地的不同空间，画面层次清晰。这几种锦地在南宋雕漆上已见使用，到元代更加普遍。也有以其中一种做整个图案的锦地装饰的。在此背景下，刻画出树木殿阁、人物等。

元代剔犀作品很少，北京故宫博物院收藏的剔犀云纹圆盒，通体黄漆素地雕朱漆如意云头纹，刀口断层处露出黑漆线，正是《髹饰录》中所说的“红间黑带”做法。另安徽省博物馆收藏有“张成造”剔犀云纹盒，堆漆肥厚，刀法圆润浑厚，与上器似出自一人之手，代表元代剔犀工艺的最高水平。

元代漆器制造业在宋代基础上更加发展，除有官办作坊外，地方制漆业蓬勃兴起，尤其是江南一带，随宋室南迁，大批髹漆工匠移居江浙，带动和影响这一地区漆业的发展，成为元代的制漆中心，其中最有成就的浙江嘉兴一带名家辈出，著名者有张成、杨茂、张敏德等。

张成与杨茂，据《嘉兴府志》载：“嘉兴府西塘杨汇人，剔红最得名。”其作品见有剔红、剔犀，风格以髹漆

剔犀云纹圆盒

元

直径11.6厘米

高3.9厘米

现藏故宫博物院

剔红栀子花纹盘

元·张成

径17.8厘米 高2.8厘米

现藏故宫博物院

肥厚、刀工圆润、藏锋清晰而著称。张成的代表作品有剔红栀子花纹圆盒，以黄漆为地，不刻锦纹，以红漆雕一丛肥腴圆润的栀子花满铺全器，盘中为盛开的双瓣栀子花一朵，上下分列四朵含苞欲放的花蕾。筋脉清晰，枝叶舒卷有力。足内有针划“张成造”款。刀工圆润，磨退细腻。杨茂的代表作品有剔红观瀑图八方盘、剔红花卉纹尊，通体雕各种花卉。剔红花卉纹尊有栀子花、菊花、桃花等，花间露黄漆素地。造型敦厚、规整，髹漆较张成略薄，漆色沉稳，花纹疏密有致，雕刻精细，磨退细腻圆润。足内髹褐色漆，针划“杨茂造”款。

张敏德，元末雕漆名匠，其生平事迹待考，为张成的后代。他唯一的传世之作是北京故宫博物院收藏的剔红赏花图圆盒，盖面雕庭院、大殿，两位老者在阶前赏花。庭前院后，茂林修竹。外壁黄漆素地雕栀子花、茶花、菊花、桃花等。盖里针划“张敏德造”款。构图精美，人物形象生动，极具立体感。

剔红花卉纹尊

元·杨茂

高9.4厘米 口径12.8厘米

现藏故宫博物院

剔红赏花图圆盒

元·张敏德

直径21.5厘米 高6.9厘米

现藏故宫博物院

14.明代皇家漆器

明代是漆器生产的极盛时期，特别是皇家的官办作坊成为生产的主流。明代内府设有二十四衙门总理手工生产，其中御前作、御用监、内官监均承做漆工活计。御用监主管造办皇帝御用的围屏、摆设、器具及螺钿、填漆、雕漆、盘匣、扇柄等件。御前作、内官监也承作漆工活计，但互有侧重，分工较细。

永乐十九年（1421 年）明成祖朱棣迁都北京后，在西什库一带由御用监建立专门为皇家服务的漆工作坊——果园厂，从事雕漆、填漆等生产，名工巧匠从全国各地精选而来。因此，永乐、宣德时期果园厂生产的漆器，代表了明代漆工艺的最高水平。《明史·官职志》记载："洪武二十五年置营缮所，改将作司为营缮所，秩正七品，设所正、所副、所丞各二人，以诸匠之精艺者为之。"工部下属营缮所，营缮所管辖果园厂，元末漆工名匠张成之子张德刚即是被永乐皇帝亲召进京的漆工名匠。《嘉兴府志》载："张

剔红孔雀牡丹纹盘

明永乐

高5.8厘米

口径44.5厘米

现藏故宫博物院

剔红双螭纹荷叶式盘

明宣德

高2.8厘米

口径24.2厘米

现藏故宫博物院

德刚，父成，与同里杨茂俱善髹漆，剔红器。永乐中日本、琉球购得，以献于朝，成祖闻而召之，时二人已殁。德刚能继其父业，随召进京，面试称旨，即授营缮所副，复其家。时包亮亦与德刚争巧，宣德时亦召为营缮所副。”

据《明会典》所记，轮班到京服役的油漆匠每次多达五千余人，因而漆器工艺取得前所未有的成就。果园厂漆器是各地优秀匠师高超技艺的体现和浓缩，皇家不计工时，不算成本的精工细作，使匠师技艺得到充分发挥。现存的大量明永乐、宣德漆器，大多出自果园厂能工巧匠之手，是明代漆器最辉煌时期的作品，具有明代早期漆器的独特风格。

永乐、宣德时期漆器的品种和形制，从现存实物看，盒、盘为主要品种，其次为匣，还有盖碗、盏托、尊等。盒有蔗段、蒸饼、撞式等。蔗段式即圆形，平盖面，直壁，矮卧足或无足。蒸饼式即圆形，盖面隐隐隆起，器壁下收，平底，有的稍微内凹，此种器形均小。撞式即器、盖中间加有套层的形制，依所加层次分为两撞、二撞式，带底足。盘的形制主要有两种，一种为圆形、漫浅式，矮圈足，无盘边与盘心之别。另一种造型边呈菱花、葵瓣、荷叶、八角

黑漆戗金棱瓣式盒

明

通高8.4厘米

口径12厘米

1972年江苏江阴明夏彝夫妇墓出土

现藏苏州市博物馆

等形，有盘心、盘边之别。上述形制的盒、盘，是永乐、宣德漆器中数量最多、特征最为显著的造型。现藏故宫博物院的剔红孔雀牡丹纹盘，盘内雕牡丹衬底，枝叶繁密，花朵肥厚。牡丹花纹上压一对展翅孔雀，气势富丽豪放，雀身羽毛纤若刷丝，微如毫发，与丰满的牡丹花叶形成鲜明的对比。足内髹黑褐色漆，一侧针划“大明永乐年制”细

剔彩林檎双鹂图捧盒

明宣德

高20厘米

口径44厘米

现藏故宫博物院

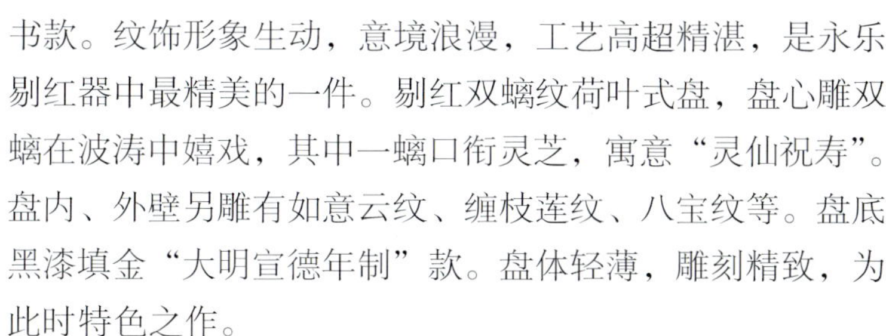

书款。纹饰形象生动，意境浪漫，工艺高超精湛，是永乐剔红器中最精美的一件。剔红双螭纹荷叶式盘，盘心雕双螭在波涛中嬉戏，其中一螭口衔灵芝，寓意“灵仙祝寿”。盘内、外壁另雕有如意云纹、缠枝莲纹、八宝纹等。盘底黑漆填金“大明宣德年制”款。盘体轻薄，雕刻精致，为此时特色之作。

永乐、宣德时期果园厂生产的漆器，主要是以雕漆和填漆为主。此外，还有填漆、描金、戗金漆器等。雕漆成就最为突出，有剔红、剔犀、剔彩等，以剔红为主。剔彩，作为雕漆的一种，在工艺上较其他几种雕漆更为复杂，具有“刻法深浅，随妆露色”的特点。《髹饰录》中称之为“重色雕漆”和“堆色雕漆”。“重色”俗称“横色”，“堆色”俗称“竖色”。明宣德款剔彩林檎双鹂图捧盒为“重色雕漆”最有代表性的杰作。盒通体采用红、绿、黄、黑四种色漆交替髹涂，共13层。盖面刻红漆斜格锦地，压雕果树双鸟纹，盒壁雕缠枝桃等花果纹，口缘雕缠枝花卉。林檎

双鹂雕刻生动，运色巧妙，真可谓色彩缤纷，光彩炫目，富于变化又绚丽活泼。采用“重色雕漆”技法，对漆层分层片取后，又加以细致打磨而成，彩漆层次交接处，界线模糊，具有画笔晕染的趣味，显示出明代早期果园厂剔彩漆工艺的杰出成就。

永乐、宣德时期的雕漆为表现景物的主体效果，尤其是花卉题材的作品，有的花纹层次起伏达三四层之多，盘枝错梗，错落有致，几近圆雕。这种纹饰起伏的表现手法，是果园厂雕漆的新发展。雕工浑厚，丰腴圆熟，磨工圆润不露刀锋，保持着元代雕漆的基本特征，这与张成后代等人掌管着果园厂雕漆的生产，使嘉兴派雕漆风格占据主要地位有直接的关系。

朱漆戗金云龙纹谱系匣

明

长77.5厘米 宽49.8厘米 高9.5厘米

现藏故宫博物院

这时期漆器的装饰题材以花卉、龙凤飞禽、山水人物等为主，根据不同题材，处理方法各具特色。以花卉为主题的作品，有茶花、牡丹、菊花、玉兰、秋葵、水仙、梅花、千叶榴、灵芝花等。多在圆形盘及蒸饼、蔗段式盒面满铺。构图布局讲究对称舒展，或一朵，或数朵盛开的大花朵，旁衬小朵花和花蕾。雕漆多以黄漆为地，不刻锦纹。由于髹漆较厚，给人以饱满肥厚的感觉。填漆作品风格相同，多在主要部位作开光，开光内饰大朵花卉，开光外饰折枝小花。由花卉、鸟禽、龙螭等组成的图案，多采用夸张又富有浪漫色彩的形式表现，以盛开的花卉作底，上压成双成对的飞禽、龙

剔红送友图圆盒

明永乐

高16厘米 口径37厘米

现藏故宫博物院

螭游离于花丛之中，或腾飞于云雾之中。常见有孔雀、龙、凤戏牡丹、螭穿灵芝、茶花绶带鸟等。这类题材的雕漆作品亦多不施锦纹。山水人物为题材的作品多雕刻在盘内和蔗段式盒的平盖面上。常在中心部位开光，内刻山水人物，外饰花卉。沿袭元代雕漆上使用的三种不同锦地，象征性地表现出天、水、地的不同空间界限，使画面层次清晰。所见题材有携琴访友、南山观瀑、东篱采菊、竹林七贤、杜工部诗意等，反映出文人墨客清静悠闲、怡游畅饮的生活情趣。这些花卉、鸟禽、山水等装饰纹样，均体现了安详、吉庆的特点，是当时社会安定、人民生活较为安逸的反映。

 **文物百科**

剔彩

雕漆的一种，即在胎骨上分层髹涂不同颜色的漆至一定厚度，根据图案色彩设计，剔除上部漆层，露出所需要的色漆，并在其上剔刻花纹。

15. 明代漆器的新变化

明代宣德朝以后的正统至正德（1436 — 1521 年）六朝近百年时间里，由于社会动荡，经济衰退，官府漆工业作坊陷于停顿状态，因此，存世漆器中刻有这一时期年款的作品极为罕见。至嘉靖、万历时期（1522 — 1620 年）又出现了繁荣景象，官办的漆器作坊占据统治地位，并形成独特的新风貌。嘉靖以后的漆器制造主要以雕漆、填漆、戗金彩漆、描金漆、螺钿漆等工艺为主，犀皮漆、百宝镶嵌开始流行。

这时期漆器器形变化较大，突破以往陈规，呈现出面目一新的风貌。盒的形制多种多样，且形体增大，器身增高。除已有的蔗段式、长、方、直角式盒外，最为流行的是圆形捧盒，兼有方形、八角形等，新出现的则有银锭式、方胜式、梅花式、海棠式、茨菰叶式以及寿字形、卍字形、鱼形等。盘的形制也多样，如具有嘉靖时期标准特征的梅花式、银锭式、菊瓣式等，万历时期的标准器形是内凹委角长方形，随形圈足。明晚期还出现方形、瓜棱形、葫芦形壶，小柜、小箱、桌屏等新器形品种。

漆器纹饰以吉祥祈福及反映民间世俗生活为主。嘉靖

朱漆填彩戗金方胜式盒

明嘉靖

长28.5厘米 宽15.3厘米 高11.1厘米

现藏故宫博物院

剔彩双龙纹委角长方盒

明万历

高10厘米

口径30厘米

现藏故宫博物院

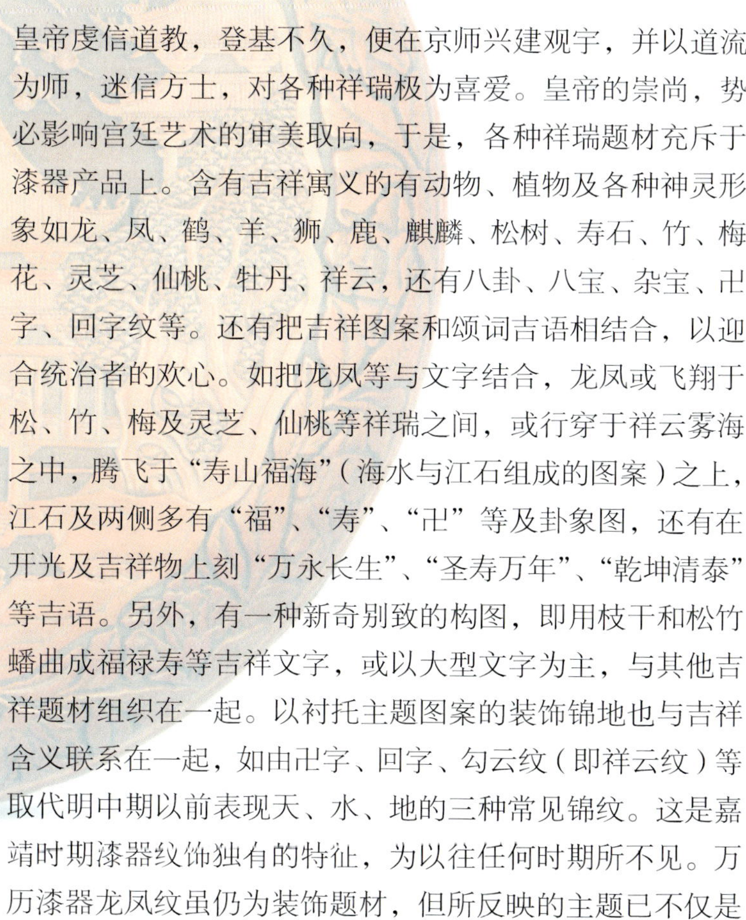

皇帝虔信道教，登基不久，便在京师兴建观宇，并以道流为师，迷信方士，对各种祥瑞极为喜爱。皇帝的崇尚，势必影响宫廷艺术的审美取向，于是，各种祥瑞题材充斥于漆器产品上。含有吉祥寓义的有动物、植物及各种神灵形象如龙、凤、鹤、羊、狮、鹿、麒麟、松树、寿石、竹、梅花、灵芝、仙桃、牡丹、祥云，还有八卦、八宝、杂宝、卍字、回字纹等。还有把吉祥图案和颂词吉语相结合，以迎合统治者的欢心。如把龙凤等与文字结合，龙凤或飞翔于松、竹、梅及灵芝、仙桃等祥瑞之间，或行穿于祥云雾海之中，腾飞于"寿山福海"(海水与江石组成的图案)之上，江石及两侧多有"福"、"寿"、"卍"等及卦象图，还有在开光及吉祥物上刻"万永长生"、"圣寿万年"、"乾坤清泰"等吉语。另外，有一种新奇别致的构图，即用枝干和松竹蟠曲成福禄寿等吉祥文字，或以大型文字为主，与其他吉祥题材组织在一起。以衬托主题图案的装饰锦地也与吉祥含义联系在一起，如由卍字、回字、勾云纹(即祥云纹)等取代明中期以前表现天、水、地的三种常见锦纹。这是嘉靖时期漆器纹饰独有的特征，为以往任何时期所不见。万历漆器龙凤纹虽仍为装饰题材，但所反映的主题已不仅是

剔彩龙纹长方盒

明万历

长32.5厘米

宽20厘米

高9厘米

现藏故宫博物院

追求升仙长寿，而是祈求吉祥太平、江山永固。

由于受绘画艺术的影响，这个时期还出现了一些传统的山水花鸟纹样和反映民间习俗的新题材，如货郎图、婴戏图、龙舟竞渡等。也有显露出淡雅秀丽的江南特色和士大夫文人情趣的作品，如竹林七贤等。

从总体风格上看，嘉靖、万历时期官办漆器作坊的作品，在艺术风格上形成一种繁缛、细腻、工巧华丽的新特点，构图较中期更加缜密繁缛，至万历时更加细腻工整，以缠枝小朵花叶作各种边饰图案，在花叶上密刻筋脉，成为万历漆器最突出的特征。

在工艺技法上有雕漆、填漆、戗金、描金漆、嵌螺钿、犀皮漆、描漆、百宝嵌等，不仅种类繁多，技法上亦较以前成熟、进步。其中雕漆成就最为突出，特别是剔彩漆器骤然增多，一跃成为雕漆的主流产品。重色雕漆是这时期剔彩的主要技法，主要体现在色彩和雕工上，多采用红、黄、绿三色漆分层平涂，剔刻出黄龙、绿水、红花、绿叶、黄蕊等各种色漆图案。堆色雕漆是这一时期剔彩工艺的创新技法，用于表现花筋叶脉等局部纹饰。

嘉靖雕漆雕工精细，刻后不磨，以棱线清楚有力形成这一时期的新特点。万历较嘉靖更甚，刀工峻深陡直，纹饰纤细整齐，运刀如笔，显示出锋棱之美。这种特点为万历前后所不见，形成一种新的艺术特色，成为我国雕漆承上启下的重要时期。

这时期嵌螺钿漆器亦有很高成就，黄成在《髹饰录》中评价：“百般文图，点、抹、钩条，总以精细密致如画为妙。又分截壳色，随彩而施缀者，光华可赏。”扬州人江千里，字秋水，即为制螺钿器名匠，擅长以薄螺钿镶嵌山水人物、花鸟图案及历史故事为题材。清嘉庆《扬州府志》记载：“有江秋水者，以螺钿器皿最精工巧细，席间无不用之。时有一联云：‘杯盘处处江秋水，卷轴家家查士瞻。’”中国国家博物馆藏有江千里的黑漆嵌螺钿执壶，壶身修长优雅，作四方刳角海棠形，柄、流细长，棱边嵌螺钿鱼子片及小六瓣花。颈腹各有开光，以红玛瑙、珊瑚、绿松石和绿色螺钿镶嵌成花鸟小景，五彩缤纷，盖面作描金缠枝花卉，衬以黑漆地。外底有螺钿篆书款“千里”两字。

江千里黑漆嵌螺钿执壶

明

高35厘米

现藏中国国家博物馆

剔红竹林七贤图长方盘

明万历

长40.3厘米 宽26.8厘米 高5.1厘米

现藏故宫博物院

紫檀百宝嵌长方盒

明

长24.8厘米 宽22厘米
高22.2厘米

现藏故宫博物院

阅读链接

漆工专著《髹饰录》

《髹饰录》是我国现存唯一的古代漆工专著，由明代隆庆年间著名漆工黄成撰写。它为研究古代漆器的种类、工艺技法以及漆工艺的发展状况，提供了系统而翔实的资料。

黄成，生卒年不详，号大成，安徽新安平沙人，是明代隆庆年间著名漆工。《格古要论》、《清密藏》称其剔红技术可匹敌官营作坊果园厂，“称一时名匠，复精明古今之髹法”（杨明《髹饰录》序）。《髹饰录》总结了自尧舜以来至明代髹漆的各种技法及自己的经验。明天启五年（1625年），浙江嘉兴西塘名漆工杨明，又为《髹饰录》撰写了序言并逐条加注，使此书内容更加完备丰富。

《髹饰录》全书分乾、坤两集，共18章186条。“乾集”讲制造方法、原料、工具及漆工的禁忌；“坤集”讲漆器分类及各个品种的形态，把漆器按工艺技法分作十四类，即质色门、罩明门、描饰门、填嵌门、阳识门、堆起门、雕镂门、戗划门、斒斓门、复饰门、纹间门、裹衣门、单素门等。为古代漆器的分类提供了详细的依据。当代漆器研究专家王世襄先生以此为依据，在分类上作了适当的归纳、调整，概括为明清漆器常见的14类：一色漆器、罩漆、彩绘、描金、堆漆、填漆、雕填、螺钿、犀皮、剔红（包括剔黄、剔绿、剔黑、剔彩等）、剔犀、款彩、戗金、百宝嵌。他所著的《〈髹饰录〉解说》，已成为目前研究传统漆工艺的必备工具书。

16. 款识的奥秘

明代漆器上所署纪年款识只见八个年号，即永乐、宣德、弘治、嘉靖、隆庆、万历、天启、崇祯，其中以永乐、宣德、嘉靖、万历四朝最多。

永乐时期果园厂生产的漆器，沿袭元代张成、杨茂的刻款方法，主要为针划年款，一般于器物底部左侧边缘针刻“大明永乐年制”六字竖行款，字体近似行书，行笔纤细清秀，不甚工整。

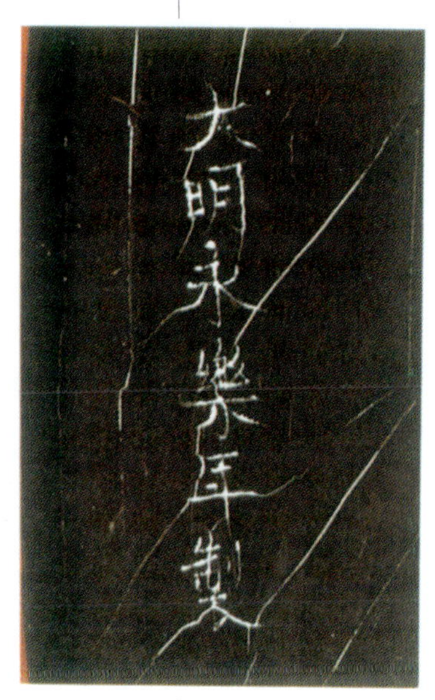

永乐年款

宣德漆器款识改永乐针划细款为刀刻填金楷书款，笔划较粗，刻锋刚劲，款字有“宣德年制”和“大明宣德年制”两种，其中“德”字心上无一横，款字排列横竖不一，刻划位置也殊无定制，比较灵活，有在器底、盖面、外壁等，因而有“宣德款遍全身”的说法。

宣德漆器的款识比较复杂，有些刻有宣德款的器物与真正宣德器的风格特点不相一致。现今所见宣德款漆器

永乐剔红牡丹花尊器底的年款和乾隆刻诗

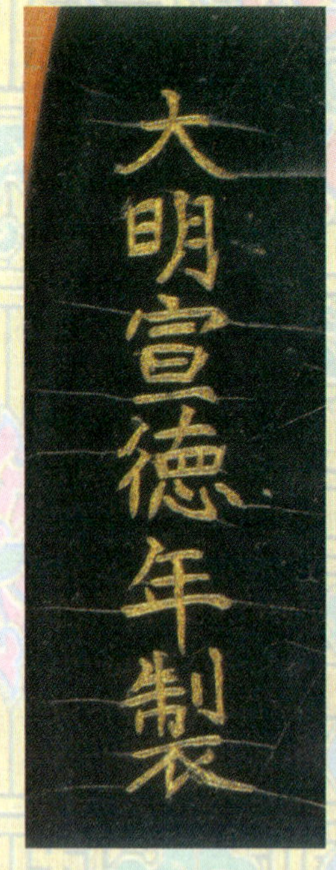

宣德年款

将永乐年款涂抹改刻的“宣德年款”

嘉靖年款

中，有将元代漆器刻上宣德款的，原有的“杨茂造”针划款依稀可辨。而将永乐漆器刻上宣德款的所占比重较大，虽经刮磨改款，仍隐约可见原款的存在。高士奇《金鳌退食笔记》中说：“宣宗时厂（果园厂）器，终不逮前工，屡被罪，因私购旧藏盘盒，磨去永乐针划细款，刀刻宣德大字，浓金填掩之，故宣款皆永器也，填漆亦如之。”高氏所说的为应付交差以免受罚而收购旧器改宣德款的情况是有的，但据此而得出“宣款皆永器”的结论却失之偏颇。现故宫所藏刻有宣德款的漆器，除以上两种情况外，还有将嘉靖、万历以及清代漆器刻上宣德款的情况。所以，不可单纯以现有款识来鉴别器物的年代。

嘉靖漆器的刻款为制造年代款，“大明嘉靖年制”楷书款，有横行、竖行、竖两行格式。带有隆庆年款的漆器目前仅知有四件雕漆和一件螺钿漆器，均在器底正中刻有“大明隆庆年制”楷书填金款和“大明隆庆年御用监造”款。万历漆器虽亦为刀刻填金楷书纪年款，但多在年号之外，加有干支纪年字样，使款文由六字变成八字，如“大明万历乙未年制”等，也有“大明万历年制”六字款。

一些民间制器也留有款字，如江千里作品，多留有“千里”款和“江千里式”款识。有注明家斋的名字或注明是个人收买的漆器，如“万历癸卯守一斋置”等。

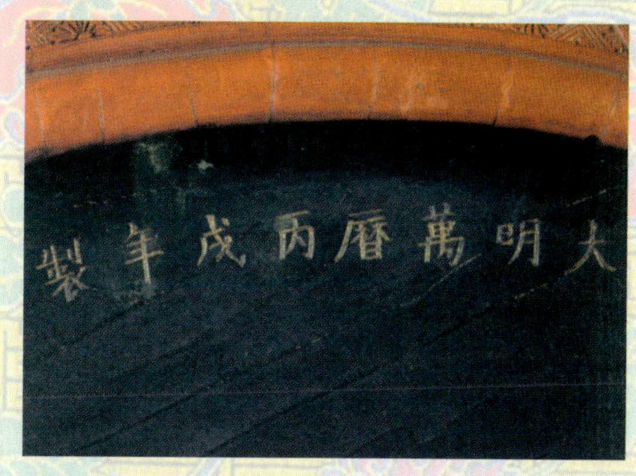

万历年款

万历年款

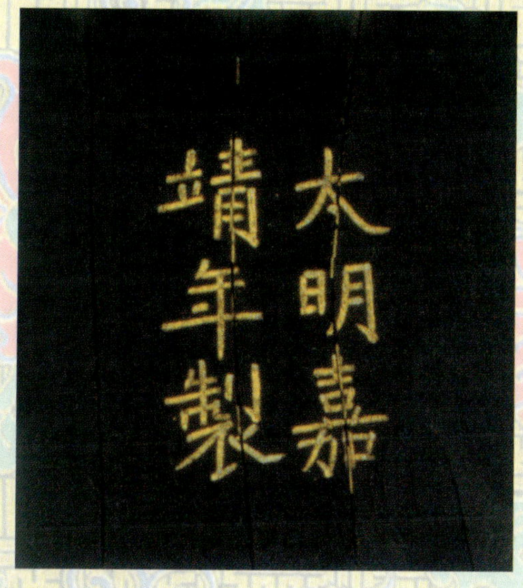

嘉靖年款

17. 清代漆器的仿古与创新

清初，为了满足皇室的需要，于康熙年间设立了“养心殿造办处”，下设各“作”，负责皇家各类御用品的制作，其中“油木作”中有“漆作”，专门生产内廷使用的漆器。康熙、雍正、乾隆三朝造办处各作承做的工艺品非常精美，漆制品也不例外，代表着清代漆器制造的最高水平。造办处具有庞大的制造网，工匠从地方选送到养心殿造办处当差，各地还有属于造办处制作系统的专门机构，通过督、抚、关差、织造、盐政等接受造办处定制的活计。在清宫所存的大量漆器中，除一部分为宫廷造办处直接生产的以外，相当一部分是由地方制作进贡或由造办处定作，像扬州、苏州等地都承办造办处交派的活计。一些特殊的品种，造办处无力制作，多发往各地制造。如乾隆皇帝喜爱雕漆作品，但当时宫中无力制作，于是，特命主持苏州织造局的内务府官员图拉组织苏州漆匠制作了剔彩百子晬盘。此盘以红、黄、绿、紫四色漆雕制“百子图”，100 个童子有赛龙舟、舞龙、垂钓、跳绳、奏乐、放风筝、读书习字等，是乾隆七至八年（1742 — 1743 年）在苏州制作，专为皇

剔彩百子晬盘
清乾隆
边长58.7厘米
高5.6厘米
现藏故宫博物院

剔彩百子晬盘局部

子、公主抓周时使用的。

从故宫所藏的清代漆器和养心殿造办处有关“漆作”的记载来看，康熙、雍正、乾隆三朝漆器均精工细作，但各个时期品种侧重不同。康熙朝的重点品种是螺钿漆器、填漆及戗金漆器；雍正朝以仿洋漆、描金漆、描金彩漆、描漆、填漆戗金等为发展重点；乾隆朝号称盛世，百工炫巧争奇，脱胎漆器、识文描金漆器、百宝镶嵌漆器等都有发展，尤其是雕漆最为出色。这时期在工艺上的最大特点是将多种工艺技法相结合，奇技百端，追求工艺上的完美。

清代皇帝大多亲自督造宫廷所用器物的生产制作，提出具体要求，康熙、雍正、乾隆三朝皇帝尤甚。清宫档案中就有很多这样的记录，如乾隆二年（1737年）十月十二日太监胡世杰传旨：“照多宝格内红雕漆盒样式做几件，盒盖里子中间刻大清乾隆年制款。钦此。”乾隆四年（1739年）十月二十九日，在看了呈送的漆盒胎子后传旨：“将此胎交封岐，先画样呈览，准时再雕刻。钦此。”

清代漆器胎骨制作可说是集历代之大成，达到前所未有的齐全；器物造型多样，品种繁多，小到盘、盒、碗、碟、

填彩漆辇式盒
清
长56厘米
宽19.5厘米
高27.9厘米
现藏故宫博物院

文房用具，大到屏风、宝座、床榻、桌椅、条案以及挂屏、香几等，使用范围扩大到清代宫廷生活的各个方面。

除传统的器形外，一些独特新颖的造型频频面世，形成清代漆器造型的新特点。以盒为例，有仿造车船、殿阁建筑的辇车形香盒、画舫形香盒、殿阁形香盒，有寓意吉祥的桃形盒、鱼形盒、寿字形盒，有仿书卷式、书函式盒，还有模仿各种果形盒、叶形盒等，如石榴形、莲子形、荷叶形、瓜形、葫芦形等，可谓空前绝后。现藏故宫博物院的填彩漆辇式盒，呈辇式，长方形车厢，后有双轮，辕前有一轮。通体髹深赭色地，以红、黄色漆填饰花纹。车厢为平顶栏杆式，垂云边。顶上填有“卍”字锦纹。车厢四周由镂空菱花槅扇组成，前后各两扇，左右各四扇，前门可开启。造型新奇，做工精致。其内部和顶上可置香具作实用器，亦可

剔红枫叶秋虫盒
清乾隆
高8.5厘米
口径13.5厘米
现藏故宫博物院

剔红九龙海水天球瓶

清

高60.5厘米

腹径46厘米

现藏故宫博物院

作为陈设观赏品。剔红枫叶秋虫盒，盒体呈枫叶形，盖面雕叶脉，一只蝉和蝈蝈相对而伏。造型新颖，形象生动，雕工极为精湛，是乾隆雕漆中别致之作。

由于乾隆皇帝嗜好古器，故仿古器形多有出现，从瓷器、玉器以及青铜器中模仿造型，如仿瓷器的天球瓶，仿玉器的圭璧式盒、磬形盒，仿青铜器的壶、铜簠式盒、出戟觚等，均是前代绝无仅有的。剔红九龙海水天球瓶，鼓腹，短颈，瓶身饰九龙海水纹，给人以气势磅礴之感。此器为仿瓷器作品，构思巧妙，雕工精湛，为清代剔红漆器精品。剔红群仙祝寿图磬式盒，盒体制成磬形，下承磬形几。盒盖雕饰群仙祝寿图，八个仙人各持宝物，衬饰以远山近水、亭台松柏、蝙蝠等。

清代漆器装饰用色之繁复，为历代之冠，各种色彩具备，且使用油彩、漆色油彩兼施并用，具有很好的艺术效

剔红群仙祝寿图磬式盒

清

高20.5厘米

长37.3厘米

现藏故宫博物院

罩金漆荷花诗句盘

清

口径19.2厘米

高2.9厘米

现藏故宫博物院

果。装饰纹样较明代更加丰富多彩，新题材不断涌现。以世俗生活和吉祥寓意作装饰纹样的，继承了明代一些传统的装饰题材又有新的特点，如观童洗象、观鹅图、百子图、渡海图、试马图及水浒人物等。鱼、龙、海兽等成为这时期新的吉祥意义的象征物。由于乾隆皇帝崇尚古物，故漆器也出现了一些仿古纹饰。但这些仿古趣味、纹饰按照新的审美要求被加以改造、取舍，如变狰狞神秘的商周青铜器纹饰为飞舞优美、欢乐吉祥的图案。另外，还有在满刻锦纹地上作画、加刻诗文词句等，均是清代新的表现手法。

清代各朝款识特点均有不同。康熙带款作品不多，均在器底正中刀刻填金“大清康熙年制”楷书年号款。

清雍正款

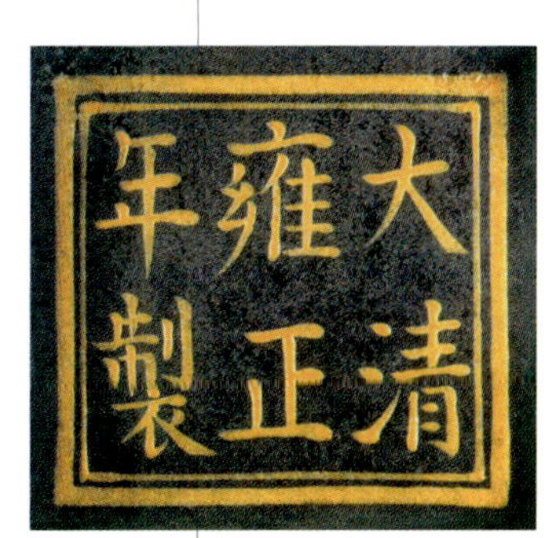

雍正款识多刻于器底正中，为刀刻填金或描金“大清雍正年制”、“雍正年制”楷书款，有的外加双方框，似印章。

乾隆器刻款较多，常见于器内外正中或盖内，刀刻填金，如“大清乾隆年制”、“乾隆年制”、“大

剔红雅集宝盒
清乾隆
高11.6厘米
口径33厘米
现藏故宫博物院

清乾隆仿古"、"乾隆仿古"等，书体有楷书、篆书和隶书，款外有单线或双线框。乾隆款识的特点是除年号外，有的还刻上吉言、器名，如剔红雅集宝盒，盖内刻"雅集宝盒"，盖底刻"大清乾隆年制"。

官办作坊漆器多刻款识，民间制漆名匠的作品也有刻款的，一般只刻姓名，如"卢映之制"、"卢葵生制"、"葵生制"一类名款，有隶书和楷书，还有在款后加刻印章，使作品书卷气十足，格调高雅。后加刻印章，使作品书卷气十足，格调高雅。

18. 工艺集大成

漆工艺发展至明代，各工艺品种已经具备。清代继承明代传统，漆器制作更为兴盛，在技法上不断完善和提高，并出现一些新的工艺。

清代一色漆器主要为黑漆与朱漆，还有一色金漆。一色漆器不加任何装饰纹样，以造型和色泽取胜。如乾隆年间制作的脱胎一色漆器，代表了历代一色漆器的最高水平。

清代描金漆器多为黑地描金和朱漆描金，也有紫漆描金等。用一色金作画，为一色描金；其利用不同颜色金粉或金箔描绘或贴出不同花纹，使金色花纹具有色彩的变化，犹如绘画之设色，《髹饰录》中称为“彩金象”描金。

红漆描金龙凤纹漆手炉

清雍正至乾隆

通高13.7厘米

口径15厘米

现藏故宫博物院

黑漆描金菊花执壶
清乾隆
高9.1厘米
口径8厘米
现藏故宫博物院

识文描金是清代描金漆器中颇具成就的描金技法。所谓“识”，即为凸起之意，“识文”即凸起的花纹，称识文隐起，是用稠漆和漆灰做出高于漆面的花纹，再在花纹上面施描金或贴金、泥金等做法。识文描金分为屑金和泥金两种，屑金是在用漆堆成的花纹上洒屑金；泥金是在用漆堆成的花纹上贴金或上金。识文描金因花纹高高堆起，既华丽富贵，又能表现物象的立体效果，更显精美。

描金做法，日本称为“莳绘”，分为平莳绘、高莳绘和研出莳绘三种。平莳绘即平涂描金做法，高莳绘即识文描金做法，研出莳绘即通过打磨后显现出的效果。明代杨埙吸收日本的描金技法加以创新，使描金器更具新意。清代沿袭明代描金画漆出于东洋的说法，把描金漆器都冠以一个“洋”字。康熙时描金漆器所见很少，雍正、乾隆时是描金漆器生产的全盛期，造办处制造描金漆器量大，水平高。清雍正至乾隆年间的红漆描金龙凤纹漆手炉，炉腹部正背面开光，内为朱漆地，描金龙凤纹各二。龙凤纹用深浅不同的金色绘成，浓淡成晕。即“彩金

象”描金，是描金中最具难度的一种。黑漆描金菊花执壶，紫砂胎，顶有镀金铜钮。通体黑漆地描金彩漆花纹，盖面及柄、流饰描金菊花、竹枝、花蝶纹。腹部饰菊花、彩蝶、草虫纹。壶底刀刻戗金“大清乾隆年制”篆书款。此壶菊花纹的枝叶用红、绿色漆绘出，上以淡金涂饰，露出底色。唯有菊花花朵以重金描饰，并勾勒出筋脉花边，使纹饰表现出层次感。

当时江南也盛行制造此类漆器，如雍正年间的江宁、两淮及江西都书馆有进贡“洋漆器”的记载。

描漆是以彩漆作画，也叫漆画。因使用原料不同，又分为描漆、描油两种。清代描漆数量可观，相当考究，有“黑理钩描漆”、“划理描漆”、“黑理钩描油”、“金理钩描油”、“划理描油”等手法，用黑漆描花纹的轮廓、纹理，或不加轮廓的设色画，甚至还有可以表现浓淡晕染的笔法。清代统称其为“彩漆”，是雍正、乾隆时期漆器的主要品种。描漆中还大量使用油彩，有的几乎全为油彩，其方法与描漆相同。因当时漆色单调，不能调出像翠绿、雪白、粉

描油花蝶纹委角长方盒

清雍正至乾隆

长21.7厘米

宽18.1厘米

高6.2厘米

现藏故宫博物院

红等色彩，故以桐油代替，使色彩更为丰富多样。如描油花蝶纹委角长方盒，通体髹黄色漆地，上描饰三种锦纹，盖面饰花蝶纹，四壁饰缠枝花卉，色彩艳丽、丰富，描饰极工，为描油类漆器中的佳作。

填漆是在漆器上做出凹下去的花纹，再填进色漆，干后磨平，属于“填嵌类”。填漆戗金是用填漆的做法做好花纹后，沿着彩色花纹轮廓勾阴文线条，花纹上也阴勾纹理，然后填金，故戗金属于“戗划”类，是填漆和戗金两种工艺技法的结合，俗称“雕填”。清代的填漆与填漆戗金工艺水准极高。填漆戗金不仅制作精美，有的还饰有锦纹地，绚丽华美。雕填的花纹有填成的、描绘的，也有填描兼施的。常见为填漆做锦地，描漆绘花纹，也有描漆做锦，填漆做花纹的。还有雕漆作品完全以描绘而成的，使雕填漆器徒有其名。乾隆年制的填漆戗金双蝶纹委角方盒，通体髹朱漆作地，填漆戗金花纹。盖面开光内描漆“卍”字锦地，连环形双蝶瑞草纹，开光外填彩漆“卍”字锦地莲蝠

填漆戗金双蝶纹委角方盒

清乾隆

边长36.9厘米

高11厘米

现藏故宫博物院

衬色螺钿团花长方盒

清晚期

长41厘米

宽24厘米

高20厘米

现藏故宫博物院

花纹。盖器壁均作开光黄漆地饰双凤寿字纹。填漆准确，戗金尤精，为以往戗金漆器所不及。

清代螺钿镶嵌漆器得到前所未有的发展，代表此工艺的最高水平。此时，不仅产品数量多，制作器物的范围也很广，大到玉屏风、宝座、床、柜、几、案，小到盘、盒等器皿，品种齐全。清代螺钿注重选料，愈见华美，技法上有厚螺钿、薄螺钿，螺钿加金银片、薄螺钿与描金相结合及衬色螺钿等。衬色螺钿又称“衬色甸嵌”，是嵌螺钿工艺的一种，即将透明的贝壳薄片嵌在漆器上，漆色透过壳片显现，具有色彩莹润的效果。清晚期衬色螺钿团花长方盒，通体髹黑漆为地，盖面绘梅花、蝴蝶、菊花、水仙、荷花、牡丹等纹饰，四周点缀以梅花。盒壁饰佛手、月季、牡丹、水仙等花卉。此盒所嵌螺钿反衬出红花、绿叶及白色梅花，以黑漆勾勒轮廓，花、叶均有晕染的效果。

西汉时已见百宝嵌的雏形，在明晚期开始流行，至清

百宝嵌雄鸡图漆砂砚盒

清道光·卢葵生

长22.6厘米

宽15厘米

高5.7厘米

现藏故宫博物院

初达到高峰，其生产中心在扬州。明末著名艺人周柱（一作“翥”）即为扬州人，以制百宝嵌漆器著称，作品被称之为“周制”、“周嵌”。清代乾隆时王国琛、卢映之善此技，映之孙卢葵生享有盛名。清代钱泳《履园丛话》中赞百宝嵌为“五光陆离，难以形容，真古来未有之奇玩也。”清道光时扬州名漆工卢葵生所制百宝嵌雄鸡图长方形漆砂砚盒，盖面用岫岩玉、螺钿、红珊瑚、绿松石、象牙、玳瑁等嵌出山石、菊花、雄鸡。构图简练，趣味浓厚，制作极其精细，是清代百宝嵌工艺的代表作。

清代雕漆以剔红、剔彩器最多。目前尚未见顺治、康熙、雍正年款的作品，最多的是乾隆年款，嘉庆年款的仅知有一件，其余均无款。清初养心殿造办处档案中未见有雕漆的记载，雍正十余年间，曾多次试制雕漆，但未成功。乾隆二年、四年有造办处牙匠封岐雕刻漆器的记录，大部分雕漆是由苏州等地承做。清代江南一带的雕漆业极为兴盛，苏州、扬州等地雕漆盛行，工艺水平很高，特别是苏州成为清代雕漆的制作中心。

乾隆时期的雕漆，代表了清代雕漆的最高水平，它融汇明代早、中晚不同时期的特点，刀工锋棱毕露、精细纤巧成为雕漆的主流风格。此种风格一是受明嘉靖、万历雕漆的影响，二是以“牙作”匠人制作雕漆而形成。乾隆年档案中就多次记载让封歧雕刻漆器。封歧是苏州著名的刻竹能手，其一家两代人都曾在养心殿造办处“牙作”当差，其象牙作品奇峭清新、气韵生动。这些刻竹名家制作雕漆，将刻竹技法和风格带进雕漆作品中。乾隆雕漆髹漆肥厚，花纹图案多有起伏层次，人物多采用浮雕手法，具有立体效果。花卉则满花不露地，刻意追求多层次表现，状似交叠、翻卷，刀法玲珑剔透，奇巧别致。如剔红芙蓉花大瓶，花纹繁缛密布，枝叶穿插，但却有条不紊，清晰而不凌乱。

剔彩工艺亦取得很高的成就。重色雕漆仍很流行，色彩和雕刻技法较明代有很大的进步。漆色仍以红、黄、绿为主，相近色区分明显，使之更加丰富多彩。堆色雕漆有突破性的进步，利用此技法表现主题画面，成为这一时期的显著特征。如以剔绿漆表现海水等衬景，雕红漆表现海兽、鱼龙、人物等主题形象。

清代尤其是乾隆时期漆器工艺的最大特点和创新之处，是将髹漆与其他工艺品种结合，以及将多种髹漆技法融为一体，表现出漆工技法的高度发展和娴熟。多种工艺的结合主要是漆器加镶嵌，嵌饰材料有各类金属器、竹木牙角、珐琅、珠宝、玻璃、玉石等。多

剔红芙蓉花大瓶

清乾隆

高51.5厘米

口径16.5厘米

现藏故宫博物院

剔彩张果老渡海图桃式盒

清乾隆

高7厘米

口径13厘米

现藏故宫博物院

黑漆嵌画珐琅西洋人物笔筒
清
高15厘米
口径9.8厘米
现藏故宫博物院

种髹漆技法相结合，有堆漆与描金漆结合，雕漆与填漆戗金结合，螺钿镶嵌和描金结合等等。清中期的黑漆嵌画珐琅西洋人物笔筒，通体髹黑漆为地，四面各嵌两块画珐琅片，饰西洋女子及五言诗一首。四边棱及口缘均髹金漆。此笔筒集漆器、珐琅两种工艺于一体，是清代漆器创新工艺的代表作。所嵌珐琅片色彩斑斓，所绘西洋女子神态安详，五言诗字体秀丽，均出自宫廷内著名书画家的手笔。

文物百科

百宝嵌

漆器镶嵌工艺，即采用珍珠、玛瑙、宝石、绿松石等各种珍贵材料作漆器镶嵌。具有五色斑斓、立体感强等特点。据传为明代嘉靖年间扬州漆匠周柱（翥）所创，后流行于世，又称“周制”。

第二讲 竹木牙角显雕艺

主讲 刘静

竹、木、象牙、犀角雕刻，是中国一门独特的工艺美术，历史悠久，最早可以追溯到距今数千年前的新石器时代，历代都有一些极具艺术价值的作品传世，而真正的繁荣为明清时期。此时流派纷呈，名家辈出，如竹刻有金陵派、嘉定派，代表作家有濮澄、嘉定三松、吴之播等，擅犀角雕的有尤通、鲍天成，擅牙雕的有李爵禄、黄振效等；工艺技法更是推陈出新，从传统的圆雕、浮雕、透雕、阴刻，到留青、竹黄，以及果核微雕、象牙球等绝技。从这些作品上我们可以强烈地感受到鲜明的时代风格，浓郁的传统文化以及鬼斧神工的技法。

1.历史悠久的雕刻工艺

中国人很早就开始以竹、木、牙（骨）、角制作生产、生活用具，美化装饰生活。在中国各地分布广泛的新石器文化遗址，出土有大量的原始雕刻作品。从中可以看到很多牙、骨、角、木及蚌壳用具和装饰品，这些作品有的经过简单的加工，呈现出自然朴素的意趣，有的则精雕细刻，具有很高的审美价值。在雕刻技术、装饰题材、造型构思以及时代风格上，与当时发达的玉石雕刻有着极为相近的艺术特征。距今七千年前的浙江河姆渡遗址中就发现有众多的牙骨器，如象牙雕双鸟朝阳纹饰件以近似图案的手法，用细如毫发的线条对称地刻划出了两只昂首扬尾、向着太阳振翅飞动的小鸟，流畅的线条和生动的形象，给人以欣喜向上的感受。距今五千年的山东大汶口文化和良渚文化时期的精美牙骨器，艺术水平超过了河姆渡文化，不但有了浅刻、圆雕，而且还创造了透雕和嵌绿松石的镶嵌工艺。如山东泰安大汶口遗址出土的嵌绿松石骨筒，用动物肢体的一段做成，内空，断面呈三角形，壁面光滑，有三周弦纹带剔地突起，弦纹带之间嵌圆形绿松石五枚，在另一侧的上部穿有小圆孔四个以便携带，雕刻精美。

商周时期，青铜铸造工艺盛行，雕刻艺术出现了繁荣

象牙雕双鸟朝阳纹饰件

新石器时代·河姆渡文化

长16.6厘米 高5.9厘米 厚1.2厘米

1977年浙江余姚河姆渡遗址出土

现藏浙江省博物馆

嵌绿松石骨筒

新石器时代·大汶口文化

高7.7厘米

1959年山东泰安大汶口遗址出土

现藏山东省博物馆

的景象。当时手工业工场已有细致的分工，竹木牙角雕刻作为独立的手工业，与玉石、青铜并立。牙骨雕刻十分盛行，产品涉及生产工具、兵器、生活用品、装饰品和礼器等各个方面。代表作如殷商妇好墓中出土的嵌绿松石兽面纹象牙杯，用象牙截成，呈筒状，一侧有鋬，几与杯身等高。口、颈、腹、足各饰兽面纹三组，纹饰的眼、眉、鼻或尾上各镶以绿松石，均以云雷纹为地。鋬为夔龙形，龙头向上，眼镶以绿松石。此器制作精致，纹饰繁缛，技艺复杂，综合了浅刻、浮雕、镶嵌等多种工艺，代表了当时牙骨器制作的最高水平。特别是松石和象牙的黄绿对比强烈，色彩明艳，使整件作品显得更为华丽，与同出的青铜重器有异曲同工之妙，为商代象牙器中最为名贵的精品。

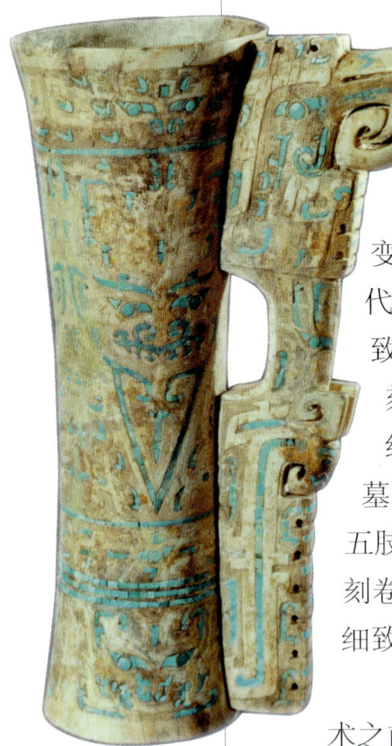

春秋、战国是中国工艺美术史上的重要时期。文化思想的活跃、百家争鸣带动了艺术上的百花齐放，艺术家的智慧和才能有了充分发挥的余地。在雕刻艺术上改变了商周以来浑厚、纯朴、古拙、神秘威严的特征，代之以生动的动物及日常生活场景题材，纹饰细致、繁复，线条流畅，活泼新颖。这期间，象牙雕刻从骨器中脱颖而出，其模仿玉石雕刻技巧，将纹饰刻划得非常纤细和密集。山东曲阜鲁国故城墓葬出土的牙雕如意耙，为搔痒用具，雕成人手形，五肢并拢内弯，掌心饰卷云纹，腕部饰如意纹，柄部刻卷云纹，三角形纹，柄首作兽头。形制生动，雕刻细致。

秦汉至南北朝，竹木雕刻在成为一门独立的艺术之前，主要用于建筑、佛像及墓葬明器，明器中又以木俑为众。汉代墓葬中出土的木俑最多，躯干大略刻出轮廓，雕刻技巧明显承袭了楚俑的造型特点，摆脱了秦俑呆滞生硬的模式，而富有生动情趣。汉代木俑一般穿有袍服或有彩绘，雕刻手法简朴古拙，对形体起伏的细微变化不作细致刻画，而是抓住大的轮廓表现，形成了这时期独具特色的木雕风格。如长沙马王堆汉墓出土的高冠彩绘奏乐木俑，有吹竽的、有鼓瑟的，用木雕成人形和衣着轮廓，敷白粉为地，黑绘眉目，朱绘双唇，以朱黑两色绘出衣着

嵌绿松石兽面纹象牙杯

商

高30.3厘米 口径11.2厘米

1976年河南安阳妇好墓出土

现藏中国国家博物馆

牙雕如意耙

战国

残长40厘米

1977年山东曲阜鲁国故城墓葬出土

现藏曲阜市文物管理委员会

纹饰。雕工拙朴，但反映了古代乐器的组合和弹奏状况，是研究中国音乐史的重要资料。东汉以后佛教的传入，开始在中原地区流行，外来的佛教艺术和雕刻风格与中国传统文化相结合，形成了中国独特的雕刻艺术。

唐代开始，在京都设置了“少府”、“将作”、“军器”等百工技巧机构。宋朝在原有的基础上又增加了“文思院”、“绫锦院”，文思院就掌管着金银犀玉作、雕作、琥珀、工巧及彩绘装钿之饰等四十二作，造所八十一作。这些机构从各地征调来了匠师，实行细致、明确的分工，专门生产宫廷御用品及对外交易的礼品，这些作品的雕刻技术和生产规模都超越了前代。《繁胜录》记载：“下梁马街东西巷称为大小货行，皆工作技巧所居。杭州四百四十三行中有象牙玳瑁市、金漆桌凳市、丝锦市……”说明宋时杭州已成为工艺品生产中心。

唐代社会稳定，经济繁荣，雕刻工艺以材料的珍贵和作工的华美为特色。出土于甘肃安西榆林窟的牙雕骑象菩萨像是唐代牙雕的代表作，外形为骑象的普贤菩萨，手捧

高冠彩绘奏乐木俑

西汉

高32.5~38厘米

1972年长沙马王堆1号汉墓出土

现藏湖南省博物馆

宝塔，袒胸赤足。可展开，内刻54幅佛传图，表现的人物有279个，车马12驾，雕刻极为精美，令人叹为观止。

唐代牙刻最突出的是创造了拨镂雕刻法。所谓拨镂，即是将象牙染成红绿诸色，再刻上花纹，以增添纹饰的华美。以这种方法制作的牙雕工艺品，最有代表性的是牙尺。这种牙尺在当时上层社会中十分流行，《大唐六典·尚署令》载：每年“二月二日进镂牙尺及木画紫檀尺”，中秋节时朝廷用以赏赐王公大臣。唐代牙尺在日本奈良正仓院中收藏有十支之多，染成红、绿、蓝等色，镂刻线条细如毫发，刻花卉、鸟兽、亭台等纹饰。上海博物馆也保存有一件唐代鸟兽花卉纹镂牙尺。这柄牙尺按竖式排列方法，以单线为栏，内以双线等分十个小格。两面寸格内刻镂鸟兽、花卉、亭台等图案。格内刻圈形花芯的小海棠花犹如尺星，刻纹精细华美。在放大镜下观察，具有毛笔勾勒的效果。

宋代雕刻工艺的发展有两方面原因，一是朝廷对有特殊雕刻技艺的智巧之士，进行“廷誉”，赐给“封号”，对出类拔萃之器，作专书登录，以示褒扬。二是宋代文学艺术的发达，金石学的兴起，文人的参与，直接影响了雕刻艺术，在装饰风格和内容题材上倾向文学化和绘画化。圆雕木刻体现了这时期雕刻艺术的发展。人物形像不及盛唐时的雄健质朴，比较简洁，注重自然、流畅、写实，特别是能把握人物的性格，将人物的神貌特征、精神气质表现出来。如河北定州北宋静志寺塔基地宫出土的力士像，束发，头戴发箍，前额凸起，双眉紧锁，鼻梁

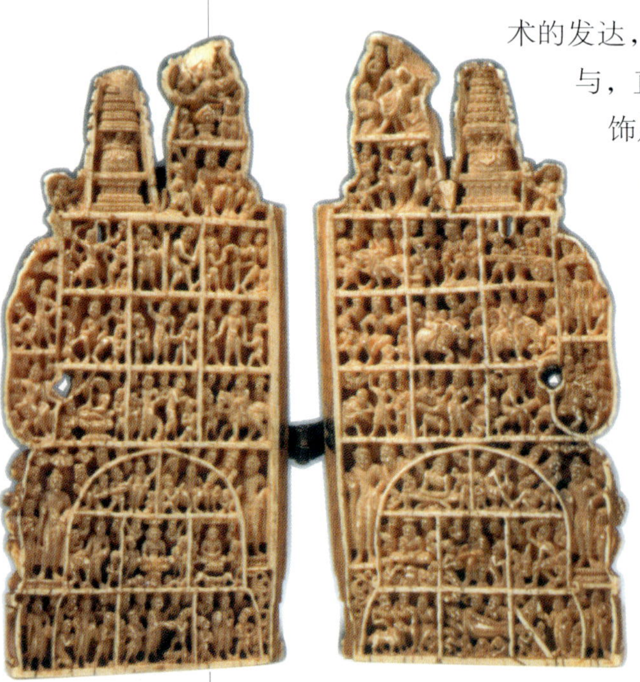

牙雕骑象菩萨像
唐
高 15.8厘米
厚7.5厘米
甘肃安西榆林窟旧藏
现藏中国国家博物馆

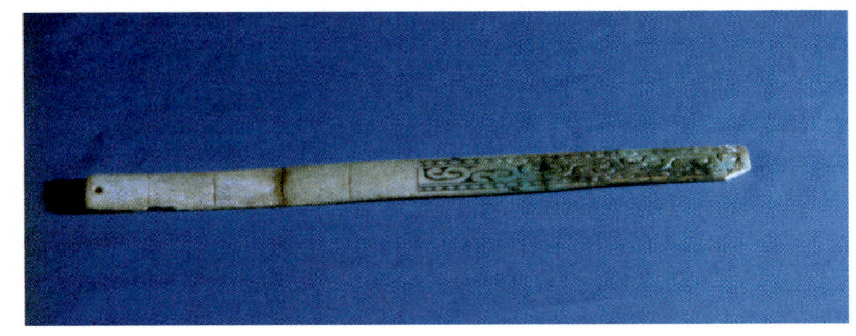

鸟兽花卉纹镂牙尺
唐
长30.2厘米 宽3厘米
厚0.5厘米
现藏上海博物馆

隆起，双唇紧闭，怒目圆睁，表现了威武雄健的形态。身体比例匀称，眼、眉、发及衣饰彩绘黑、朱、褚色漆，色泽鲜艳，为宋初彩绘木雕的代表之作。

中国的竹木牙角雕刻艺术，经过长期的发展，为明清时期的繁荣奠定了基础。

力士像
北宋
高18.6厘米
1969年河北定州静志寺塔
基地宫出土
现藏定州市博物馆

文物百科

圆雕

也称“立雕”，雕刻技法。立体的雕刻，不附着在任何背景上、可以从各个角度欣赏。一般采用厚质的材料进行雕刻，多以人物、动物等为题材。造型、施雕技术较其他雕刻技法难度大。

2. 明代金陵派竹刻

中国的东南地区盛产竹子，且分布广泛，从粗如树干的楠竹到细如笔杆的箭竹，品种繁多，晋代戴凯之《竹谱》中即记有70余种。竹子在人们日常生活中，运用十分普遍，如竹笋可以食用，竹竿可以制筏、作建筑材料、制作家具及各种生活用品。竹雕作为工艺美术中一个独立的门类，与竹在中国文化中的特殊地位分不开。竹子质地坚韧，节实杆挺，虚中洁外，筠色润贞，四季常青，历来受到人们的喜爱，成为文人墨客吟诵的对象，将竹子喻为“君子”，与玉一样，成为高尚气质的象征。

竹刻是中国特有的一种雕刻艺术，是以竹为纸，以刀代笔，并融和中国书画艺术的一些表现形式。竹刻所选用的竹材主要有毛竹、斑竹、棕竹等。毛竹亦称筒竹，枝干粗壮，圆筒状的形体适于雕刻笔筒、臂搁等文房用具和生活用品。斑竹又称湘妃竹，形体修长，表面有美丽的红褐色斑点，多用来作扇股、笔筒、手杖，或被劈成竹蓖粘贴成箱、柜

顾安《新篁图》
元
纵91厘米
横33.1厘米
现藏故宫博物院

之类生活用品。棕竹色泽深褐，有深浅不同的条纹，劈成片状可用作拼贴盒、匣等器。

竹刻历史悠久，但真正发展成为一门艺术品类则是在明中期之后。在这之前，竹刻更多地是表现在实用方面。明代中期以后，竹雕的艺术性被逐渐地重视起来，从事专业刻竹的工匠和喜好刻竹的文士日益增加，特别是文人的参与，他们或自己画稿设计，或亲自操刀，把书画的布局、章法及皴、擦、点、染等技法运用到竹木雕刻中，改变了以往单纯追求工艺技法的倾向，使竹刻进入了艺术的新天地。这个时期竹刻发展迅速，技艺精湛，超越前代，出现了众多闻名于世的雕刻家，形成了不同的艺术风格和流派，以江苏地区的金陵和嘉定两地最为繁荣，即“金陵派”和“嘉定派”。清嘉定人金元钰《竹人录》说：“雕竹有二派，一始于金陵濮仲谦，一始于吾邑朱松邻。”

金陵派竹刻的创始人是活动于明代万历时期的濮澄，字仲谦，南京人，一说为苏州人，生卒年不详，清初尚健在。善以盘根错节的竹根、佳竹作器，以浅浮雕为主，时作一些高浮雕作品。《太平府志》说他“有巧思，以镂刻名世，一切犀、玉、髹、竹皿器，经其手即古雅可爱”。明代张岱《陶庵梦忆》中说：“其竹器，一帚一刷，竹寸耳勾勒数刀，价以两计。然其所自喜者，又必用竹之盘根错节，以不事刀斧为奇，经其手略刮磨之，而遂得重价。”清人宋荔堂在《竹罂草堂歌》中称赞他：“白门濮生亦其亚，大璞不斫开新硎。虬髯削尽见龙蛇，轮囷蟠屈鸱夷形。匠心奇创古无有，区区荷锸羞刘伶。”这些记载说明濮仲谦是位身怀绝技、一专多能的雕刻艺术家。他的竹刻有着鲜明的特点，往往只是略施雕凿即见自然之趣。而且其作品在当时名气很大，市场价值亦十分可

竹雕香筒
明·濮仲谦
高18厘米
口径4厘米
现藏南京博物院

观。从存世的濮仲谦竹刻作品中可以体现出其追求自然，刀法细腻流畅，韵味古雅的艺术特色。现藏南京博物院的竹雕香筒，表面雕刻一幅情趣盎然的春日游乐图，在亭台楼阁、花木山石遍布的花园中，十余人或操琴，或赏花，或对弈，其乐融融。人物景物镌刻细致入微，刀笔纯熟，以自然天趣见胜。香筒下部有阴文楷书“仲谦”款。现藏故宫博物院的竹雕松树小壶，棕褐色，是取用一块天然盘连的竹枝干，采用深、浅浮雕的技法，将壶身巧制成松树形。壶柄下方有“仲谦”二字款。设计巧妙，雕刻精细，为濮澄竹雕名作。

竹雕松树小壶

明·濮仲谦

高12.3厘米

径8.4厘米

现藏故宫博物院

3. 嘉定三松竹刻

嘉定派刻竹创始人为朱鹤，字子鸣，号松鄰。据《嘉定县志》记载，其祖籍新安，宋建炎时期迁徙到华亭（今上海松江），后来定居嘉定（今上海嘉定）。朱鹤擅长摹印和雕镂，工韵语与绘画，能以笔法运于刀法，创造出深刻法与透雕法，为竹刻艺术开辟了新的道路。

朱氏所创的嘉定派竹刻，与金陵濮氏风格不同，以镂刻为主，重在深刻，且刀法稳重，其作品多以透雕、深雕、高浮雕为主。因他擅长文学，能绘画，在竹刻创作中，常以笔法行刀法进行雕镂，能在寸许竹木上，随意刻画山水人物、楼阁、鸟兽等图案。多作笔筒、香筒、臂搁及簪钗等服饰物。他的竹刻作品在当时很受世人器重，以至不以形状称器，而直接呼之为“朱松鄰”。宋荔裳《竹罂草堂歌》

竹雕松鹤笔筒
明·朱松鄰
高17.8厘米
口径14.8厘米
现藏南京博物院

赞其曰："练川朱生称绝能，昆刀善刻琅玕青。仙翁对弈辨毫鬓，美人徒倚何娉婷。石壁巉岩入烟雾，涧水松风似可听。"代表作有南京博物院收藏的竹雕松鹤笔筒，取一截老松作主干，松干上部盘旋着几枝曲折小枝，枝叶繁茂，树旁立二仙鹤，一伸颈翘首，一俯首相望，似互相对语。松树后面剥落表面的空隙处刻款识。其子小松、孙三松均为嘉定派竹刻传人，为一时高手，祖孙并称"嘉定三松"、"竹三松"。

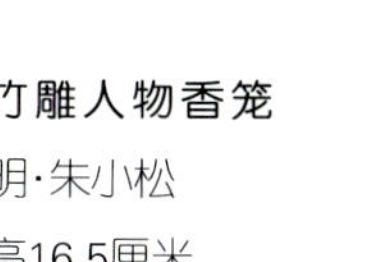

竹雕人物香笼

明·朱小松

高16.5厘米

口径3.6厘米

1966年上海宝山顾村明朱守仁夫妇墓出土

现藏上海博物馆

朱鹤子朱缨，字清父，号小松。他秉承父业，博涉多能，工诗，擅书画，尤喜刻竹。他的竹刻技法齐备，除阴刻、阳刻、立体雕刻外，也做镂刻和留青阳文等，刻工之精细酷肖乃父。据《嘉定县志》记载，其竹刻题材广泛，花卉、山水、仕女、古仙人物等无所不包。他善用绘画中的留白，山川连贯，树身苍劲，行曲盘折，仿佛天工。古仙佛像，相貌奇古，有吴道子风格。朱小松名气很盛，当时有"小松出，而名掩松鄰"，大有盖过乃父之势。朱缨竹刻人物香笼，作长筒形，两端有盖和底，盖、底檀木所制，刻有蟠螭纹。器身以浅雕、浮雕、透雕、留青等多种技法，表现刘晨、阮肇入天台山采药，为两仙女所留，行酒作乐的传说。左侧有阴文"朱缨"款和"小松"篆书印。布局极有层次，人物神态生动，构思精妙，运刀娴熟，为其代表作。

朱稚征，号三松，是朱小松的第三子。他自幼研读诗书，习字作画，善画远山、澹石、丛竹、枯木等，尤长画驴，特别是将家传竹刻技艺发扬光大。竹刻题材更为广泛，将明末流行的戏曲典故、传奇故事等搬入竹刻中。不仅继承了世代相传的职业，也承袭了父祖的品行。三松博古儒雅，与当时社会名流交往颇多，但决不因重金、权势曲意迎合，每件作品均经岁累月完成，其人品、作品均受到世人推重和珍爱。朱氏竹刻，以刀法纤巧工谨见长，到三松时则有所变化，更追求简古精雅的意趣，特别是刀法和画法的结合，有如饱墨运笔，刀笔并举，对后世产生了巨大的影响。在朱氏祖孙三代中，三松的成就最大，是竹刻史上最为突出的人物。当时他的作品就与珠、玉等价，有着很高的声誉。朱三松竹雕白菜笔筒，通体棕红色，下承三矮足。采用陷地深刻法，在局部刻有白菜两棵，一只螳螂伏在叶片之上，菜旁点缀数丛小草。有填兰草书款“三松”。此作品线条婉转流畅，运刀如笔，玲珑剔透，颇见功力。竹雕渔翁，以竹根雕一捕鱼归来的老翁，人物刻画生动、细致，刀法浑厚、古朴，展现了作者高超的雕刻技艺。

《嘉定县志》记载，当时人评价朱氏祖孙三代竹刻“花

竹雕白菜笔筒

明·朱三松

高13.7厘米

口径10.8厘米

现藏故宫博物院

竹雕渔翁

明·朱三松

高13.5厘米

现藏故宫博物院

鸟规抚徐熙写意，人物山水在马夏之间，画道以南宗为正法，刻竹则多崇尚北宗。盖以刀代笔，惟简老朴茂，逸趣横生”。“嘉定三朱”在竹刻艺术上的巨大成就，使明代中叶以后竹刻蔚然成风，从者甚众，著名的有侯晋瞻、沈大生、秦一爵等，但作品较为少见。沈大生竹雕庭园读书图笔筒，画面以圆形门洞取景，刻两女子庭院读书的情景。有直行楷书“禹川沈大生制”款。采用深浮雕、透雕、浅浮雕等多种技法，雕刻精巧，构思独特。

嘉定竹刻在形式上可分成镂刻、深浅浮雕和圆雕两大类。深浅浮雕、镂刻多用以制作笔筒、酒杯、香筒等器，纹饰以山水、人物为主。圆雕则多以竹根为原料，以立体的

竹雕庭园读书图笔筒

明·沈大生

高14.9厘米

口径15.5厘米

现藏上海博物馆

人物、花鸟、瓜果等写生题材为主。特别是制作笔筒十分重视图案的远近效果及层次，以层次多为尚，有的甚至可达五六层之多，具有很强的立体感。同时，嘉定竹刻十分重视刀法运用，喜用圆刀，并将画法与印法等运用到竹刻中，运刀如笔，这一方面反映了朱氏祖孙通书善画的文人特色，同时也极大地丰富了竹刻艺术的表现手法，使这门古老的工艺脱离一般的匠人之作而成为艺术。

文物百科

浮雕

雕刻技法。在表面上雕出凸起的形象。按凸起的厚度又可分为高浮雕和浅浮雕。

透雕

又称镂空。雕刻技法。介于圆雕和浮雕之间，即为突出图案主体而镂空背景。有以虚衬实、虚实相间、轻巧雅致、玲珑剔透之感。

4.工细如画的留青竹刻

竹刻的雕刻技法多样，韵味也不尽相同，大体有阳雕、浅浮雕、高浮雕、透雕、圆雕、留青等几种。

留青也称皮雕，是利用竹青筠和竹肌的色泽变化进行处理的一种浅浮雕技法，即留用竹表青筠雕刻纹饰，竹肌为地，故名。竹青筠色洁如玉，色浅微黄，竹肌则显露自然纹理，色深如琥珀，经时间的变异，色泽差异更为分明，形成由浅至深，自然退晕的特殊效果，是竹刻艺术中一种独特的表现形式。

目前所见最早的留青竹刻实物，是收藏在日本正仓院中的唐代乐器“尺八”，又名竖笛。笛长1.8尺,有6个孔洞，用了三节竹管。竹管表面刻有飞鸟、树木、弹琵琶与摘花者以及仕女等。竹笛以直刀留青法雕刻纹饰，竹肌为地，再在青皮上刻划花纹，刀法质拙，有着“制度混朴”的特色，技法尚在初级阶段。说明留青竹刻至迟在唐代已出现。

留青竹刻技艺到明代有了重大的发展，出现了留青竹刻高手张希黄。

张希黄，名宗略，明代竹刻家，善留青竹刻，首创了阳纹浅浮雕留青技法。他发展了前人的刻法，将留青刻法进行创新，突破了旧有的平面图案形式，使用浅浮雕技巧，将书画艺术的表现手法运用到竹刻中，使图案纹饰层次分明，工细如画，特别是利用青皮与竹肌的色泽变化，浓淡相映，达到了笔墨神韵和雕刻趣味兼备的艺术境界。观赏其竹刻，犹如赏画，成为晚明时期留青技法的典范。

对张希黄的作品，前人评价很高。《旧学庵笔记》载：“余在海王村荒摊上，以钱五百得张希黄制作密阁事。竹作平面，隐约山水阁楼，工细绝伦，似小李将军画图。主峰迭起，欲插云霄而云

张希黄款留青山水楼台笔筒

明末清初

高10.3厘米 口径5.9厘米

现藏上海博物馆

气断之，上不见顶，下不见麓，云势或浓或淡，缥缈卷舒，如置身黄山使信峰上观云海也。下作水村，渔庄蟹舍，映带垂杨从淡中，或明或暗，似有夕阳蔽亏其间，间以渔家晚饭炊烟屡起。临水草树亦模糊熄没，若有若无，有俨然赵大年小景也。其点缀人物并生动有致，界画楼台亦精丽可喜，凡云气夕阳炊烟，皆就竹之色为之。妙造自然，不类刻画，亦奇玩矣。题句书法类赵沤波，款署希黄子，并朱白小印各一，亦皆以竹皮为之。”

清代徐康《前尘梦影录》中也记载，张希黄曾刻一件盛放挖耳勺、牙签等小器具的牙签筒，在筒的外壁上镌刻一渔翁，手持钓竿，钓丝的末端有一尾上钩的小鱼，上下拨楞，形态极为生动。题款：“风约约，雨霏霏，无数蜻蜓立钓丝。”一幅生动的“独钓寒江雪”画面。

留青携琴访友图笔筒

清

高13.5厘米

口径9厘米

现藏故宫博物院

上海博物馆保存有一件张希黄刻制的山水楼阁笔筒，是明代传世留青竹刻的代表作。笔筒画面刻有远山近阁，阁前有二道山坡，一坡夹叶树，树干高耸，枝叶浓密；一坡垂柳欹石，柳条丝丝，枝叶纷披。两坡之间，楼阁高筑，飞檐出戟，回廊似见，庄重非凡。远处为崇岗叠岭，逶迤连绵，山不见麓，似是云气弥漫，更使画面显出深远之感，将留青技法的精湛和独到之处体现得淋漓尽致。

5. 小中见大的明代木雕

用于木雕的材料主要有硬木和软木两种。硬木有紫檀、黄花梨、鸡翅木、黄杨木、乌木等。它们产自我国南方和东南亚地区，生长缓慢，质地坚硬，不易变形，色泽沉稳，纹理细密美观，多用作高级家具，也可用于文具、雕刻作品。软木有楠木、桦木、沉香木、檀香木、枷楠香木等。这类木料质地柔和细腻，有韧性，色泽或淡雅或鲜丽，有的还带有芬芳的香味，适合雕刻小型工艺品，或作大型器具的镶嵌物。

紫檀荷花纹宝座
明
高109厘米
长98厘米
宽78厘米
现藏故宫博物院

明代的木雕非常发达。除宋代就很发达的潮州金漆木雕外，福州、徽州、浙江东阳的木雕都有所发展，特别是广东、扬州的硬木雕刻，温州的黄杨木雕刻，更是闻名遐迩，影响极广，并传播到东南亚等地。现藏北京故宫博物院的紫檀荷花纹宝座，以名贵的紫檀木为料，通体雕饰荷花纹，将浮雕与浅刻相结合，纹饰繁缛而不乱，技艺精湛，为硬木雕刻的代表作。现藏南京博物院的木雕观音立像，头戴花蔓宝冠，颈饰瓔珞，双目微睁，嘴唇微抿，两颊丰满，略带笑容。上身袒裸，肩披帔巾，巾带垂地，左手轻提，右手持拂尘，双腕戴钏，跣足立于束腰莲花须弥宝座。全身衣纹飘逸，自然潇洒，衣纹处彩绘依稀可见。整体造型端庄丰腴，剔透而不弱，帔巾与衣纹流畅飘逸，雕工精美，结构准确，为木雕工艺中的难得佳作。

明代木雕除了上述地区多用来作为建筑、家具装饰外，最有特色的是富于创造性、生气勃勃的小型陈设木雕工艺品，如黄杨木、沉香木、紫檀木和桃、橄榄、菩提树和果核雕刻，在艺术上都取得了很大的成就。细致、美观

木雕观音立像
明
高19.2厘米
观音像
现藏南京博物院

的木质，精巧的雕刻，可与象牙、玉雕媲美。如现藏北京故宫博物院的黄杨木雕李铁拐，以整块黄杨木圆雕传说中的“八仙”人物之一李铁拐，双手拄拐，跛腿赤足，肩挎葫芦，面带微笑，衣纹线条流畅生动，刻工细致、传神，将人物神态刻画得惟妙惟肖。黄杨木主要产在中国长江流域及以南地区，木质坚致，色泽艳丽，佳者色如蛋黄。生长缓慢，因其难长，故无大料，多作小型雕刻，或为镶嵌材料。其作色泽淡雅，光润细腻，打磨平滑，可与象牙媲美。

由于当时雕刻风气盛行，名家辈出，巧手成群。除了供奉宫廷的名工巧匠外，在地方上也有不少技艺高超的雕刻名匠和文人雕刻高手，如濮仲谦、江春波、夏白眼、王叔远等人都是一专多能、技艺出众的高手。

明代中后期，流行沉香木雕刻文玩。沉香木属瑞香科，产于亚热带地区，木色呈棕黄色，质地坚硬而重。木材和树脂既可作香料又可入药，主治气逆喘息、呕吐等症，还有镇痛、健胃等功用。明人多用沉香木雕成杯、暖手等，朝夕把玩，受香气熏染，既心悦神怡，又有健身功效。如明代中后期苏州著名雕刻家江春波（又名江福生）就善以沉香木为材，采用拼、镶、雕、镂等技法，所制山水图笔筒，以高浮雕表现远山近水、屋舍、人物，然后将事先雕好的山石、松柏等景物粘贴在相应的画面中，其远近层次，刀法刻工，犹如中国画的皴擦点染，极具画意。

在木雕制品中，还有根雕、果壳雕、核雕等。根雕是利用多年生的老树根，以其自然形态为基础，稍许加工成器，具有淳朴、自然之美。核雕以果核为之，有圆形和橄榄形两种，体积很小，属于微雕制品，雕刻者常常是以触觉感应运刀，或画面，或题诗，将山水、人物、鸟兽、花卉、楼台、亭阁等大千世界浓缩于方寸之间。一般多制成朝珠、手串等小巧的工艺品，很受当时达官贵人、文人雅士的喜爱，遂风靡一时。在明清文人笔记中，以核雕留名的艺人很多，其中以夏白眼、王叔远最为著名。

黄杨木雕李铁拐
清初
高29.3厘米
现藏故宫博物院

沉香木雕山水图笔筒
明
高14厘米 口径12.5厘米
现藏故宫博物院

6. 多种工艺结合的明代牙雕

明代象牙雕刻工艺，逐渐恢复了元以前的盛况，这主要依赖于象牙源源不断的进口。南方的一些沿海城市与海外贸易往来频繁。中国工艺品不断出口，外国商人也接踵而至。他们带来了众多奇珍异宝和各式工艺品，其中就包括象牙。如当时周边国家暹罗（泰国）、真腊（柬埔寨）、古里（印度）、满剌加（马六甲）、占城（越南）等，每年都送来许多象牙和珊瑚。如记载洪武十六年（1383年）占城献来象牙200支，洪武二十年（1387年）真腊献来象牙19支等。郑和等使节纷纷出使西洋，象牙进口更多。因输入之便，促进了中国象牙雕刻工艺的发展。

明代象牙雕刻工艺大体可分为前后两个阶段，以洪武至弘治年为前期，正德以后为后期。前期主要受宋元影响，

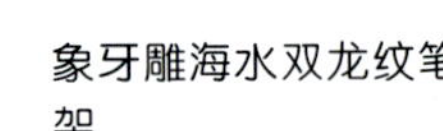

象牙雕海水双龙纹笔架
明
高9厘米
宽16厘米
现藏故宫博物院

发展比较缓慢，纹饰还留有宋元遗风。后期因各种雕刻工艺发展迅速，雕漆、竹刻等一些工艺手法及艺人也加入到象牙雕刻中，使象牙雕刻出现了一派新的气象。

明代传世的象牙雕作品，生活用品有牙梳、牙簪、香匣、妆盒等；文房用具有笔筒、笔架、笔管、镇尺、水丞、印盒等；其他还有法轮、牙笏、牙璋及立体圆雕人物。文献记载明代有象牙雕“鬼工球”，即镂空多层的象牙球，明人曹昭在《格古要论》中记：“象牙对儿一个，中直通一窍，内车二重，皆可转动，谓之鬼工球。”但目前未发现有实物存世。

象牙雕人像

明

高20厘米

现藏上海博物馆

牙雕人物不多，有仕女、仙人、佛像等，但雕法刻工十分突出。《漳州府志》载：“漳州人以舶来象牙雕刻仙人像，以供赏玩。其耳目肢体均生动逼真，海澄所造尤为精工。”高濂《遵生八笺》中也有“闽中牙刻人物工致纤巧”的记载。北京的牙雕人物也很有特色，所制作品多用来观赏，刻工精妙。因绝大部分工匠来自南方，主要是扬州和广州等地，风格仍带有江南地区的某些特点。现藏上海博物馆的象牙雕人像，刀法圆熟，人物表情自然，衣纹流畅，为典型的明代风格。北京故宫收藏的象牙雕魁星，一手握笔，一手持墨，仰望天空，一足腾空，一足踏鳌头，寓意“魁星点斗”、“独占鳌头”，取科举夺魁之意。刀法犀利深峻，造型生动传神，为明代牙雕人物精品。

象牙雕魁星
明
高16.3厘米
现藏故宫博物院

明代后期，象牙雕刻工艺受到竹雕影响很深，不仅是扬州、嘉定一带的艺人把竹雕和牙雕融为一体，很多竹雕艺人同时也从事牙雕工作；而且宫廷作坊中，工匠也把牙雕、玉雕、竹雕、漆雕等多种技艺相结合，有的人还身兼多艺。在他们的创作中，牙雕作品的各种技巧更为完善。与竹刻风格类似的作品有文房用具，笔筒、臂搁、水丞之类。北京故宫收藏的一件象牙雕山水人物笔筒，画面为两部分，一部分为老者拄杖为赶考的青年书生送行，一边走一边似在谆谆叮嘱；另一部分是持笏的高官，前后随行簇拥。阴刻行书题诗："龙楼凤阁九重城，新筑沙堤宰相行。我贵我荣君莫羡，十年前是一书生。"表现了十年寒窗苦读，一朝得中即可平步青云的主题。雕刻与绘画相结合，是这一时期突出的特点，这与文人加入雕刻领域有很大的

象牙雕山水人物笔筒
明
高14.6厘米
口径10.8厘米
现藏故宫博物院

象牙雕荔枝纹方盒
明
高8.1厘米
边长7.5厘米
现藏故宫博物院

关系。一方面，文人亲自设计并自画自刻，在雕刻中溶入画风；而另一方面宫廷中，工匠与画师之间也没有严格的界限，许多工匠又是画家。如上述山水人物笔筒，即采用了中国山水画的表现方法，以平面减地刻法处理画面，人物衣纹用阴线装饰。山石以绘画中的皴法勾勒出石纹及苔藓、小草，成三聚五，有浓厚的笔墨意味。

象牙雕荔枝纹方盒，盒面及盒的四周都刻满花纹，顶面刻有双螭，四周则以荔枝为主要装饰纹样。作者在图案组织中巧妙利用简与繁、整与碎的对比关系，四面以规整富于变化的几何回纹,菱形纹、六角形纹、线形纹等为衬地，使主体的荔枝纹更为突出。雕刻刀法圆润，工细耐看，没有任何棱角，明显地借鉴了雕漆技法。

7.名贵的犀角雕

犀角与象牙一样，都属于珍稀之物，曹昭的《格古要论》就将它们列为“珍奇”，统治者甚至将其当作等级制度的象征。《明史·舆服志》载：“其带一品玉，二品花犀，三品金银花，四品素金”，说明只有二品官员方可佩带犀角刻花的官带，显示出犀角的高贵地位。

犀角是一种名贵的中药材，性寒、凉血，有清热解毒的功效，还可以解酒。明代流行犀角雕制品，因其所具有的药用功效和扁底尖顶的自然形态，工匠们多将其雕镂成花纹各异的杯、爵等酒器。将犀角倒置，截去尖部成平足，角内剔空，即成阔口、小足的角杯，杯上雕各式图案。犀角杯在古代又称“兕觥”。因为犀角器十分稀贵，持有者往往对其珍爱有加，有关犀角杯的逸闻也屡见记载。据载明代礼部尚书赵用贤家中一件犀角杯被盗，几经辗转，后为曲阜颜氏所得。乾隆年间，赵用贤的后人通过翁方纲的关

犀角雕折枝荷叶杯
明
高15.8厘米
口径19.3厘米
现藏故宫博物院

系，用一件玉杯从颜衡斋家中换回了犀角杯，翁方纲后来还专为此作《兕觥归赵歌》以纪其事。

明代早期犀角杯多浮雕或镂雕整株的葵花、玉兰、牡丹、茶花、荷花等图案，枝叶简练茁壮，常在盛开的大花朵四周衬以小花蕾。雕刻刀法圆滑光润，磨熟棱角。如犀角雕折枝荷叶杯，杯身为一枝大荷叶，四周雕莲叶、莲蓬、莲花及螃蟹等衬托，枝干为流，中空与杯身相通，寓意“心有灵犀”。工艺上采用浮雕与镂雕相结合，巧妙而精秀。

犀角雕布袋僧

明

高7.9厘米

底长15.3厘米

现藏故宫博物院

明代中叶以后，随着都市经济的发展，上层社会追求享乐之风日盛，使用犀角制品成为一种时尚，因而作品增多。在装饰题材上仍以花卉为主，但多采用折枝小花和四季花，图案趋向繁缛。工艺上多采用减地阳文，刀法快利。

犀角雕双螭纹执壶

明

通高13厘米

口径15厘米

现藏故宫博物院

犀角雕双应龙纹板饰

明

径15厘米

现藏故宫博物院

在器形上除杯外，还出现了盒、碗、壶、爵、槎，甚至圆雕人物等。如现藏北京故宫的犀角雕布袋僧，随犀角形状雕成，下阔上尖，巧妙地雕出布袋僧仰首而坐的形态，四周还有四个小童，或为其抻衣，或掏耳挠痒，构成了一幅平和安详、其乐融融的景象。

这时期著名的犀角雕刻家有鲍天成、濮仲谦、尤通、尚均等。

鲍天成，吴县（今江苏苏州）人，是一位身兼多技的著名雕刻家。他能用犀角、象牙、各种硬木、香料等材料，雕刻奇巧精美的杯、盒、扇坠及发簪、印章之类，工细绝伦，与苏州的琢玉名手陆子刚齐名，在江南很有盛名。北京故宫博物院收藏有其犀角雕双螭纹执壶。此壶以两只犀角合并雕成，小犀角为盖，大犀角为壶身。壶身两侧分别有流和执，镂雕蟠螭攀附，壶身隐起夔纹、兽面纹等。整器雕刻十分精美，圆雕、镂雕、浮雕、阴刻等多种技法汇于一器，刀法流畅、圆润，层次分明，是鲍氏犀角雕的精品。

尤通，字雨源，江苏无锡人，擅刻犀角杯，《酌泉录》说，尤通“善雕刻犀、象、玉石玩器，精巧为三吴冠”。传少年时，他父亲从亲戚家借来一件雕刻精美的犀角杯观玩，尤通以一块犀角对之仿造。刻成后，颜色与原件稍异，于是以凤仙花捣烂敷在犀角上染色。他父亲将两件犀角杯都持去给亲戚看，竟辨别不出哪件是原作，哪件为后刻。因他雕刻技巧高超，所刻作品受到人们的喜爱，当时人直呼其名为“尤犀杯”。清代曾入康熙内府。北京故宫所藏犀角雕仙人槎杯为其名作，造形奇特，最为清雅。仙人乘槎取材于张骞乘槎寻河源故事，为中国古代工艺品常见题材。整器巧妙利用犀角的自然形态，斜剖犀角成中空枯树形，仙人手持如意悠然坐于槎中，身后有镂雕梅花、牡丹、荷花相簇拥，槎前为流，饰水浪纹。杯腹刻有题诗、印、款。作者根据材料的形状，采用圆雕、浮雕等多种技法，灵活运用，巧妙施刀。角质莹润，雕刻精致。

另外，金陵派竹刻家濮仲谦也擅制犀角器。

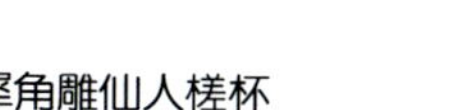

款犀角雕仙人槎杯
明·尤通
高11.7厘米
长27厘米
现藏故宫博物院

阅读链接

犀角染色之谜

存世的古代犀角器色泽深沉，褐中微泛红光，表面似有包浆，有光亮。而透过一些被虫蚀的洞孔发现，其内层黄淡，有明显的色层。这并非后世作伪，而是当时制作者为使犀角器形成古香之色，在成器以后再加染色，又经长时间把玩摩挲而成。关于犀角器的染色加工技术，文献中未见记载，只有尤通少年时曾以凤仙花捣烂染之的记述。凤仙花，又名指甲草，色红，古时妇女常以之染指甲，故名。尤通的少年之举，是他灵机一动，还是当时确有以凤仙花染犀角之法，现在已不得而知。故宫收藏的一件犀角雕双应龙纹板饰，切口处淡黄，正面则为棕红色，应为染成。

8.高手云集的清代竹雕

明末至清初，在朱氏三代竹刻艺术的影响下，竹刻在各地得到日益广泛的发展。除了传统的金陵、嘉定外，徽州等地也成为竹刻艺术的发达地区。许多卓越的刻竹能手相继出现，其中知名者就达六七十人之多。竹刻日益成为一门流行的艺术形式。当时，以竹制笔筒、香筒、臂搁等十分普遍，且极尽图绘雕镂之能事，几乎失去了它的实用价值，完全是一种观赏的艺术品。

明末嘉定朱氏三代竹刻以透雕、深高浮雕名世，对后世有很大的影响。清初竹刻艺术家在继承朱氏传统技法的同时，不断创新，出现了一些新的风格流派，其中以吴之璠的薄地阳文浮雕，封锡禄、封锡章兄弟的竹根立体人物雕刻，周颢的平刻花纹，方洁庵的竹黄浅浮雕等最为突出。他们均是融和了各种雕刻技法并加以改进，以创造出自己独特风格而著称的艺术家。

竹雕布袋僧笔筒
清·吴之璠
高17.3厘米
口径9.4厘米
现藏故宫博物院

吴之璠，字鲁珍，号东海道人，是活跃于康熙前期的嘉定派竹木雕刻家。清代黄世祚《练水画征录校补》记载："鲁珍初居南翔（上海嘉定南），徙天津，邑中流传绝少。所刻笔筒有贡入内府者，款镌槎溪吴鲁珍。"吴氏刻竹大致分为两种，一是师承朱三松，用深刻作高浮雕，深浅多层，高凸处接近圆雕，低陷处则采用透雕技法；另一种是借鉴北魏浮雕的表现方法，以薄地阳文即去地浮雕法，以浅浮雕突出主题，留空四周作为背景的新型雕刻法。这种刻法使宾主、虚实分明，对比强烈，素地可见到朴质的竹丝，精镂细琢部分则肌润光泽。吴之璠善于以景物来

竹雕松溪浴马图笔筒

清·吴之璠

高16厘米 口径14.8厘米

现藏故宫博物院

遮掩压叠，刻划的纹饰层次分远近，在浅浮雕有限的高度上，甚至在高低相同的表层上，都能给人以透视深度之感。因此，他的作品为识者所珍。其薄地阳文的竹雕代表作有布袋僧笔筒、浴马图笔筒。

竹雕布袋僧笔筒，镶紫檀木口和底，下有四垂云足。笔筒外壁图文分为两面，一面用薄地阳文法凸刻布袋僧，宽衣广袖，荷杖挑布袋，与以往反映布袋僧俱为敞胸露腹的形象不同。一面刻阴文行书诗一首：“和尚肚皮如瓮，眼儿笑得没缝。布袋朝暮提携，手中不知轻重。问渠袋者何物？一气阴阳妙用。”落“吴之璠制”款。刀法娴熟，功力超然，运刀如笔，细致传神。竹雕松溪浴马图笔筒，外壁以通景式满雕元代赵孟頫《浴马图》，反映了松溪下为骏马

竹刻松壑云泉图笔筒
清·周颢
高14.9厘米
口径11.5厘米
现藏上海博物馆

洗浴纳凉的情景，分为浴马、饲马、相马三部分，其中的人、马活动刻画得十分生动传神。

与吴之璠的薄地阳文浮雕并列的是以画入竹、平刻花纹一派的嘉定竹刻家周颢。周颢（1685－1773），字晋瞻，号芷岩，为雍正至乾隆年间极负盛名的竹刻家。周颢对书画有很深的造诣，他在朱氏祖孙三代画法刻竹的基础上，创凹凸皴法,以浅浮雕及平刻为主，不假画稿而以刀代笔，直接刻出山水、树石、丛竹。朱氏三代以南宗画法糅合于北宗的雕刻之中，竹刻山水、人物点景，基本都师法北宗。雍正乾隆时期，四王山水风靡画坛，世多以南宗为正法。周颢一变前法，以南宗画法直接运用到刻竹中而别树一帜。他以阴刻为主，轮廓皴擦多以一刀剜出，王鸣韶《嘉定三艺人传》称："皴擦勾掉悉能合度，无论竹筒、竹根，深浅、浓淡，勾勒烘染，神明于规矩之中，变化于规矩之外，有笔所不能到而刀刻能得者。"清代《竹人录》的作者金元钰曾以汉唐诗家比喻明清竹刻，而把周颢比作盛唐的杜甫，认为他是清代竹刻开创新法的第一人。竹刻松壑云泉图笔筒，筒体采用浅浮雕的技法阴刻山岩涧石，松壑云泉远近层次

竹根雕晚菘笔筒
清·封锡爵
高16.2厘米
口径13.4厘米
现藏故宫博物院

分明，刀法兼用深刻、浅刻，似以笔作山石之皴擦，极有层次，不啻为一幅山水画。

竹刻在种类上有平刻与立体雕刻两种，平刻大都表现书画意趣，在技法上有深刻、浅刻和高低浮雕等刻法；立体雕刻则以圆雕、透雕为主，一般多取竹根，据其自然形态进行艺术创作。清代立体圆雕竹刻最具代表性的为封氏家族。封氏为嘉定地区的竹刻世家，嘉定派刻竹中的名匠，仅封姓就占12人之多。其中尤以封锡爵、封锡禄、封锡璋兄弟三人最为著名。

封锡爵，字晋侯，嘉定城南人，工诗善画，刻竹名家。他淡泊名利，经年不踏城市一步，在家乡过着清静的田园生活。其竹刻技术高超，善运圆刀。传世作品不多，名作竹根雕晚菘笔筒，根据竹根原有形状，用圆雕的技法雕成一棵立体白菜，自然翻卷的菜叶，凸凹呈现的筋脉，均一一再现，生活情趣盎然。新颖奇特，至今令人赞叹。刀法超然，镌刻技术极为精能，在明清雕刻艺术品中，以白菜为题材，又能表现得如此生动传神的作品，仅此一件。

竹根雕布袋僧

清·封锡禄

高7.2厘米

现藏故宫博物院

封锡禄，字义侯，号廉痴。金元钰《竹人录》中说他："痴性落拓不羁，天资敏妙，奇巧绝伦。"他善刻竹，尤精于竹根人物。《竹人录》说："竹根人物盛于封氏，而精于义侯，其摹拟梵僧佛像，奇踪异状，诡怪离奇，见者毛发竦立。至若采药仙翁、散花天女，则又轩轩霞举，超然有出尘之想。"封锡璋，字汉侯。兄弟二人曾于康熙四十二年（1703年）时，被召入皇宫"供奉内廷"。北京故宫保存的众多竹刻作品中，就有封锡禄刻制的寿星、采药老人、布袋僧和牧童笔筒等。其竹刻人物，注重刻画人物神情，特别是细微的表情、动作，十分传神。竹根雕布袋僧，以竹根自然形态雕成布袋僧的典型形象，袒胸露腹，开怀大笑，衣纹线条随人体自然顺畅，显示了作者高超的技艺。

竹雕竹林七贤图香筒

清·施天章

高20.9厘米

口径4.6厘米

现藏故宫博物院

竹根雕醉翁

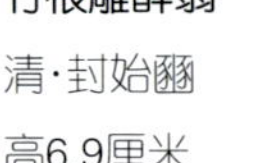

清·封始豳

高6.9厘米

现藏故宫博物院

继封氏兄弟之后，他们的弟子施天章在雍正朝间，也以巧若神工的刻技而被招进宫供奉如意馆。施天章的竹根人物，虽是继承封氏刻法，但又自具一家风貌。封氏家法，专以奇峭生新为主，而施天章的刻技刻意求新。在他雕出的人物作品中，人物手足位置，衣服线条，面目神态，都极为生动。如老人的鸡皮鹤发、结喉露齿或脊肋之骨，皆悉可指数。他在如意馆中是个多面手，不仅刻竹，而且还是刻牙、刻漆的名手。

此外，封锡禄之子封始豳，也善竹根雕，《竹人录》说他雕刻的竹根人物“艺不在乃翁之下”。其竹根雕醉翁，刀法纵逸流畅，人物神态逼真，不为虚言。另有嘉定人张宏裕，初雕花果，后专雕人像，《竹人录》说他“弄异标新，独以三寸竹为人镂照”，“自朱氏至今，别开生面”。竹根雕寿星，雕寿星骑鹿，带一小童，无论是造型、刀法均为独特。

竹根雕寿星

清

高15.2厘米

现藏故宫博物院

 文物百科

薄地阳文

雕刻技法。即极浅薄的浮雕，因雕刻层薄而富有画意，又称“薄意”。以浅浮雕突出主题，去地留空四周作为背景，作品犹如一幅微微浮起的国画。

9.独创竹簧工艺

竹簧双莲蓬式盒
清
通高10.2厘米
现藏故宫博物院

竹簧，又称“文竹”、“贴簧”、“翻簧”，是一种以竹内膜进行加工的竹刻品种。它一般多以大型的楠竹为材料，将新鲜的竹筒分节截开，劈去竹青、竹肌，仅留下如厚纸般的一层竹簧片，经过水煮、晾干、压平等工序，呈黄色，色泽光润，类似象牙。然后贴到制好的器胎上，再在上面雕刻花纹。器胎多为木制，选用的木料有楠木、柏木、杉木、红木、乌木、黄杨木等。特别是黄杨木，其色泽、质地与竹簧近似，宛若天成。器表所贴竹簧，有时需要两至三层。花纹多以阴线浅刻为主，亦有薄雕(浅浮雕)。

竹簧工艺最早始于湖南邵阳地区，制成的器物有匣、盒、盘、文具等。器物表面呈鹅黄，清淡幽雅，大多是光素，很少有纹饰。后来，嘉定竹人学来此艺并加以改进，以其擅长的雕刻施于器表贴簧上，使其更为艺术化。清中期以后，随着竹簧工艺的日益完善，不仅是邵阳、嘉定两地，浙江黄岩、四川江安、福建上杭均以制作贴黄器而著称了。据《上杭县志·实业志》载：“三吴制竹器悉汗青，取滑腻而已。杭独衷其黄而矫合之，柔之似药，和之似胶，制为文具、玩具诸小品。质似象牙，而素过之，素似黄杨，坚泽又过之。乾隆十六年，翠华南幸，采备方物入贡，是乾隆时尚精此技，今已不可得矣 。”

竹簧工艺本来在浙江、湖南一带民间流行。乾隆皇帝南巡，发现此工艺，甚为喜爱，随后命地方上做为物产每年向皇宫进贡。清宫档案中就有许多这样的记载，如“乾隆二十二年（1757 年）二月初二日，河东河道总督张师截进贡：文竹一统尊、蕉叶尊、三阳尊、石榴尊、莲花壶各一件”；“乾隆三十四年（1769 年）七月初一日，江宁织造舒文进：文竹如意成盒，文竹都盛盘全付，文竹汉文盒成对，文竹芝仙盒成对，文竹松梅罩盖盒成对，文竹龙凤盒成对，文竹万福盒成对”。皇帝的爱好势必引起朝野的响应，贴簧器遂流行一时。著名文人纪昀就曾为他的一件竹簧匣而赋诗：“瘦骨碧松栾，颇识此君面。谁信空洞中，自藏心一片。凭君熨贴平，展出分明看。”“本自汗青材，裁为几上器。周旋翰墨间，犹得近文字。若欲贮黄金，嬴乃陈留制。”

民间的贴簧器在造型、花纹装饰上都比较简单，而进到宫廷内的器物却是精美异常，有些造型规格和图案设计甚至是由清宫如意馆画师提供，各地织造按图承办、督造，有些则是将贴黄匠人召至宫中进行制作。这些作品，可算是穷工殚巧，精美绝伦，有盒、匣、文具、盘冠架、炉、瓶、鼎、多宝格、如意、鼻烟壶、牙签筒等，其中只盒一类品种式样就五花八门，举不胜数。图纹装饰上更是

竹簧蝉纹方炉

清

通高24.1厘米

口径12.5厘米

现藏故宫博物院

贴簧小四件柜
清
高56.6厘米
现藏故宫博物院

工精华美，远非民间器物可比，将粘贴、镶嵌、图绘、雕刻等多种工艺集于一器，代表了当时竹簧工艺发展的高超水平。如现藏北京故宫的文竹双莲蓬式盒，大莲蓬居中仰立，小莲蓬一旁斜依，下有茎叶盘连，既将两个莲蓬连接，又成稳定底座。全器为木胎，采用粘贴技法，用竹簧贴制，再经雕刻而成，呈鹅黄色，色泽柔润。莲蓬上嵌黄杨木莲子，内髹金漆。将多种工艺融于一器。文竹蝉纹方炉，木胎，造型仿青铜器。紫檀木盖，上配竹根雕花钮，器身贴两层竹簧，在颈、肩、腹及足部雕刻隐起的蝉纹、龙纹、云纹、蕉叶纹等。纹饰规整、精致，细密、严整如铸成，为乾隆时期的文竹精品。贴簧小四件柜，由立柜及顶柜组成，立柜的顶柜及立柜上均安有可以卸下的立栓，立栓上饰有精美的铜镀金云头拉环，富丽华美。立柜的装饰是先在木胎的边框棱角处用紫檀木细丝粘贴成边角线，边线内粘贴竹丝或本色簧片。框架中间的板心满贴浅色竹簧片，再用深色竹黄片镂刻好花纹粘贴上去。紫檀边角在此起到了重笔勾勒的作用，使整体形象更为方正整齐，对比之下，竹丝图案及深色花纹则显得格外纤巧，既惬远观，又耐近赏。在清宫流传下来的竹簧器物中，这是一件不可多得的珍品。

10.繁荣的清代木雕

清代木雕工艺发展很普遍，几乎全国各地都有，应用广泛，从房屋建筑的梁栋、窗楣隔扇，到箱柜、桌椅、提匣、妆奁上的装饰，以及文房用具、陈设、文玩等。可以说是无处不用木，无木不雕刻。

清代具有浓厚地方特色的广东潮州木雕，浙江的东阳木雕，苏州、扬州的硬木浅浮雕等，应用更为广泛，技艺都有所提高。潮州木雕，经常应用在一些狭小的面积上，以散点透视的方法雕刻山水风景图案，层次丰富，有些地方几乎近于微雕。被称为“雕花之乡”的东阳木雕，常用“满花”的构图方法，以历史故事和民间传说为主要题材，使画面花纹饱满，风格独特。苏州、扬州的硬木雕刻家具更是风靡全国。特别是皇室使用的家具，多是由两江织造从苏州定制，木材珍贵，纹饰繁缛，精雕细刻，与民间相比多为富贵、吉祥之意，具有浓郁的皇家气派。例如紫檀荷花纹床，床围为三屏风式，透雕荷花、莲蓬纹，束腰及腿足处亦透雕、浮雕密不露地的荷花、莲蓬纹。构图严谨、繁密，雕刻极为精工，代表了清代木雕的特色和水平。

紫檀荷花纹床
清
长224厘米
宽132.5厘米
高116.5厘米
现藏故宫博物院

紫檀木雕虬龙夔凤纹笔筒

清

高17.8厘米

口径13.1厘米

现藏故宫博物院

清代木雕工艺中，最有代表性的还是小型雕刻工艺品。这些雕刻作品，奇巧精美，运用了多种技艺，有的可被称为特种工艺。目前可见的清代木雕工艺作品中，就有黄杨、紫檀、乌木、红木、桦木、椰壳、果核、根雕等品种。这些作品取材广泛，在造型、纹饰以及雕刻技巧等诸方面均超越前代。如盒类器，就有圆形、方形、瓜果形、如意形、方胜形、海棠花形、扇形等多种。在雕刻技巧上，有线刻、阴刻、深浅浮雕、透雕、圆雕、镶嵌等。题材广泛，内容丰富，除了传统的花鸟、人物、山水外，还常见有瓜果、瑞兽、历史典故、戏曲人物以及以名家画作为蓝本的木雕等。

紫檀木雕虬龙夔凤纹笔筒，口沿镶嵌绿松石、青金石、螺钿异兽、葡萄和错铜枝蔓纹，筒身镂空深浮雕虬龙、夔凤纹，云纹地，满雕不露地。构图繁复，刀法活泼、灵动，再加之圆润、细腻的磨工，是清代木雕与镶嵌工艺结合的佳作。黄杨木雕蝙蝠葫芦，用整块黄杨木大材雕成，藤蔓缠绕，其间点缀茎叶及几只小葫芦，还有数只蝙蝠翔跃。葫芦勾藤，有长寿连绵之意，蝠与“福”同音，寓意“福禄万代”。全器采用圆雕、透雕、高浮雕等手法，玲珑剔透，生动逼真。特别是大葫芦内还有数根长链，连接着壶嘴和数个小葫芦，繁缛又不失巧妙，可谓精巧至极。

竹雕与木雕，虽然因材质不同，在工艺要求和表现方法上有区别，但在雕刻工艺的基本技法上有许多相似之处，因此，当时许多竹刻家兼善木雕，如吴之璠、杜士元、周义等，均是一技多能的雕刻家。

吴之璠不仅是清初嘉定派竹刻的第一高手，其木雕也十分精彩。他以高浮雕刻制的黄杨木雕东山报捷图笔筒，纹饰取材于历史上著名的淝水之战，一面表现谢玄对弈，沉静自若，神情专注，完全没有战事当前的紧张之感，倒

黄杨木雕蝙蝠葫芦

清

通高25.7厘米

现藏故宫博物院

橄榄核刻诗人物小舟
清
高1.6厘米
长3.4厘米
现藏故宫博物院

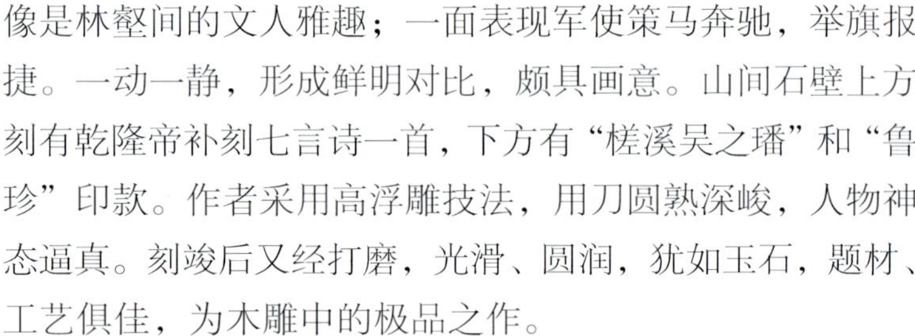

像是林壑间的文人雅趣；一面表现军使策马奔驰，举旗报捷。一动一静，形成鲜明对比，颇具画意。山间石壁上方刻有乾隆帝补刻七言诗一首，下方有“槎溪吴之璠”和“鲁珍”印款。作者采用高浮雕技法，用刀圆熟深峻，人物神态逼真。刻竣后又经打磨，光滑、圆润，犹如玉石，题材、工艺俱佳，为木雕中的极品之作。

黄杨木雕东山报捷图笔筒
清·吴之璠
高17.8厘米
口径13.5厘米
现藏故宫博物院

杜士元的果核雕刻，也非常有名，人称之为鬼工。因他的技艺高超，被乾隆皇帝召至宫内，专为皇室服务。据说他因禁在皇宫造办处中，终日闷闷不乐，后来装疯才被放归故里。他雕刻的果核及象牙、木刻制品，均被人们视为至宝。另有陈子章，善制果核雕刻，传世有橄榄核刻诗人物小舟，以数厘米大小的橄榄核镂雕而成，舟首一老者翘首而坐，持杯品茗，小童捧壶而立。舱中摆着杯盘菜肴，一老翁凭桌而坐，似在饮酒观景，旁边书童凭栏远望，舟尾小童正搬弄酒坛，舟底阴刻行书“秋山绿水”诗句，后刻阴文“陈子章制”款。在分寸之间，雕出丰富的内容，人物眉眼、衣纹，各式什物一一毕现，可称绝技。

另外，广东、海南的椰壳雕刻，在清代时

也兴盛起来。用椰壳制作的茶具、罐、盒、杯、碗、壶等，色如蒸栗，起凸的浅浮雕纹饰更是精美异常。特别是雍正时期，香盒、杯、碗等椰壳雕制品，尤为精细。如椰壳雕云龙纹碗，由几块椰壳拼接而成，采用浅浮雕技法，雕饰海水云龙纹，以细致、精美的花纹掩饰拼接的痕迹，形成浑然一体的效果。

这时期还有一种特殊的工艺品种——匏器（即葫芦），这种制品虽是天然生成的，但它的形状和纹饰，却取决于坯胎的制作。首先，用硬木（一般为枣木）制成各种形状的坯胎，在坯胎上雕刻阳纹，然后以坯胎为范制成瓦模，最后将瓦模包在刚刚结出的小葫芦上，使其自然生成预先雕刻的器形和纹饰。这种作品成功率很低，只有千分之几。它是中国宫廷特有的一种人工与天然相结合的工艺品，此类工艺花纹宛若砖纹，成品不易，精品难求，堪称清代一绝。清道光以后，匏器已难以见到了。匏制勾莲纹蒜头瓶为代表作，瓶身分瓣，有隐起的勾莲纹，奇特、优美。

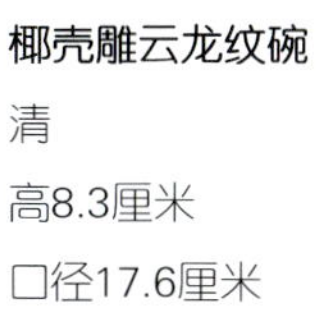

匏制勾莲纹蒜头瓶

清

高23.5厘米

现藏故宫博物院

椰壳雕云龙纹碗

清

高8.3厘米

口径17.6厘米

现藏故宫博物院

11.清代南北两派牙雕

清代特别是清中期以后，象牙雕刻工艺达到了鼎盛阶段，无论是品种的多样，题材的丰富，还是雕刻技法的精纯与繁复，均达到了历史的最高峰。当时的牙雕产地主要有北京和广州两地，雕刻技巧和风格不同，特色鲜明，分为南北两大流派。

北派指的是北京民间作坊和宫廷造办处牙雕。清代皇帝特别是康熙、雍正、乾隆三朝皇帝，喜好牙雕制品，清宫造办处中就有专门制造象牙制品的牙作。他们有时还亲自干预牙雕作品的制作。宫廷内的工匠从全国各地（大多是江南）选征而来，都是一些技术精湛的能工巧匠。由于造办处内集中了这些擅长各门艺术且技术精湛的优秀工匠，有的甚至一技多能，因此，他们在创作上互相影响，在技术上互相借鉴，将其他雕刻工艺技法融会到牙雕艺术中，取长补短。北派作品，特别是宫廷作品，由于其特殊的使用或欣赏者，形成了其不惜工本，精雕细镂，重视磨工的特点，具有华丽、典雅、纤细的风格。例如象牙雕活链提梁卣，器形仿古代青铜器，器身、盖均镂空纹饰，并雕出活环套链。盖顶嵌玛瑙珠钮。为典型的宫廷之作，造型典雅，工艺精致，用材不惜工本。

象牙雕活链提梁卣
清
高8.1厘米
口径4.6厘米
现藏故宫博物院

南派亦称为广派，主要是指广东一带作坊的作品。南派象牙制作侧重于雕工，讲究漂白色彩的装饰，多以质白莹润，刀锋裸露，玲珑剔透见长。广州作为当时的通商口岸，除了部分作品为按照宫廷的

象牙雕镂空染色花卉纹八方盒

清

长14.8厘米

宽7.6厘米

高10厘米

现藏故宫博物院

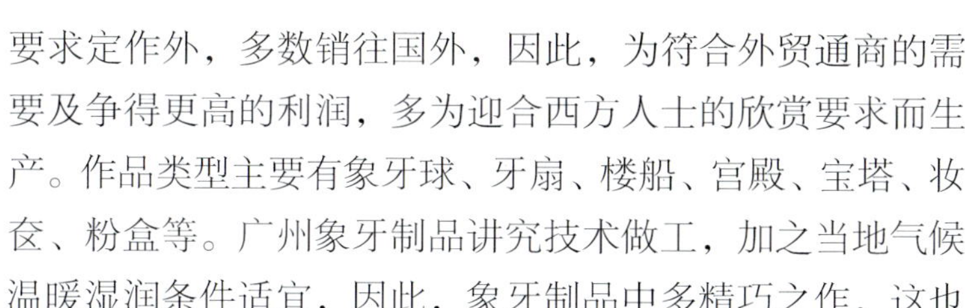

要求定作外，多数销往国外，因此，为符合外贸通商的需要及争得更高的利润，多为迎合西方人士的欣赏要求而生产。作品类型主要有象牙球、牙扇、楼船、宫殿、宝塔、妆奁、粉盒等。广州象牙制品讲究技术做工，加之当地气候温暖湿润条件适宜，因此，象牙制品中多精巧之作，这也成为南派牙雕艺术的独特风格。

清代牙雕在宫廷中使用广泛，以生活用品和陈列品为大宗，如奁盒、景屏、花插、香薰、烟壶以及文房用具中的笔筒、臂搁、笔掭等。象牙雕镂空染色花卉纹八方盒，是宫廷中用于盛放香料或首饰的器具，由 42 块象牙拼镶而成。盒面以拨镂法雕出具有西洋风韵的番莲花，刀法通透、灵巧，繁复中透出流畅和一丝不苟。象牙雕群仙祝寿插屏，为陈设品，乾隆三十八年（1773 年）宫中如意馆牙雕高手制。景屏两面雕群仙祝寿图，仙山楼阁，重峦叠嶂，苍松翠柏，云气缭绕，众仙人手持寿礼。此屏运用圆雕、镂雕、浮雕等多种手法，细微处犹如微雕，构图、刀法，繁而不乱，可称仙工之作。

象牙雕群仙祝寿图插屏

清

高13.2厘米

宽10.4厘米

厚2.4厘米

现藏故宫博物院

清代，雕刻名匠辈出，巧手成群。风气所致，文人十分崇尚用精细雅致的各种雕刻工艺品，摆在案头，装饰书斋。搜求奇、巧、精美的雕刻作品也成为收藏家的追求。

由于皇帝的喜爱，一些很有名气的工匠，从康熙年间起，先后被征入宫内服役，其中包括一些著名的牙匠，如广东的陈祖章、黄振效、萧汉振，浙江的施天章、顾彭年、杜士元、屠魁胜、关仲如、杨迁等人。这些来自各地的工匠，为了适应皇家的欣赏口味，融南北流派为一体，如减去广东牙刻中繁复堆砌、刀锋毕现之弊，借鉴绘画、竹刻等其他艺术门类的表现方法，使雕刻具有浓郁的宫廷气息。他们的作品由于得到皇帝的推崇，有些还被恩准刻上了名款。如象牙雕渔家乐图笔筒，为清宫廷造办处牙匠黄振效制作。作者以高浮雕技法，在筒壁上刻柳溪停舟渔家乐图。笔筒作者构图严紧，借助层次的安排，使自然幽静的景物既细腻灵透又和谐统一。特别是人物的发、须、眼以黑点染，保存了传统工艺习尚。鲜明秀雅、精工细刻、不拖泥带水的雕刻技法反映了宫廷艺术的格调。在山壁一侧刻有楷体乾隆御题诗一首，近足处有“乾隆戊午（1738年）长至月小臣黄振效恭制”款。工匠名款在御用器中很少见，说明了皇帝对其技艺的肯定。象牙雕镂空如意纹套盒，一只比火柴盒大稍许的小牙盒内又套装18个只有指甲盖大小的盒，盒上均镂空刻雷纹、如意纹、夔龙纹，小盒

牙雕匠师黄振效款

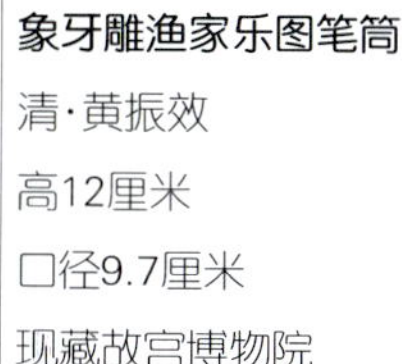
象牙雕渔家乐图笔筒

清·黄振效

高12厘米

口径9.7厘米

现藏故宫博物院

象牙雕镂空如意纹套盒

清·李爵禄

长5.7厘米 宽4.5厘米 高2.3厘米

现藏故宫博物院

内还装有小如米粒的微雕果实、昆虫、环链等，纹饰细如发丝，雕刻精细绝伦，玲珑剔透。此盒为乾隆年间清宫造办处牙雕高手李爵禄的作品，盒底有“臣李爵禄恭制”款。

最著名的是在乾隆皇帝旨意下，由陈祖章、陈观泉、顾彭年、常存、肖汉振5人于1740年始，用了整整一百天的时间刻制的牙雕月曼清游册。此作共有12册，根据宫廷画家陈枚的《百美图》画稿，描写了宫廷妇女从正月到十二月的娱乐活动。册页一面为景，一面为乾隆题诗，字体以螺钿制成镶嵌在漆底上。此册以牙雕为主，并镶嵌有各种彩石、玉、宝石、玛瑙、玳瑁、珊瑚等，牙雕与镶嵌工艺相结合，布景设色精丽生动，画面层次分明，富有立体感，绝胜图画，被称为象牙雕刻史上的绝品。

乾隆时期宫廷牙匠杜士元的牙雕臂搁也十分突出。臂搁是书写时垫臂的文房用具，多呈竹节形，是仿造竹臂搁形状制成的。其上宽下窄，面略拱圆，背凹如瓦状。与竹臂搁不同，牙雕臂搁正面、背面全部有图，正面一般为隐起的浅浮雕纹图，背面则以高、深浮雕进行多层次雕刻。象牙雕十八罗汉渡海图臂搁为其代表作。正面以薄地阳文刻达摩面壁图，达摩打坐面对一香炉，炉中腾起的袅袅香烟升空化为一座云中殿阁。背面雕十八罗汉各施法术渡海。刻工细腻圆润，刀法精绝；在磨工上也非常下工夫，抚之光滑细润，无锋碴之厉，无刮手之感。整个作品画意浓郁，可称得上是立体的山水人物画作。

象牙雕十八罗汉渡海图笔搁

清

长29.1厘米

宽6.1厘米

厚2.4厘米

现藏故宫博物院

文物百科

拨镂

牙雕工艺。即先将象牙染成红、绿等色，称为茜色，再刻出花纹。具有纹饰五彩缤纷、富丽堂皇的效果。

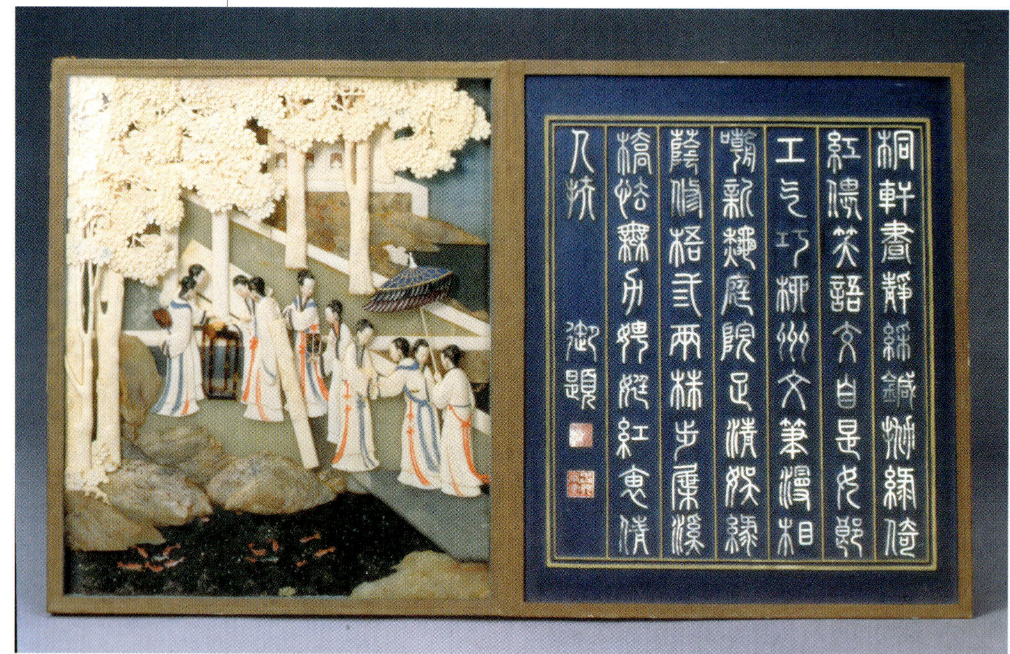

象牙雕月曼清游册

清

每页长39.1厘米 宽32.9厘米

现藏故宫博物院

12. 牙雕绝技

广州每年都有大量精美的牙雕工艺品和实用生活用品进贡到宫廷中。这些制品中有玲珑剔透、堪称绝技的象牙球，图案细密雍容、布局严谨整齐的雕花镜奁，百花不露地的圆形装饰盒和粉盒，也有薄如蓖片、细如竹丝的编织象牙席、牙扇，还有工细绝伦、华美富丽的群仙祝寿牙塔、牙灯、花篮及牙船等。这些象牙制品，雕刻的繁缛细密，典雅工丽。不论是技巧的精妙，还是装饰的华丽，均代表了广派象牙雕刻的最高水平。

广州进贡朝廷的牙雕制品不仅工精纹美，很多器物在工艺上还堪称绝技。其中最著名的是象牙球和雕花镜奁。

象牙雕顶柱花套球
清
高19厘米 底径5厘米
现藏南京博物院

象牙球交错重叠，玲珑精致，是中国象牙雕刻中的一种特殊工艺。球体从外到里，由大小数层空心球连续套成，外观看来只是一个球体，但层内有层，每层球均能自由转动，且具同一圆心。牙球里外每层套球均雕镂精美繁复的纹饰，主要有百花和龙凤纹两种。球原为实体，雕刻外层球体表面较易，但刻镂内层需要层层剥离，因施工空间受到限制，难度极大，所以令人感到技巧的奇特和奥妙。据记载，宋代就已有了牙球，当时称为“鬼工球”，出现的为三重套球。清代这种技艺发展到高峰，到清乾隆时期达到14层，清末时甚至达到20余层。现藏南京博物院的象牙雕顶柱花套球，由五层镂空而成，表面浮雕繁花纹饰。大球内套四层小球，每层都可以自由转动。交错重叠，玲珑剔透，工艺极为复杂。底座为圆形，上立一罗汉，罗汉上承圆盘。现藏故宫博物院的象牙雕福寿宝相花套球，从

外到内层层相套的空心球11层，交错重叠，玲珑剔透，每层均可自由转动，并镂雕精美的纹饰，外层镂刻“福”、“寿”字和宝相花纹，内层则为百花和龙凤纹。可见清代象牙雕刻工艺达到的水平。

象牙雕花镜奁为宫中后妃专用的梳妆奁，同时也是比试技巧的特种工艺陈设品，以优美的造型，精巧的装饰，富丽的花纹取胜。故宫收藏的象牙雕云龙花鸟纹镜奁是以拼镶法制成的二层开启盒柜组合式的妆奁，上层为盒，单层平板式盖，有两个折扣，开启后内层钉有牙框玻璃镜，将镜立起来，上层平板盖下折又可作为镜子的支架，倾斜角度恰当。下层为柜，柜内有二层抽屉。妆奁的四壁刻满象征富贵长寿的牡丹、梅菊、松鹤、瓜果纹。妆奁的盖面及边框上，则刻着代表身份的五龙戏珠及四龙腾云纹。作品以巧、奇、精的

象牙雕福寿宝相花套球
清
径9.1厘米
现藏故宫博物院

象牙编凉席
清
长216厘米
宽139厘米
现藏故宫博物院

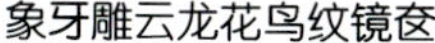

象牙雕云龙花鸟纹镜奁

清

长29.5厘米 宽22.2厘米 高19.8厘米

现藏故宫博物院

象牙编织玉堂富贵图宫扇

清

通柄长57.5厘米

宽33.6厘米

现藏故宫博物院

深雕剜刻手法显示做工的精美，以繁复的花纹装饰，装点得雍容华贵，富丽堂皇。

象牙席是广东的一种独特的牙制品，制作工艺十分繁复。先将象牙以药液浸泡软化，劈成均匀的薄片，经磨制加工后再编织成席。其洁白细腻，柔软舒适，为避暑佳品。惟其用料多，编织工序艰巨，耗资巨大，劳民伤财，因此雍正皇帝曾以“躬行勤俭”为名，传旨广东官员不得再制，也禁止民间购用。因此，这项抽丝技术便被运用到用料较少的象牙团扇中，将编织与浮雕巧妙地结合，在那薄如篾丝、孔缝均匀的蒲纹地上，嵌上浮雕的各种吉祥花卉图案，再配以玳瑁框及玉、珐琅等质地的把手，显得温润典雅，形成了一种独具特色的新型装饰风格。牙席、牙扇在清代象牙工艺上堪称一绝,多为宫廷中使用，民间难得，故十分罕见。

13. 犀角雕的仿古风

犀角在清代时仍被视为珍稀之物，在雕刻上与象牙、竹木、金石等没有严格的分工，许多擅雕犀角者都是技艺多能的高手，如明末清初的尤通、尚均及清中期的施天章、杜士元等。他们既擅长犀角、象牙的雕刻，又从事竹木、金石雕刻。清代犀角雕作品造型一般作杯式，纹饰主要有两种风格，一是具有很浓厚的竹木根高浮雕和圆雕的风格，二是仿古的风格。

犀角雕兽面纹爵杯
清乾隆
高16.5厘米
口径14.4厘米
足径7.6厘米
现藏故宫博物院

而采取竹木根形式高浮雕、圆雕风格的犀角作品，大部分是沿袭明代雕刻技巧，以吴门画派的山水、人物、花鸟为题材，有恬美宁静的田园生活，携琴访友、以文会友的文人情致，以及内容丰富的花鸟鱼虫题材。特别是有的犀角杯被刻成了花形或叶形，花叶与杯融为一体，既巧妙又生动。清早期的犀角雕山水人物图杯，纹饰表现了文人徜徉于山水间的闲适生活，工艺上采用高浮雕、透雕相结合，层次清晰，刀法娴熟。清中期后，各种雕刻品精研细琢，无论是造型或是纹饰有日益繁缛的倾向。乾隆皇帝对此颇有微词，又加上他对商周古器有偏好，于是工艺品制作中的仿古之风渐起。犀角本质古香古色，浑厚质朴，做仿古铜器的造型和花纹，自有得天独厚之处，所以犀角雕刻在雍正、乾隆时出现的仿古铜器风格蔚为一时风尚。

犀角雕螭纹觚形杯
清中期
高16.2厘米
口径14.1厘米
足径5.9厘米
现藏故宫博物院

这类作品的纹饰图案既有古青铜器典型的蟠螭、兽面、几何纹，也有变化了的具写实性的云水、龙凤纹，在结构与形象的处理上都体现出了很强的传统风格。如犀角雕兽面纹爵杯，造型仿古青铜器爵形，口前有流，后有尾，两侧有方形短柱，一侧有兽面首几何鋬，三足外撇，外口沿雕夔凤纹装饰，腹有四道云雷纹出脊，并以云雷纹为地，上雕变形夔纹及兽面纹。下腹光素，足部饰兽面纹。此杯纹饰浮雕，轮廓线圆滑柔和，纹饰古雅适度，是清乾隆年间仿古犀角雕刻中较为严谨且富于艺术性的作品。犀角雕螭纹觚形杯，仿青铜觚造型，器上的浮雕蝉纹、兽面纹等底纹为仿古，而器身高浮雕、透雕的 15 条螭龙，则具有鲜明的时代特色。而采取竹木根形式高浮雕、圆雕风格的犀角作品，大部分是沿袭明代雕刻技巧，以吴门画派的山水、人物、花鸟为题材，有恬美宁静的田园生活，携琴访友、以文会友的文人情致，以及内容丰富的花鸟鱼虫题材。特别是有的犀角杯被刻成了花形或叶形，花叶与杯融为一体，既巧妙又生动。清早期的犀角雕山水人物图杯，纹饰表现了文人徜徉于山水间的闲适生活，工艺上采用高浮雕、透雕相结合，层次清晰，刀法娴熟。

犀角雕山水人物图杯

清

高13.7厘米 口径17.9厘米

现藏故宫博物院

第三讲 宫廷珍宝珐琅器

主讲 李永兴

金属珐琅器是集金属制作工艺和珐琅加工处理为一体的复合性工艺品，是一种名贵的工艺品。自其传入中国，制造和使用基本上为皇家垄断，因而从诞生那天起，就成为皇家贵族的专用品。在产生、发展的数百年间，从器形、花纹到工艺特色，无不打下深深的皇家烙印，体现了皇家的审美情趣。金属珐琅器虽然不是中国土生土长的工艺品，但自它传入以后，就与中国传统艺术相结合，具有了中国特色。如果说，瓷器、玉器、书画更多体现的是中国的传统文化和哲学思想，那么，珐琅器等外来工艺在中国的发展，则体现了中国文化善于吸收外来文化精髓变为己用的文化精神。

1.源自西方的珐琅工艺

金属珐琅器，指将经过粉碎、碾磨后的珐琅，涂施（又称填蓝）在按照器物造型设计要求制成的金属胎（主要是铜，也有金、银胎）的表面，经干燥、焙烧（烧蓝）、镀金、磨光等制作过程之后，得到的一种集金属制作工艺和珐琅加工处理为一体的复合性工艺制品。

制胎是金属胎珐琅器制作最基本的工序之一，即按照器物造型设计图，将铜板材切成所需要的铜片、铜叶，并锉刮平整，然后收镂、合对、嵌接或烧焊成器。此外，尚有铸胎成型技法，主要是一些小件器物。填蓝，又称“上药”、“点蓝”，即在制成的金属胎上按照图案设计要求填注珐琅釉料。烧蓝是将器物放入炉中，经500～900℃焙烧，使珐琅附着在金属胎上。镀金，又称“鎏金”，是中国古代金属工艺装饰技法，铜胎金属珐琅器表面多镀金。磨光，经过金属加工和烧制后的珐琅器，再用黄浆石磨平，然后用磨炭加清水打磨，使表面光滑平整。

金属胎珐琅器，依据其在金属制作工艺和珐琅加工处

掐丝珐琅象耳炉

元

通高13.9厘米 口径16厘米

现藏故宫博物院

掐丝珐琅兽耳三环尊

元

高70.6厘米

口径36.2厘米

底径23.1厘米

现藏故宫博物院

理方法等方面的不同，一般可分为掐丝珐琅、錾胎珐琅、画珐琅和透明珐琅等不同工艺品种。其中，掐丝珐琅是珐琅工艺初传中国的元末明初时期采用的工艺技法之一。

掐丝珐琅器，俗称“景泰蓝”。制作方法是：在已成型的金属胎表面，用细薄的金属丝焊接或粘合成轮廓纹样——即掐丝，再于纹样轮廓线内点施珐琅，经过多次入炉焙烧及镀金、磨光而成。

掐丝珐琅工艺在中国产生的年代有唐代、明代等多种说法，而目前学术界普遍认同的是元代。主要依据，一是古代文献中有关“大食窑”的记载，一是北京故宫博物院现藏有元代特征的掐丝珐琅器。

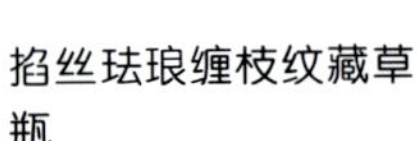

掐丝珐琅缠枝纹藏草瓶

元

高23.5厘米

口径7.5厘米

足径9厘米

现藏故宫博物院

明初曹昭《格古要论》记载：“大食窑，以铜作身，用药烧成五色花者，与佛郎嵌相似。尝见香炉、花瓶、盒儿、盏子之类，但可妇人闺阁中用，非士大夫文房清玩也，又谓之鬼国窑。”“大食”即今天的阿拉伯地区。这里提到的“大食窑”器制作方法和工艺特点与金属珐琅器相同，因此，“大食窑”器即应是金属珐琅器。此外，元代吴渊颖有咏“大食瓶”诗，对“大食瓶”的尺寸、色彩、花纹等都作了较为详细的描述，说明大食国的工艺品在当时已经传入中国。中国掐丝珐琅工艺应是在13世纪末、14世纪初，接受从阿拉伯半岛传入的“大食窑”器工艺的影响而发展起来的。

古代工艺技术的传播，一般有两种途径，一种是通过正常的文化交流和贸易往来，另一种便是战争。“大食窑”器工艺制作技术的传入，与元代的军事扩张不无关系。

从自13世纪初蒙古族铁木真统一蒙古各部落称“汗”到灭南宋统一中国的七十余年，蒙古族铁骑远征欧亚大陆。在频繁的征战过程中，除掳夺当地的人口和物资用于

补充给养、兵员和制造兵器外，大批被俘工匠被输送到后方“沦为工奴”，为蒙古族生产供享用的各种日常生活用具和豪华奢侈品。“大食窑”工艺可能就是这样间接地传入中国。

北京故宫博物院收藏有金属珐琅器6000余件，其中绝大多数为传世品。这些作品虽然从未发现有元代年款，但从器物造型、珐琅质地和花纹特点等方面研究，其中数件掐丝珐琅器应为元代制造，而非器物上所镌刻的时代，证明了掐丝珐琅产生于元代。如掐丝珐琅兽耳三环尊，就是元代器改成明代景泰款的典型。

掐丝珐琅兽耳三环尊形制原为罐，清初时在口加觚形颈，在底加兽足，改制成尊，改制技术十分精巧，使全器

掐丝珐琅缠枝莲纹鼎式炉

元

通高28.4厘米

口径17.1厘米

现藏故宫博物院

毫无突兀生硬之感，再加刻景泰款，俨然一件整器。但细查之，可以发现上下接口处均多加一圈，珐琅质地与色彩上下不一致，上部明显较暗和沉穆。主体花纹具有元代特征。此器在很长时间内均被当作明代景泰器，是一件元代掐丝珐琅器，今天可以为它正名了。另有一件掐丝珐琅缠枝纹藏草瓶，腹部为元代器，缠枝莲纹大而饱满，枝叶舒展，为元代典型风格。颈、底等为后代配制。

元末明初时期的掐丝珐琅器，珐琅质地细腻洁净，釉面异常光亮，给人一种晶莹剔透，似水晶般的透明感。特别是葡萄紫、宝石红和草绿等几种颜色的珐琅釉，更显鲜艳醒目。

掐丝珐琅玉壶春瓶
明早期
高27.1厘米
口径7.4厘米
现藏故宫博物院

掐丝珐琅缠枝莲纹鼎式炉，造型仿青铜器，朴实庄重。炉腹浅蓝地掐饰红、黄、白、紫四种颜色的缠枝莲花计六朵，珐琅质地细腻，色彩纯正，表面光亮，其中以草绿，绛黄及大红色更为突出和耀眼。具有这种特点的珐琅原料在明清掐丝珐琅器中均未见到，应是舶来品，而非产自中国。这些器物也有可能是在阿拉伯工匠的指导下制成的。

元末明初的珐琅颜色主要有浅蓝、红、黄、白、紫、草绿、墨绿等几种。图案纹饰多以缠枝莲花纹为主题。具体装饰手法以单线技法勾勒枝蔓花朵轮廓线，在串联的枝叶间点缀数朵盛开的大莲花头，枝叶伸展流畅，并衬托以小的花苞，莲花头饱满充实。图案布局疏朗，花纹线条奔放有力。器物的颈下或足上常常以莲花瓣或垂云开光等纹饰作为花纹主题的陪衬，起到一种既稳定又显富丽的作用，这种装饰手法也常见于同一时期的瓷器、漆器和金银器上。

除缠枝莲花纹外，尚有其他图案内容，但数量很少。掐丝珐琅玉壶春瓶，通体装饰小朵菊花和梅花纹，图案题材新颖，有别于同时期以莲花纹为主题的装饰手法，风格独特。

这一时期掐丝珐琅器的器形种类比较简单，主要是一些瓶、炉、罐等宫廷陈设和生活方面的用具。现存的元代作品，无论是器物的成型，器身纹饰掐丝的娴熟，还是釉料的丰富多样，色彩的表现力等方面，均已达到很高的水平。可见，刚刚传入的珐琅工艺，此时已是技艺不凡了。

文物百科

珐琅

一种玻璃质釉料。基本成分有石英、长石、盆硝和瓷土等，属于低温色釉，烧成温度一般在七八百度。具有质硬、耐酸碱、有光泽、不透气体和液体、色彩丰富艳丽、适于彩绘装饰等特点。珐琅工艺最早源于西域，元明之际传到中国，与中国传统工艺结合产生了金属珐琅器和珐琅彩瓷。

掐丝珐琅缠枝莲花纹熏炉

明早期

通高8.8厘米

口径15.3厘米

现藏故宫博物院

2.扑朔迷离的明代珐琅

明代宣德时期（1425—1435年），政局平稳，社会经济、文化得到恢复和发展，各行业均出现繁荣景象。表现在手工制作方面，出现了诸如“宣德炉”等闻名遐迩的工艺制品。金属胎掐丝珐琅器工艺得到了进一步的发展。

这时期的掐丝珐琅器铜胎制造一般比较厚重，且成型规整，一丝不苟，反映出当时冶金制造业的成就。器物造型朴实无华，给人一种自然而又庄重的感觉。其铜镀金装饰与器物造型的配合相得益彰，愈加突出整体效果。器物种类在元末明初基础上又有所增加，主要有炉、瓶、碗、

掐丝珐琅缠枝莲纹出戟觚

明宣德

高28.4厘米

口径16.3厘米

足径9.8厘米

现藏故宫博物院

掐丝珐琅狮戏球图双陆棋盘

明宣德

通高15.7厘米

长54.6厘米

宽34.5厘米

现藏故宫博物院

盒、觚、尊、盘等。掐丝珐琅缠枝莲纹出戟觚，铜胎，鎏金，云螭纹四出戟。通体以浅蓝色珐琅为地，用单线勾勒缠枝莲纹枝干，串联多朵彩色大花。器底无釉，足内刻双钩楷书“宣德年制”款。造型端正，颜色沉稳，鎏金极厚，为宣德时期掐丝珐琅的典型器物。

宣德珐琅器一般以浅蓝色珐琅作地色，亦有白色珐琅地，但为数甚少，并用宝石蓝、宝石红、黄、绿、紫、白等颜色珐琅装饰图案，浓郁醇厚，色彩纯正，表面蕴亮，不像元末明初时期的珐琅那样晶莹透亮。

纹饰承继元末明初风格，仍以缠枝莲花作为主题

宣德款

掐丝珐琅八狮纹三环尊

明中期

高28.6厘米

口径21.2厘米

现藏故宫博物院

纹饰，并用单线技法勾勒枝蔓，以串联形式连接花朵，大花大叶，花心常呈桃形，图案布局舒朗，掐丝活泼。也出现一些动物纹饰，如掐丝珐琅狮戏球图双陆棋盘内底饰七狮戏球纹，在当时殊为罕见。

宣德珐琅器上最早出现纪年款识，主要有两种，一是在器身用珐琅釉烧成，一是在器底或口沿铜胎上铸或刻款。款字有“宣德年制”、“大明宣德年制”、“大明宣德御用监造”等几种，“御用监”是明代专门负责皇帝用品生产的管理机构。款字以楷书居多，间有隶书和篆书。对于宣德款的作品，要结合纹饰、釉色综合分析，鉴别真伪，如以珐琅制款者，特别要注意其颜色与全器是否一致，如有区别，有可能就是后加款或改款。

尽管明代珐琅器有景泰年款的众多，但多为改制、加款者，货真价实的景泰年制品寥寥，工艺成就也并不突出，

掐丝珐琅朝冠耳炉

明中期

高10.1厘米

口径12.2厘米

现藏故宫博物院

"景泰蓝"可算是"欺世盗名"了。如掐丝珐琅八狮纹三环尊，上为原器，下为碗，加足扣合而成，底部"景泰年制"款亦为后加，是经过改装拼配而成，拼接处有焊接痕迹，上下釉色也有差别。

能够确认的明代嘉靖（1522—1566年）掐丝珐琅实物存世罕见，在北京故宫博物院收藏的六千余件作品中，具嘉靖年款的仅有一件，锈蚀严重，是目前所知的国内孤品。

掐丝珐琅甪端
明万历
高36.5厘米
现藏故宫博物院

明万历年间（1573—1620年）掐丝珐琅器的生产出现前所未有的变化，在珐琅色调搭配和运用、图案题材内容和器物造型等方面均有了新的发展。

在珐琅的色彩搭配和运用上，除继续以蓝色珐琅作地外，比较盛行以浅淡色调的珐琅作地，新出现如白地、绿地，或在同一件器物上同时使用两种或两种以上的珐琅色地，擅长以红、白、黄、绿等几种颜色的珐琅装饰图案。珐琅颜色品种日趋丰富，出现如豆青、松石绿等新的色釉，色彩鲜艳饱满，表面较光洁，反映出万历时期珐琅烧炼工艺的进步。

在图案的题材内容方面变化和增加不少，前期普遍应用的缠枝莲花纹显著减少，取而代之的是龙戏珠、瑞兽及各种折枝花卉纹，以双线勾勒技法表现。由于嘉靖、万历年间宗教盛行，因此，八宝纹、如意纹等纹饰频繁出现在掐丝珐琅器的图案装饰之中。

万历年款

掐丝珐琅福寿康宁圆盒

明晚期

高10厘米

口径16厘米

足径11.4厘米

现藏故宫博物院

器物造型向多样化发展，涉及当时宫内生活、陈设等诸多角落。其中以用端最具代表性，是这时期掐丝珐琅器物断代的主要依据之一。

明万历年间掐丝珐琅器所镌年款颇具时代特点。多为六字款，其中以“大明万历年造”为这一时期特有的一种款识形式。其所镌部位一般在器物底部，长方框栏，周围并缀以掐丝彩色如意纹，款识多以掐丝填釉形式镌成，这种在款识外围加装饰的方法是其他时期所不见的。

明代晚期，社会动荡，国库空虚，像珐琅器这种耗资大，工艺要求高的工艺品种，必然受到极大影响，因此，掐丝珐琅器的烧制水平有所下降，中国的珐琅器制造进入相对低谷时期。主要表现在，铜胎减薄，铜镀金工艺质量下降，光泽度较差，珐琅灰暗无光，且气泡（砂眼）较多。图案装饰繁缛，又显得较为松散零乱，不够规整，掐丝略显潦草。云鹤纹、灵芝仙鹤纹、松竹梅纹、荷鹭鱼藻纹等各种寓意福寿吉祥纹饰，成为这一时期掐丝珐琅器图案装饰的主题。此外，将文字与花纹相结合也是这时期具有典型时代特征的图案装饰方法。如掐丝珐琅福寿康宁圆盒，盖上饰白地彩色灵芝、杂宝纹以及楷书“福、寿、康、宁”四字，以掐丝双钩填红釉而成。装饰繁缛，将花纹与文字结合，构成了此器的装饰特点。在器物造型上有一定的变化和增加，生产和制造如缸、匙等日常生活用具，并继承明万历时期“仿生”即用鸳鸯、狮等动物原形而制作的“仿生”掐丝珐琅器。

阅读链接

“景泰蓝”名不副实

景泰年制珐琅器历来名声很大，明末时即成“时玩”，可与宣德铜炉、成化瓷器、永乐漆器相媲美。“景泰蓝”是清代民间对金属胎掐丝珐琅器的俗称，明末清初人笔记中有“景泰御前珐琅”的记载，传世珐琅器中有“景泰年制”款者数量很多。“景泰蓝”可谓是家喻户晓，甚至成为金属珐琅器的代称。那么“景泰蓝”之名从何而来呢？

在北京故宫博物院收藏的明代金属珐琅器中，署有景泰年款识的达一百余件，占80%，在很长的一段时间曾一直被确认无疑，并被看做是掐丝珐琅工艺中的精品之作，这成为“景泰蓝”一名由来的重要依据。

但仔细分析这些掐丝珐琅器，款识、器形种类、颜色等诸多方面风格各异。加上这些数量众多、风格多样、制作精美的作品同时出现在仅有六七年历史、其间又逢内忧外患政局不稳、经济衰退、手工业陷入低谷的景泰时期，真让人匪夷所思。

近年来，经过对大量的金属胎珐琅制品的对比研究，“景泰蓝”之迷逐渐被破解。其实，具“景泰”款的掐丝珐琅器大多数是伪款、伪器。这其中有景泰年间对早期留存器用拼装、修配等方法重新制作，加刻年款者；有后世将无款、有款旧器重新镌刻景泰年款者；或者完全是伪造器。真正的景泰年制品可谓寥寥可数，而且成就也并不突出。后人不解此中奥秘，慑于景泰款器的精美，而误解“景泰蓝”，以至以讹传讹。

3.清代掐丝珐琅创高峰

随着工艺技术的进步，清代掐丝珐琅的生产达到了高峰，特别是康熙、乾隆两朝，掐丝珐琅生产最为突出，不仅宫廷作品突出，广州、扬州、苏州等地的产品也毫不逊色，出现了一些前所未见的新产品、新工艺。

清康熙十九年（1680年），清政府在内廷设立专门生产和制造金属胎珐琅器的机构——珐琅作，以遗存于宫内的明代御用监制造的掐丝珐琅器为样板，开始烧制御用掐丝珐琅器。经过不断地摸索与实践，逐步改正明代晚期胎骨轻飘、掐丝潦草、釉质灰暗、气泡较多的缺点，为清代掐丝珐琅工艺的进一步发展奠定了基础。

纵观康熙朝掐丝珐琅器的生产，大致经历早、中、晚三个发展阶段，并以细丝粗釉、粗丝淡釉和匀丝浓釉三种不同的风格类型为其代表。

细丝粗釉的作品是康熙早期掐丝珐琅器的工艺特点，基本是以明代掐丝珐琅器为样板烧制的。多为浅蓝色珐琅地，以缠枝莲花纹为主题图案装饰，掐丝纤细，线条刚劲

掐丝珐琅缠枝花纹乳足炉

清康熙

高10.1厘米

口径14厘米

现藏故宫博物院

掐丝珐琅菊石纹小圆盒

清康熙

高2.9厘米

口径8.3厘米

现藏故宫博物院

流畅，但不甚工整。掐丝珐琅缠枝花纹乳足炉，通体施浅蓝色珐琅釉为地，掐丝填彩釉饰缠枝莲花及牡丹纹。器底剔地阳文款“大清康熙年制”。此器掐丝纤细，线条流畅，以浅蓝色珐琅为主色地，用红、白、紫、绿等色珐琅装饰图案，珐琅质地干涩无光，似乎缺少釉面磨光工序，与元末明初掐丝珐琅釉料特点完全不同，并有别于其他时代的作品。

粗丝淡釉即掐丝线条粗壮，色彩浅淡典雅。一般以浅蓝色珐琅为地，纹饰间填施红、黄、白、绿等珐琅，质地细腻洁净，色调明快、淡雅。这一类形器形种类，多是一些小圆盒、小瓶等小件器，图案装饰内容题材也较为简单，有缠枝莲、菊石纹和桃蝠纹等。

匀丝浓釉即掐丝均匀细腻，一丝不苟，纹饰线条自然流畅，并多以双线勾勒技法表现图案花纹，掐丝技法熟练，图案布局规整，珐琅质地精细，色彩纯正，表面略显光亮，反映出珐琅质量和打磨技术的提高。

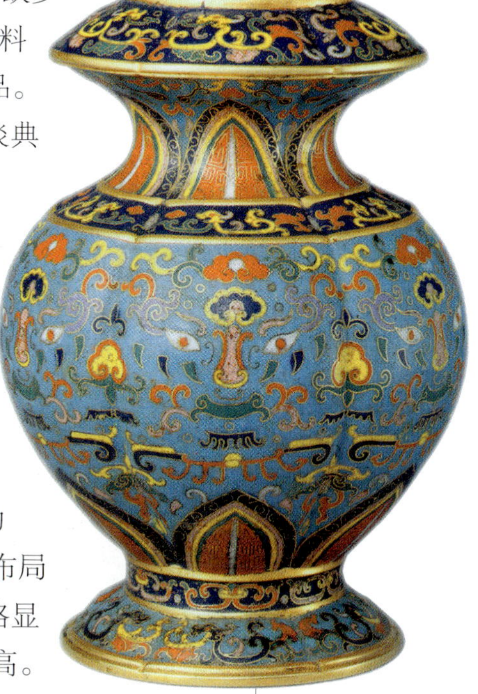

掐丝珐琅兽面纹石榴尊

清乾隆

高18.6厘米

口径6.5厘米

足径9.8厘米

现藏故宫博物院

掐丝珐琅缠枝花纹双联瓶

清乾隆

高27厘米

现藏故宫博物院

掐丝珐琅牺尊

清乾隆

长28厘米 宽9厘米

高20厘米

现藏故宫博物院

匀丝浓釉型掐丝珐琅器，是在细丝粗釉和粗丝淡釉工艺类型的生产基础上，经过不断摸索和实践制造出的，是一种成熟的标志。此后，清代掐丝珐琅器的生产基本上是沿着这一路子发展的。

清代乾隆时期，是中国古代掐丝珐琅器生产的鼎盛时期，对后世的影响颇深。由于有康熙年间的基础，加上乾隆皇帝本人对金属胎珐琅器的偏爱，使得这一工艺制品的生产异常迅猛地发展。乾隆时期的掐丝珐琅器，无论生产规模、产品数量，还是艺术风格类型和用途等方面，可谓是空前绝后。由于生产规模过于庞大，“活计甚多，家内匠

（指内廷造办处珐琅作）已不敷用”，乾隆六年（1741 年）曾外雇大批珐琅器制作工匠，入造办处珐琅作听用。

这一时期继承并发展康熙晚期成熟的掐丝珐琅（即匀丝浓釉）制作工艺，以双钩技法勾勒图案花纹，图案布局严谨规整，从设计到制作一丝不苟。珐琅质地细腻，色彩纯正，但均不透明。其珐琅原料由造办处珐琅作烧炼，还有广州及进口的西洋釉料。色彩品种丰富，如清宫档案记载，乾隆十年（1745 年）曾传旨：“再烧造掐丝珐琅器皿活计等件，准用十八种颜色成造”，可见当时色彩之丰富。这一时期最为典型的珐琅颜色是粉红色釉料。它是用上等的纯金叶为着色料，加入镪水和硇砂烧炼而成。粉红色釉料创制于乾隆年间，并成为当时主要的装饰色彩，是珐琅器断代的重要依据。乾隆时期掐丝珐琅器的一个突出特点是：铜胎制造厚重，镀金光亮，灿烂夺目，充分展示出皇家的富贵气派和金碧辉煌的艺术效果，正所谓“厚重坚实，金光灿烂”。

乾隆时期烧制的掐丝珐琅器，品类繁多，涉及宫内生

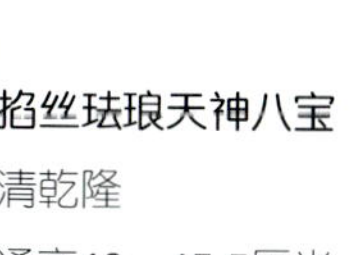

掐丝珐琅天神八宝
清乾隆
通高40～45.5厘米
现藏泰安市博物馆

活的各个角落，如宫殿陈设、祭祀活动、日常生活等。用于宫殿陈设的有屏风、宝座、仙鹤、熏炉，宫廷祭祀活动的有七珍、八宝、五供、佛塔等，涉及日常生活的掐丝珐琅物件则更为广泛，有碗、盘、瓶、盆、罐、轴头、如意、鼻烟壶，以及烛台、文房用具砚箱、笔架、墨床、笔杆、水丞等。

用于宫廷祭祀活动的一座掐丝珐琅塔，体积庞大、雄伟壮观，制作工艺精湛，可谓是掐丝珐琅工艺前所未有之作。此佛塔为当时内廷造办处珐琅作承造，为完成佛塔的烧制任务，耗费了巨大的人力、物力，可谓不惜工本。据清宫档案记载，制造佛塔需用大器匠、锉刮匠、合对匠、收镂匠、攒焊匠、凿斩匠、斩花匠、掐丝匠、填蓝匠、镀金匠、磨夫等工匠十余种。为承造此佛塔，除内廷珐琅作工匠及大内库中所存物料，仅外雇工匠及买办物料费就用去白银689两3钱2分9厘。此外，为配制粉红色珐琅釉料和镀金用了头等金叶27两4钱1厘。不难看出，如果没有雄厚的物质基础和高超的工艺制作技术作为保障，在当时要完成如此庞大的工程，是不可想象的。

掐丝珐琅塔

清乾隆

高231厘米

底径94厘米

现藏故宫博物院

乾隆年间除内廷造办处珐琅作之外，广州和扬州等处也逐渐成为宫内掐丝珐琅物件的供应地。他们按照宫廷样式，烧制皇家需要的器皿。由于地域差异，这些作品同时也表现出比较明显的地方特点。广州掐丝珐琅器，掐丝生动活泼，珐琅质地细腻，更多以浅淡颜色的珐琅，如天蓝色、草绿色等装饰图案，色调明快。受西方珐琅器题材装饰的影响，常见大卷叶西蕃莲纹。扬州掐丝珐琅器，器物造型标新立异，有天球瓶、桌灯、动物形尊等。图案装饰变化多端，与内廷珐琅作和广州风格截然不同，掐丝技巧娴熟，线条匀细流畅。珐琅色彩基调多为冷色，对比强烈。

概括乾隆朝掐丝珐琅器艺术风格特点主要有：一是仿景泰器，即以明景泰款的掐丝珐琅器为样款所烧制的器物，并镌刻“景泰年制”款。仿景泰珐琅，一般仅重款识，在器物造型及图案掐丝技法以及珐琅质地和色彩的运用方面，均缺乏明代掐丝珐琅的特点。乾隆时期有许多仿景泰珐琅的档案材料，从中管窥到当时的一些情况。二是仿古器，即仿古代青铜器造型或纹饰，具有古朴、典雅之风，如瓶、尊、觚、炉、提梁卣。这种仿古风不单表现在掐丝珐琅器制作中，在同时期的其他工艺美术品中也多有体现，是乾隆时期的艺术风格。

掐丝珐琅仿古凫尊
清乾隆
通高30.5厘米
现藏故宫博物院

清代掐丝珐琅器的制造和生产，在走过辉煌灿烂的发展历程之后，逐渐开始走上下坡路。据档案记载，乾隆五十四年（1789年），清宫内务府造办处珐琅作因“无活计可作”曾一度被裁，直到嘉庆年间才重新得以恢复。但其作品在图案、掐丝技法和珐琅色彩的运用方面，基本是在维持和模仿乾隆晚期的制作风格，已经没有多少新的创意了。

清道光二十年（1840年）以后，中国社会发生了根本性的变化，内忧外患，经济衰落，国之将倾，在此情形下，内廷珐琅作形同虚设，基本陷于停产状态。在遇“万寿”等

掐丝珐琅菊石花卉纹梅瓶

清晚期

高32厘米

口径5.7厘米

足径8.9厘米

现藏故宫博物院

宫廷庆典节日时，勉强制作一些掐丝珐琅，但已找不到昔日的辉煌。1840年以后，随着国外列强的侵入，封建政权摇摇欲坠，皇室衰微，但掐丝珐琅器这一金碧辉煌的传统工艺品，又受到西方人的喜爱，因而成为出口产品，这就刺激了宫廷以外商业作坊的生产。清晚期及民国时，北京先后成立许多商业作坊，如“老天利”、“志远堂”、“洋天利”、“德兴成”等，以及“大清工艺局”和“印铸局”等官营企业。出于商业利润需要，胎体轻薄，造型多为瓶、笔筒等实用性器物。由于采用机械拉丝，因此掐丝线条均匀细腻。在色彩运用上，为迎合西方人口味，有意追求一种晕染效果，颇具西方作品的韵味。

4.錾胎珐琅：古老工艺的新生

錾胎珐琅是在金属胎的表面雕錾起线花纹，然后于花纹的下陷处填施各种颜色的珐琅，经过焙烧、镀金、磨光而成，器物表面呈现出似宝石镶嵌的效果。錾胎珐琅器是金属雕錾工艺与珐琅工艺相结合一种装饰工艺。金属雕錾技术，是古代的一种金属加工方法，我国在商代已广泛应用于青铜工艺中，丰富了器物的装饰手法和色彩感。

錾胎珐琅工艺历史悠久，被认为是发源于古埃及（公元前 2000 年），再传至欧洲，于公元 11～13 世纪间得到迅速发展。《格古要论》中谈到珐琅器时说，大食窑器“用药烧成五色花者，与佛郎嵌相似”，“大食窑”器即掐丝珐琅器，而“佛郎嵌”则是指錾胎珐琅。“佛郎嵌”是元明之际中国对欧洲錾胎珐琅器的称谓。“佛郎”在当时泛指欧洲。錾胎珐琅传入中国的时间与掐丝珐琅相当，大约是在 13 世纪中后期。

錾胎珐琅器，在工艺上除图案纹饰起线方法不同外，在点蓝、烧蓝、镀金、磨光等制作工艺上，与掐丝珐琅基

錾胎珐琅缠枝纹圆盒
明宣德
高5.5厘米
径11.3厘米
现藏故宫博物院

本相同金属胎錾刻是其基本制作工序，即按照图案设计要求，用小凿在金属表面凿錾出图案花纹，有些精细的纹饰需用刀刻，称“刻花”。錾花技法，有“清花”、“阳花”、“沙地”、“阴地”等几种。

錾胎珐琅牺尊
清乾隆
长21.2厘米
宽9厘米
高19厘米
现藏故宫博物院

目前所见最早纪年款的錾胎珐琅实物，是现收藏于北京故宫博物院明代宣德年造的錾胎珐琅缠枝莲纹圆盒，这也是目前可以确认的明代錾胎珐琅器的唯一实物。圆盒秉承宣德时期制器的典型特点，胎体厚重坚实，造型朴实圆润。盒盖面及立壁錾刻缠枝莲花纹，线条粗犷豪放，图案布局规整疏朗。珐琅釉料色调稍显灰暗。

清代錾胎珐琅器的生产，主要集中于乾隆年间，当时宫内造办处珐琅作和广州等地均可烧造。北京内廷制造的錾胎珐琅器，胎体厚重，器物造型淳厚朴实，镀金光亮，充分显示出皇家风范。如錾胎珐琅牺尊，造型仿古代青铜器，牛背负二圆筒，圆筒又与一书册相连，组成书册笔筒式，设计新颖。造型古朴典雅，胎壁厚重，牛身勾云纹的装饰錾刻精湛。以深绿色珐琅为地，是乾隆时期内廷錾胎珐琅的一个特点。珐琅色彩纯正浑厚，镀金光亮，为乾隆时期内廷錾胎珐琅的代表作。

錾胎珐琅蟠螭纹碗
清中期
高5.5厘米
口径12.9厘米
现藏故宫博物院

广东是清代中国最大的錾胎珐琅生产基地。广东充分利用其对外贸易口岸的特殊地理位置和岭南最大的工艺美术品制作基地的人文优势，吸收借鉴欧洲錾胎珐琅制作工艺，逐渐形成錾工精熟、色彩淡雅的风格，在清代錾胎珐琅制造中独树一帜，其生产数量和产品质量均居首位。据记载，清乾隆年间，广东曾经烧制一大批錾胎珐琅器，装饰在圆明园内的许多建筑景观中，1860年英法联军的野蛮一炬，使我们今天无缘目睹广州匠师们的精彩杰作。现在故宫博物院收藏的广东錾胎珐琅传世品，以小件器物居多，从中仍然依稀可见往日的辉煌。

广东的錾胎珐琅器，受欧洲珐琅制作工艺的影响颇深，釉料浅淡典雅，釉质细腻洁净，与内廷制作的风格不同，具有明显的广东地方特色。雕錾技法精熟，起线粗细均匀，如行云流水般酣畅自然。图案题材广泛，夔龙、夔凤、拐子、回纹、万字不到头、如意云头、兽面纹等是传统的为满足宫廷需要的内容；而盛行的西蕃莲纹，显然是受西方装饰风格的影响。

广东的錾胎珐琅器，还有一个特点，就是在一件作品中，除运用雕錾起线技法外，还使用掐丝起线等其他技法。一般以一种技法为主，其他技法兼用。此类金属胎珐琅器，称之为“复合珐琅器”，盛行于清乾隆时期。

锤锞起线珐琅太平有象尊

清乾隆

长100厘米

宽55厘米

高170厘米

现藏故宫博物院

5. 绘画趣味的画珐琅

清康熙二十二年（1683年），清军收复台湾，设置台湾府，确保了东南沿海的安定。次年，康熙皇帝颁布废除海禁令。此后，清政府与英、法、德、荷、西等西方国家正常的文化交流和贸易往来逐渐开展起来。中国的丝绸制品、陶瓷、茶叶、生丝等输往西方，而西方各国生产制造的金属器、科学仪器、钟表、玻璃器等“洋品玩珍”也源源不断涌入中国。画珐琅工艺就是在这个时期传入我国的，并很快植根于中华民族艺术沃土中，逐步兴起和发展起来。

画珐琅仙人骑狮图梅瓶

清康熙

高21.8厘米 口径3.5厘米 足径7.9厘米

现藏故宫博物院

画珐琅团花牡丹纹菱花盘

清康熙

高2.3厘米

径16.3厘米

现藏故宫博物院

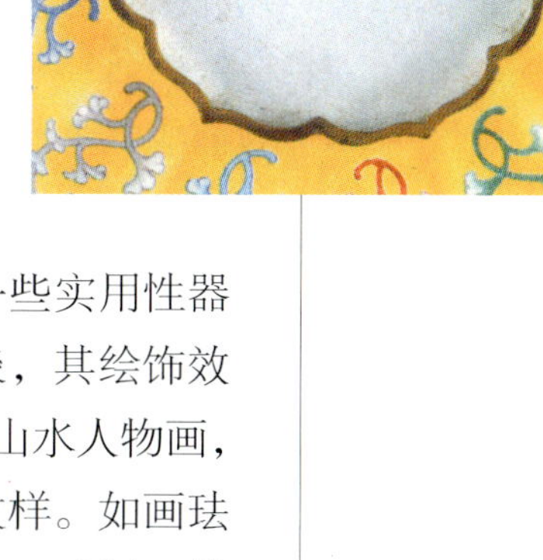

画珐琅器，亦称“洋瓷”，15世纪初发明于欧洲。其工艺是先在胎胚上烧一层不透明的珐琅作底层，而后再以珐琅绘画，入窑烧制而成。画珐琅器的画面内容题材十分广泛，有山水人物、虫草花鸟等，极富绘画趣味，因此也可称之为“珐琅画”。

康熙五十年（1711年）以前，是中国画珐琅器生产的初创阶段，工艺尚未成熟，胎体厚重，器物造型简练，器形品种单一，多为一些实用性器具；珐琅施用浓重，表面不够平滑，色彩暗淡，其绘饰效果似早期粉彩瓷器；图案内容题材简单，多为山水人物画，用笔飘逸洒脱，不尽工致，少见装饰性图案纹样。如画珐琅仙人骑狮图梅瓶，图绘一仙人骑狮手捧仙桃，云间一仙人驾蝙蝠飞临，寓意“天赐福寿”，用笔洒脱。珐琅釉料浓厚，表面不平，色彩灰暗，无光泽，为现存画珐琅器中最早的一件，可见早期画珐琅工艺的特点。

画珐琅牡丹纹海棠花篮

清康熙

高13.6厘米

径18.7厘米

现藏故宫博物院

康熙五十年以后，画珐琅工艺步入成熟和发展期。当时许多广东和欧洲的画珐琅工匠进入宫廷，参与制作，对画珐琅器的生产起到了重要的指导和促进作用。如清宫档案记载，康熙五十五年（1716年）广东巡抚杨琳推荐，广东人潘淳、杨士章，并有西洋人三名，珐琅匠二名，徒弟二名，进内务府造办处珐琅作。康熙五十八年（1719年）法国工匠陈忠信进入内廷，与宫廷工匠一起为清宫烧制画珐琅。

康熙晚期的画珐琅器具有薄、平、光、艳、雅等特点。胎体薄，成型规整，珐琅质地细腻温润，气泡基本消失，表面平滑，色彩鲜艳明快。珐琅釉料的颜色品种由早期的五六种增加到12种之多。作品的地色除白色外，更为盛行的是黄色。如画珐琅团花牡丹纹菱花盘，其制法是：先在金属胎上涂施一层白色珐琅，经烧结磨光后，用红、粉、浅绿、紫、蓝、浅蓝、白、雪青、赭、黄等色珐琅，绘饰勾莲、并蒂莲，以及灵芝仙草纹，盘心施浅蓝地，外沿施黄色地，再经烧制而成。表面平滑光洁，虽然是两层地，但仍比早期薄，可见制作工艺的进步与提高。清代画珐琅器的生产，基本上是沿着这一路子发展。

雍正朝历经仅十余年，但在中国画珐琅工艺的发展史上却留下浓重的一笔。风格独特的珐琅色彩处理方法和不断涌现的新颖的器物造型，均有别于其他各个时代。特别是雍正六年（1728年）试制成功新的珐琅颜色达二十余种，极大丰富了珐琅颜色品种，为乾隆时期金属珐琅工艺的全面发展奠定了基础。据清宫档案记载的珐琅料颜色有月白色、白色、黄色、绿色、深亮绿色、浅蓝色、松黄色、浅

画珐琅花卉纹寿字滷壶

清雍正

高13厘米

口径3.1厘米

足径4.1厘米

现藏故宫博物院

亮绿色、黑色、软白色、香色、淡松黄色、藕荷色、浅绿色、酱色、深葡萄色、青铜器色、松黄色等。

这时期的画珐琅工艺，在珐琅的色彩处理上有一定的突破，除继承康熙时期以黄或白色为底色外，更盛行用黑色珐琅作器物的底色来衬托图案纹饰。如画珐琅花卉纹寿字滷壶，以黑色珐琅为地，腹部饰大团花，花中心饰以寿字，花间饰有十只蝙蝠，象征福寿。色彩对比强烈，代表了雍正画珐琅的特点。

雍正年间制造的画珐琅器实物遗存不甚丰富，但作品的造型却风格各异，有别于其他时代。如这一时期创制的天球瓶式冠架、佛教供器中八宝之一的法轮，以及滷壶、六颈瓶、渣斗和一些仿动植物造型器如桃式洗等。在图案

画珐琅八宝莲花纹法轮

清雍正

高22厘米

轮径12.3厘米

现藏故宫博物院

装饰设计上，还出现如百花、绣球花等新的装饰花纹。画珐琅八宝莲花纹法轮，是宫廷中佛堂供器，镂空辐面绘轮、螺、伞、盖、花、瓶、鱼、结八宝莲花纹，底座饰莲纹，器形、纹饰均为前代所不见，工艺精致，色彩丰富，代表了雍正时期画珐琅工艺的水平。

在康熙、雍正两朝大力发展的基础上，乾隆时期的画珐琅器生产规模更为庞大，进入了画珐琅工艺的全面发展时期。这一时期的画珐琅器生产不惜工本，制作精工细琢，实物遗存丰富多彩，用途广泛，大到家具、塔龛，小至轴头、烟壶，从祭祀所用五供，陈设用尊、瓶，到日常生活中用的罐、盆、手炉等，涉及宫内生活各个领域。作品风格各异，归纳起来，大致有以下几种类型：

仿古器，即刻意追仿康熙、雍正两朝画珐琅的风格特点，有些作品甚至乱真。

仿西洋器，以欧洲画珐琅器造型或西洋妇婴图、风景

画珐琅西洋少女图耳盏

清乾隆

通高15.8厘米

杯径4.5厘米

盘径14厘米

现藏故宫博物院

画珐琅菊花纹执壶

清乾隆

通高9.6厘米

口径6厘米

足径6厘米

现藏故宫博物院

画珐琅葫芦式瓶

清乾隆

高16.6厘米

口径2厘米

足径6厘米

现藏故宫博物院

画题材为样款。如画珐琅西洋少女图耳盏，盏外壁、盘内底均绘西洋风景及少女图。全器无论是色彩还是纹饰，均为典型的欧洲装饰风格，反映了乾隆时期西洋文化逐渐进入中国，并为皇室所接受。

仿青铜器、瓷器、镶嵌等其他工艺的画珐琅器。属于这一类型的作品，在乾隆时期制作的画珐琅遗存中也有较多的发现，并且不乏许多成功之作。

仿动物、植物等“仿生”画珐琅器。如画珐琅葫芦式瓶，作十六瓣瓜棱葫芦形，以米黄色珐琅并点红点为地，模仿成熟的葫芦皮色，绘葫芦纹，下节腹部有两个似葫芦皮自然纹饰开光，内画花蝶纹。造型和色彩的运用生动活泼。

乾隆朝时期画珐琅器的制造，主要集中在清宫内务府造办处珐琅作和广州两地，形成“宫廷样式”和“广州样式”两种风格。

宫廷样式是清宫内务府造办处珐琅作生产

的，在皇室的直接参与和控制下进行。如怡亲王允祥，雍正时期内务府总管海望等，都直接参与画珐琅的设计以及监督烧制工作等，皇帝还亲自过目。因此，带有浓厚的皇家生活气息。器物造型沉稳规范，胎体较厚重。珐琅质地细腻洁净，表面温润，颜色纯正。图案设计一丝不苟，画面布局工整严谨，图案内容题材有许多是由皇帝钦定，或是以皇家如意馆画稿为蓝本，画工精致。如画珐琅菊花纹提梁壶，制作规整，花绘描绘精细，颜色准确，是“宫廷样式”的典型之作。

广州自古就是中西方重要的交通枢纽和贸易口岸。明代嘉靖年间广州著名的“十三洋行”就是专门从事中西方贸易的机构。清康熙二十三年（1684年）以后，随着海禁的废除，广州又重新成为当时最重要的贸易口岸。广州也是清代岭南地区最大的工艺品制造中心，金属器、玻璃器、木器、丝织品等，当时都是声名显赫。

正是因为广州特殊的地理位置和得天独厚的条件，外来文化的影响显得尤其突出。因此，广州样式画珐琅器，更多半借鉴欧洲画珐琅器的制作风格，构图多用欧式大卷叶纹，或是以西洋风景人物画为题材绘饰图案。胎体制造较薄，器物造型不拘一格，新颖别致。珐琅色彩艳丽明快，对比强烈。形成与北京内廷风格不同的“广州样式”画珐琅器。如画珐琅海棠花式瓶，通体錾刻具有法国洛可可风格的花纹图案，瓶腹开光内绘西洋风景图，显然是受到欧洲画珐琅及油画的影响，为“广州样式”画珐琅典型风格。

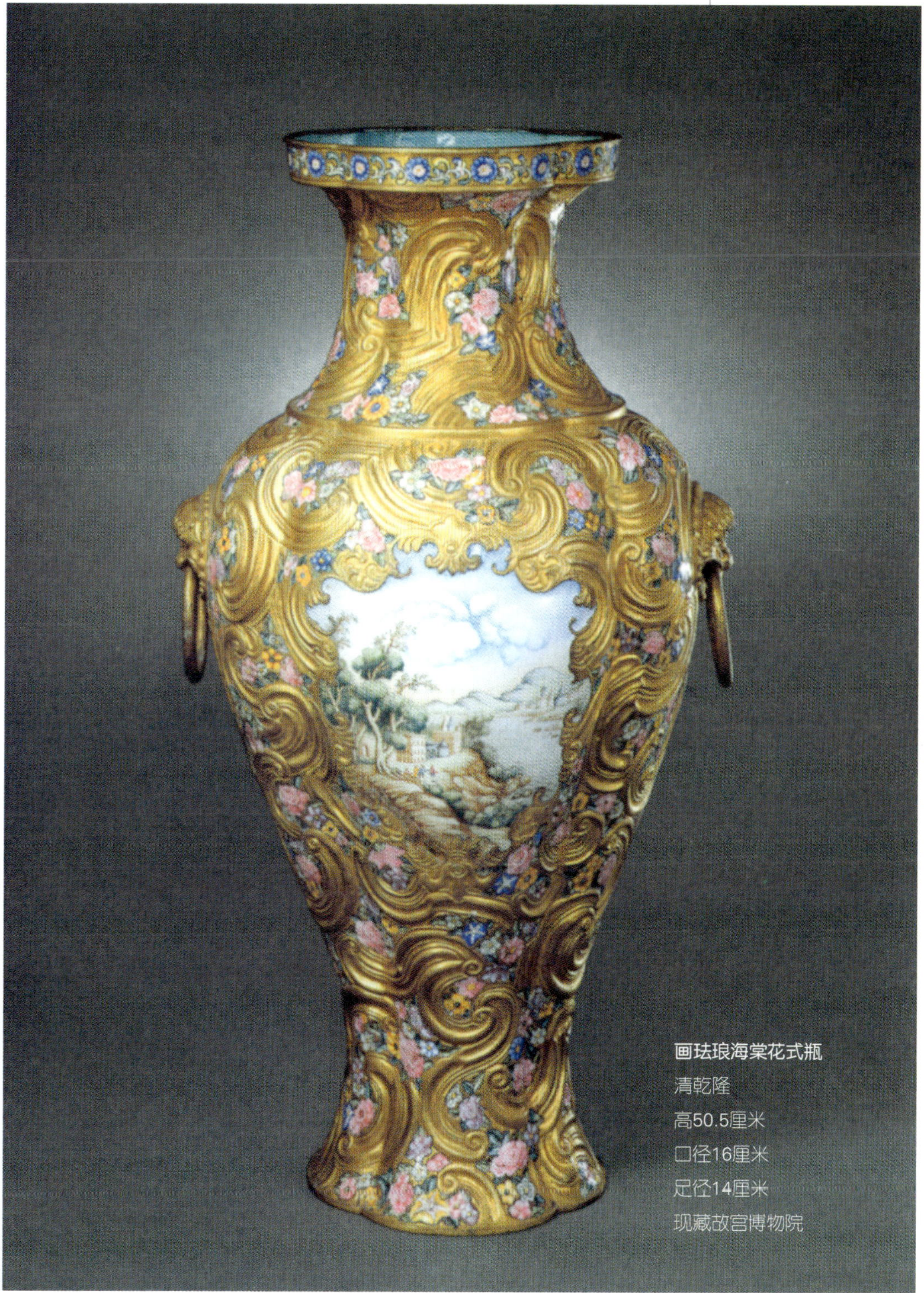

画珐琅海棠花式瓶

清乾隆

高50.5厘米

口径16厘米

足径14厘米

现藏故宫博物院

6.独家生产的透明珐琅器

透明珐琅器，主要是利用具有透明或半透明性特点的珐琅，罩在成形的金属器胎上，再经焙烧而成。此种工艺是13世纪末由意大利人最先发明，14世纪法国已经出现了多彩的透明珐琅器。依其在透明珐琅熔点高低的不同，可以分为“高温熔融硬透明珐琅器”和“低温熔融软透明珐琅器”两种工艺类型。透明珐琅器制作工艺，大约是在清代康熙晚期从欧洲经广州传入中国，而大量生产主要在清乾隆时期。

低温熔融软透明珐琅器，亦称“烧蓝”。制作方法是：按照图案的设计要求，以金属錾刻或锤鍱技法，对金属胎进行先期加工，制作出浅浮雕花纹，然后在其表面涂施具透明性的珐琅，经过入炉焙烧而成。由于锤錾的花纹深浅凹凸不平，因此，器物的表面花纹呈现出因深浅不同而引起的一种若隐若现、明暗对比的视觉效果。

目前所见中国最早的低温熔融软透明珐琅器实物，是清雍正年间广州制造的银烧蓝五蝠捧寿八方盒。此器以锤鍱起线出海水江崖、五蝠捧寿及勾莲纹，内填低温软透明珐琅釉。是我们了解我国早期透明珐琅器制造情况的重要

银烧蓝五蝠捧寿八方盒

清雍正

长26.5厘米

宽18.5厘米

高16.3厘米

现藏故宫博物院

广珐琅贴金八宝纹攒盒

清中期

高16厘米

直径35.5厘米

现藏故宫博物院

资料。

由于低温熔融软透明珐琅器的制作工艺相对简单和容易，因此，除广州和清宫内务府造办处珐琅作外，当时内务府所属广储司下辖的“银作”也烧制许多“银发蓝”类器物。此外，清晚期及民国时期，有些民间作坊烧制的烧蓝首饰物件充斥市场。

我国的高温熔融硬透明珐琅器是在清乾隆年间制造的。广州是当时最大的透明珐琅器生产中心，其中尤以高温熔融硬透明珐琅器最为著名，也是唯一掌握并且能够制作这一工艺制品的地方。因此又称为“广珐琅”器。

“广珐琅”器，胎体轻薄，制作方法复杂，工艺难度大。一般在锤錾起线花纹的同时，还需再贴饰金片花纹或银片花纹。在珐琅色彩装饰上，除使用单色的透明珐琅外，有些作品还需涂施多彩的透明珐琅。主要的颜色品种有宝蓝色、绿色、紫色等。从而形成“广珐琅”器物表面色彩斑斓，绚丽夺目的效果。如广珐琅贴金八宝纹攒盒，外面施蓝色珐琅地，贴镂银折枝花卉纹，上罩透明珐琅，再贴镂金八宝纹。盖面有圆形开光，中心饰团花纹，外环以如意

云头纹。此盒料上料下金、银花卉相互辉映，富丽典雅，别具一格。又如广珐琅贴金锦袱纹瓶，通体绘深蓝色缠枝番莲纹，口沿、足部等处描金花叶纹，肩、腹部饰彩花锦袱纹，上绘描金锦地装饰，最后罩透明珐琅。色彩明快，蓝、绿、金色对比强烈，具有很强的装饰性。

因为“广珐琅”器的烧制，在工艺制作水平和制作的材料方面均要求很高，到乾隆以后就基本上停止生产，遗存下来的产品非常少，主要有面盆、攒盒、五供、瓶及一些钟表上的嵌片等。

广珐琅贴金锦袱纹瓶

清

高22.8厘米

口径7厘米

足径5.9厘米

现藏故宫博物院

第四讲 晶莹剔透玻璃器

主讲 冯乃恩

中国古代玻璃最早称为“璆琳”，后来又有“琉璃”、“药玉”、“烧料”等多种名称。它是在青铜冶炼中偶然产生的，而且在很长一段时间内一直是玉器的代用品。魏晋南北朝时玻璃逐渐成为一门独立的工艺，唐宋以后获得大发展，至清代达到高峰。中国古代玻璃成分最早主要是铅钡玻璃，后来逐步吸收西方科学的玻璃配方以及先进的成型工艺，并与中国传统工艺相结合，生产出具有中国特色的玻璃器。清代特别是乾隆时期，玻璃工艺进入了一个高度发达的极盛期，不仅产量大，工艺精，装饰美，而且形成了北京、博山、广州三个生产中心，使中国玻璃生产独步于世。

1.中国玻璃产自何时

玻璃是由矿物经冶炼成液体后，再经成型工艺而形成的独立物质。主要包括三种成分：基本原料、助熔剂和着色剂。基本原料是二氧化硅；助熔剂有氧化钠、氧化钾、氧化铅、氧化钡、氧化钙等，由它们区分不同类别的玻璃；着色剂是利用金属或非金属元素的不同显色性，如铜、铁屑、画碗石、赭石、锰等，决定成品玻璃的颜色。

中国古代玻璃的成分并不稳定，在不同时期有不同的种类，主要有：铅钡玻璃，即采用氧化铅和氧化钡为助熔剂的玻璃，这是中国最早的玻璃品种，流行于西周至汉代。高铅玻璃（铅玻璃），助熔剂成分主要是氧化铅，流行于魏晋南北朝到唐宋时期。钠玻璃（碱玻璃），助熔剂成分主要是氧化钠，流行于魏晋南北朝到唐代。钾玻璃，助熔剂成分为氧化钾，是中国自产的一种玻璃，最早出现于汉代，

料珠
战国
径5.9厘米
1980年河南洛阳收购
现藏河南省文物商店

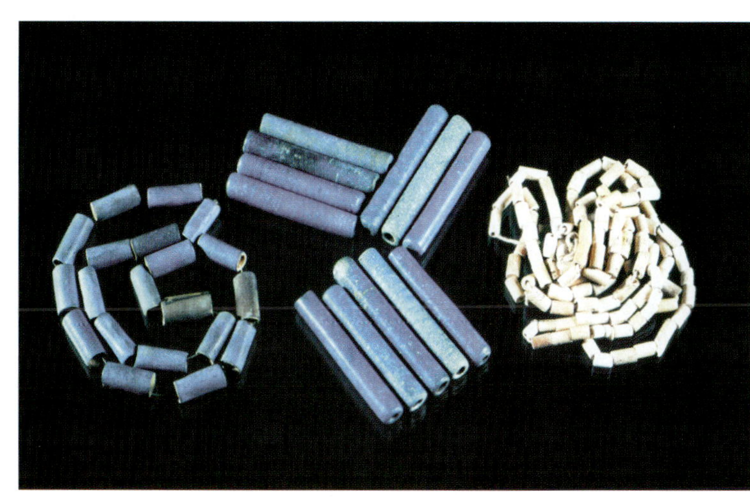

玻璃管饰

战国

长0.5~9厘米

1979年吉林桦甸横道河子墓葬出土

现藏吉林省博物馆

宋代较多，至清代仍有，而且多在南方地区，如云南、广西等地生产，称为“南海玻璃”。钠钙玻璃，助熔剂成分为氧化钠和氧化钙，一般认为中国不生产，都是西方舶来品，但也不排除在中国发现的钠钙玻璃有一部分是自造的。早至春秋战国晚至清代，都有零星发现，唐宋以后对外交往增多，钠钙玻璃也就更多地出现在这个时期。

商周时期是中国青铜冶炼业最为发达兴盛的时期。青铜是一种铜锡合金，主要原料是孔雀石、锡、碳等，冶炼温度为1080℃，这一烧成温度与低温玻璃的烧造温度很接近。青铜原料中含有硅化合物，在排渣过程中会出现硅化合物结晶现象，这种现象不断地反复出现，必然引起冶炼者的注意。另外，铜元素的呈色作用又会使这种结晶物呈现蓝色，具有一定的美观性。那么，这些东西就有可能被注意者收集起来，稍加加工作为装饰品利用起来，这或许就是最早的玻璃制品。

目前发现最早的玻璃器是西周时期的，而且已经达到了一定的数量规模，仅陕西宝鸡茹家庄弶伯墓就出土了千余件玻璃管、珠，其他像陕西扶风、岐山、津西、张家坡，河南洛阳中州路、庞家沟，山东曲阜等地，均有不同数量的玻璃管、珠出土。西周的玻璃器生产还处于非常原始、

玻璃珠

战国楚

1986–1989年湖北江陵九店楚墓出土

现藏湖北省博物馆

落后的状态下，器形种类只有珠、管两种装饰品，规整度较差，质地疏松，而且很少有主动加以纹饰的。

随着玻璃器生产的发展，玻璃生产逐渐从冶炼金属业中分化出来，进入战国以后形成了较为独立的专门手工业。因此，技术得以提高，种类也开始增多。但是，与西周相比，并没有质的飞跃，这主要体现在玻璃成分没有大的改变，基本上还是铅钡系统的低温玻璃，含铅量和含钡量偏高，“色甚光鲜，而质则轻脆”。如吉林桦甸横道河子战国墓葬出土的玻璃管饰，就是以石英为主要原料，掺杂有铜、铅矿物质的原始玻璃器。

春秋战国至两汉是玻璃器的仿玉时代，实际上西周的

玻璃剑饰

战国

长10.1厘米

1955年湖南长沙战国楚墓出土

现藏湖南省博物馆

黄琉璃琮
新莽
高2.3厘米
口径6.3厘米
现藏中国国家博物馆

玻璃管珠也是仿玉的性质，除单纯的玻璃珠串外，大部分都是玻璃管珠与玛瑙、绿松石、蚌、石、玉等共同组串成项链等装饰品。而战国至两汉则更进一步地加强了这种仿玉倾向，在更大的范围内实施玻璃的仿玉功能，几乎达到无物不仿的程度。玻璃器的纹饰也同样体现了仿玉特点。比如谷纹、蒲纹、柿蒂纹、云纹、蟠螭纹、兽面纹等都是这个时期玉器上广泛使用的纹饰，而玻璃器也在相应的仿玉器上移植使用。如柿蒂纹用于剑首，取其“木中根固，柿为最”的坚固之意；而谷纹、蒲纹则结合用于玻璃璧和璜上，螭虎纹用于剑饰等。究其原因，一是早期的玻璃质地与玉外观类似；二是美玉难得；三是在某些器物的使用上玉有严格的等级限定，不得僭越；四是玻璃相对比较容易制作。

战国的玻璃珠除圆球形、扁圆形外，出现了六边鼓形、八棱形等多种形状，并且以蜻蜓眼玻璃珠为典型代表。所谓蜻蜓眼，因玻璃珠上的装饰类似蜻蜓眼而得名。它一般是在珠体表面饰以数个白色、深蓝色等颜色组

弦纹圜底玻璃杯
东汉
口径9.2厘米
1990年广西合浦风门岭东汉墓出土
现藏广西壮族自治区博物馆

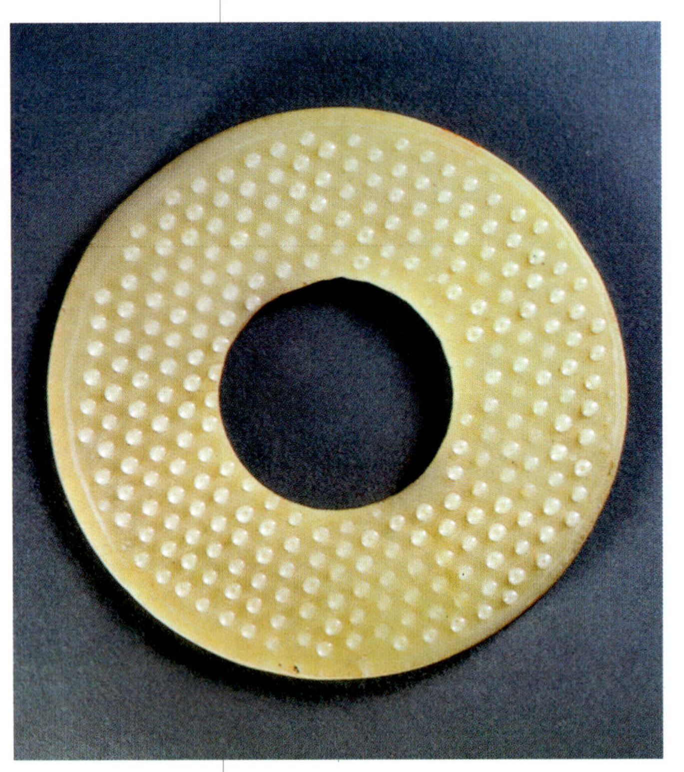

谷粒纹琉璃璧

战国楚

1975年湖南长沙杨家山18号墓出土

现藏湖南省博物馆

成的类同心套环，套环中心略高于四周，呈凸起状，有的还在各个套环之间用小连珠串似虚线般交叉分隔开来。蜻蜓眼玻璃珠在西汉中期以后被单色玻璃珠取代而消失了。

装饰在剑和剑鞘上的玉称为玉剑饰，在春秋时期已出现。仿玉剑饰形制的玻璃剑饰约出现于战国中期，并流行于战国晚期到西汉初年。

玻璃装饰品主要有璧、璜、琮、耳珰、带钩、衣片等。

除此之外，汉代还出现了一些较为独立的玻璃品种，这就是玻璃容器的创制，是中国玻璃发展史上的一大突破。在西汉以前从来没有出现过可以盛装物品的玻璃容器，从此以后，玻璃陈设品和生活用具逐渐占据了玻璃器形的主流，引发了玻璃制造业的大发展。

汉代的玻璃容器品种较少，只有碗、盘、耳杯、杯等，而且数量很少。1968 年河北满城西汉中山靖王刘胜墓出土了玻璃盘、玻璃耳杯；广西合浦风门岭东汉墓出土了一件弦纹圆底玻璃杯。这几件器物器形规矩，色泽匀净，但是杂质较多，是汉代玻璃容器的代表。

2.中外玻璃孰优孰劣

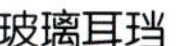
玻璃耳珰
东汉
高2.4厘米
径1.2厘米
广西昭平东汉墓山土
现藏故宫博物院

在有关玻璃的史料记载中，可以见到关于中国自产玻璃与外来玻璃的比较，如清代孙庭铨《琉璃志》说：“然中国所铸，有与西域异者：铸之中国，色甚光鲜，而质则轻脆，沃以热酒，随手破裂。其来自海舶者，制差钝朴，而色亦微暗，其可异者，虽百沸汤注之，与磁银无异，了不复动。”中国古代自产玻璃与外来玻璃具有不同的特性，这是由于自产玻璃与外来玻璃属不同体系，生产玻璃的配方不同。

外来玻璃一般都是钠钙玻璃，其助熔剂成分为氧化钠和氧化钙。而从西周到汉代中国自产玻璃绝大多数都是以氧化铅和氧化钡为助熔剂的铅钡玻璃，而且含量高。例如广西昭平东汉墓出土的两件蓝色玻璃耳珰，经能谱化学成分分析，含氧化铅22.28%，氧化钡8.28%；湖南衡阳战国玻璃璧氧化铅含量为44.71%，氧化钡含量为10.1%。这种配方造成了中国自产玻璃与外来玻璃物理特性的强烈反差。

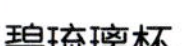
碧琉璃杯
东汉
高3.4厘米
口径5.9厘米
1955年广西贵县出土
现藏中国国家博物馆

从西周到汉代，中国玻璃是以铅钡玻璃为主，辅之以少量的钠钙玻璃、钾硅玻璃等。在器物上，则以自产为主，少量为外国或西域等地的舶来品。这个特点贯穿了中国玻璃生产从起源到高峰的整个发展时期。

那么，自成体系的铅钡玻璃系统是不是在这个时期就是唯一恒定不变的呢？答案是否定的。第一，铅钡玻璃配方的含量比例是不断变化的，基本上是氧化钡含量随着时间的推移而逐渐减少，到汉代以后就消失不见。因此，含有氧化钡成分是西周到汉代中国玻璃器最突出的特征。第二，在铅钡玻璃系统占绝对统治地位的前提下，还有部分其他品种同时存在，如钠钙玻璃、钾玻璃、钾硅玻璃等等，尤其是东汉时期南海玻璃在广西、云南等地的崛起，导致了岭南地区钾玻璃在宋代以后的流行。至于战国时期部分地区出土的钠钙玻璃，由于没有足够的证据，因此不能肯定是自产还是外来。但是鉴于中国玻璃配方长期的不稳定性，因此，不排除少数钠钙玻璃为中国工匠自产，大部分或是舶来品，或是中国工匠利用外来技术制造，或是外来工匠在中国制造。《汉书·地理志》中有汉武帝时使人入海市玻璃的记载，《三国志·魏书·东夷传》裴松之注也说，大秦出产“赤、白、黑、绿、黄、青、绀、缥、红、紫十种琉璃”，对之盛加赞誉。《北史·大月氏传》中已有记载：“魏太武时，月氏人商贩京师，自云能铸石为五色琉璃。于是采矿石于山中，即京师铸之。”1987年洛阳东汉墓出土的玻璃瓶，在深褐、橘黄、绀青、暗紫的不规则地色中缠绕乳白色线纹，又由于表面有风化层，浮现出闪烁的金黄色光泽，斑驳绚烂，非常美观。这是一件典型的罗马搅花玻璃器，吹制成型。广西贵县出土的东汉时期的碧琉璃杯，色呈淡绿色，表面经风化变乌，腰部有三道凸起弦纹装饰。经分析，此杯属钠钙玻璃，与罗马玻璃成分相符，被认为是东汉时期由罗马传入我国的。

玻璃瓶

东汉

高13.6厘米

腹径7.2厘米

1987年河南洛阳东汉墓出土

现藏洛阳市文物工作队

3. 吹制法：先进的成型工艺

经过前期漫长的工艺准备，从魏晋南北朝开始，中国玻璃工艺逐渐进入了发展的成熟期。这个时期，西方的玻璃器大量输入中国，先进的制造工艺特别是成型工艺——吹制法的传入，使中国的玻璃制造业发生了革命性变化。这种变化最显著的特点就是，玻璃器的产量和使用范围扩大，从过去的零星制造和玉器的代用品，到成为独立的工艺品类，从单纯的管、珠、片等装饰性物，到实用性成为主流。在产品上，是自产与舶来品融合，既有保持传统的自产品，也有充满异域特色的舶来品，还有将二者的融会结合的产品。这个时期的作品，除有贴花装饰外，一般没有纹饰，注重器物造型上的艺术性，以动、植物特征为形，具有小巧别致的特点。

玻璃器的造型与成型工艺有着密不可分的关系，在汉代以前的千余年中，玻璃器的造型以玻璃珠管、玻璃剑饰、玻璃嵌片等器形为主，间或出现容器类玻璃器也大多数壁厚而形制简单，因此，成型工艺以范铸法为主，辅以戛悠

鸭形玻璃器
十六国
长20.5厘米
腹径5.2厘米
1965年辽宁北票西官营子冯素弗墓出土
现藏辽宁省博物馆

网纹玻璃杯
北魏
高6.7厘米
口径10.3厘米
1948年河北景县封氏墓出土
现藏中国国家博物馆

法、缠泻法等方法。进入魏晋南北朝以后，由于外国玻璃（包括罗马玻璃、萨珊玻璃）大量输入中国，一些先进的玻璃制造技术包括吹制法也随之传入，带动了中国玻璃制造业的革命性变化。

相继在北京、江苏、河北、宁夏等地发现了与中国传统玻璃器以及中国传统造型、装饰艺术迥然有异的一批玻璃器。这些器物分属罗马玻璃、萨珊玻璃等系统，不仅成分为钠钙玻璃、钠铅玻璃，而且造型别具特点。以辽宁北票十六国时期冯素弗墓出土的5件玻璃器为代表，例如冯素弗墓出土的鸭形玻璃器，体似鸭形，流如鸭嘴状，长颈鼓腹，拖一细长尾。背上以玻璃条粘出一对雏鸭式的三角形翅膀，腹下两侧各粘一段波状的折线纹，象征双足，腹底贴一平整的饼状

玻璃碗
北周
高8厘米
1983年宁夏固原北周李贤墓出土
现藏宁夏回族自治区博物馆

玻璃钵
北魏
高7.9厘米
口径13.4厘米
壁厚0.2～0.5厘米
1964年河北定县华塔塔基出土
现藏河北省文物研究所

圆玻璃，造型别致，其复杂的造型显然是以吹制法成型。河北景县封氏墓出土的网纹玻璃杯，杯壁很薄，只有0.2厘米，外壁光滑，近底处有凸起的菱形网状纹，经检测为钠钙玻璃，采用吹制法成型，应是罗马传入。宁夏固原北周李贤墓所出土的玻璃碗，通体碧绿色，直口、圜底、矮圈足，外壁饰四周突起的圆圈，上八下六，呈错位方式排列，底部则为突起的凹球面，充满西亚风格，是伊朗高原萨珊王朝的典型产品。

在这些舶来品的影响下，魏晋南北朝的玻璃器产生了巨大的变化。首先是玻璃成分的改变，国外大量的钠钙玻璃传入，并没有使中国玻璃采纳其配方，也没有延续前代的铅钡玻璃系统，而是在传统的基础上产生了新的玻璃配方，即不含钡的铅玻璃和碱玻璃。这种改变不是一蹴而就的，大约经过了三国、西晋、东晋的过渡，到了魏晋南北朝中晚期的时候才逐渐完成，并延续到后来的隋唐和宋代。其次是玻璃成型工艺的改变，即由范铸法向吹制成型转变。大约在北魏时期吹制法已应用于中国自产玻璃，例如1964年出土于河北定县华塔塔基的玻璃瓶，就是中国早期吹制玻璃器的代表作品，造型属于中国传统风格，器壁较薄，仅0.1厘米，但瓶形朴拙，不规整，成型工艺尚显幼稚。玻璃体内气泡较多，但从中仍然可以看到中国传统玻璃制造技术的发展脉络。

吹制法产生以后，范铸法逐渐退居次要地位，吹制法成为玻璃器制作的主要成型工艺。早期的吹制法作品多瓶形，不规矩，气泡较多，厚度不均匀，唐宋以后吹制法比较成熟，至清代达至顶峰。因此，吹制法在中国的诞生，标志着中国古代玻璃器走出玉器代用品的卑微境地，成长为一门独立的、崭新的工艺品种。

文物百科

范铸法

又称模铸法，玻璃成型工艺，是借鉴青铜器的铸造技术而形成的。先用陶土或其他材料将需要的器形制成模具，然后将玻璃熔液灌注其中，经过冷却、剥模等程序，使玻璃成型。

吹制法

俗称“吹大泡”，玻璃成型工艺，是利用空气的流动性和压力性，借助特制的工具将玻璃熔液吹成空泡而成型。主要工具为吹筒和剪刀，吹筒有玻璃和铁制两种，用来蘸取玻璃熔液并向熔液吹气；剪刀是辅助工具，利用引、裁、拗、突、抑等多种复杂动作辅助器物成型。

玻璃瓶

北魏

高4.3厘米

腹径4.9厘米

壁厚0.1厘米

1964年河北定县华塔塔基出土

现藏河北省文物研究所

4.中西融合铸新风

自西汉张骞通使西域以来，中国官方与民间同域外文化的交流逐步广泛起来，尤其是魏晋到唐宋时期，随着国力的强大、万国来朝局面的形成，工艺品的风格也带上了浓重的中外融汇的色彩。因此，从魏晋到明朝是中国玻璃器自产与外来开始融汇的阶段，既有完全自产的玻璃器，也有完全舶来的外国玻璃器，还有一部分是兼采二者的综合器物。

异域风格玻璃器主要来自于西亚和欧洲。其造型以瓶、壶为主，瓶口多为卷唇，形制小巧，瓶体外表面多有堆塑图案，采用二次贴塑的方法制成。类似装饰方法的器物有1987年出土于陕西省扶风法门寺地宫的贴花盘口玻璃瓶、冯素弗墓所出十六国时期的鸭形玻璃器等。法门寺地宫出土的四瓣花蓝琉璃盘，盘面刻满纹饰，以细密的平行线为地，主题纹饰以双线勾勒出的十字形框架，其四出部

四瓣花蓝玻璃盘

唐

高2.3厘米

口径20厘米

1987年陕西扶风法门寺地宫出土

现藏法门寺博物馆

高颈玻璃瓶

宋

高7.2厘米

口径1.3厘米

1967年河南密县北宋塔基出土

现藏河南密县文化馆

分与方框组成一个“默赫拉巴”纹样，其内刻出一朵无花果叶，中间方框内刻饰虚实相间的小斜方格，为伊斯兰风格玻璃器。河南密县北宋塔基出土的高颈玻璃瓶，瓶体为球形，没有肩部，颈部处理比较特殊，除口为卷唇外，还在颈部中间饰凸起的一周圆环状物，看起来就像一个短颈卷唇瓶口中又含着一个瓶颈一样，这是宋代玻璃器异域风格的体现。

这时期更多的还是具有浓厚中国传统特色的玻璃器物，例如唐宋两朝流行花草纹饰。法门寺地宫出土的描金波叶纹蓝玻璃盘，盘面纹饰构图均用花叶组成，由内到外

玻璃盘

唐

高3.4厘米

直径20厘米

1987年陕西扶风法门寺地宫出土

现藏法门寺博物馆

分作四重，花叶渐小，数量倍增，最内两重各为四瓣，再外依次为八瓣和十六瓣，边饰为一圈阴、阳相间的花叶，整个构图犹如一朵大团花，具有浓烈的大唐风格。

在玻璃器的造型上也有一些完全中国传统化的形象，这是建立在中国自产玻璃系统之上的纯粹传统性产物。例如，圭是中国古代，主要是夏商周三代时期的重要礼器，在玉器中多有表现，虽然战国的玻璃仿玉器物较多却没有发现圭，元代时在仿古玻璃器中出现了这种形制。元末张

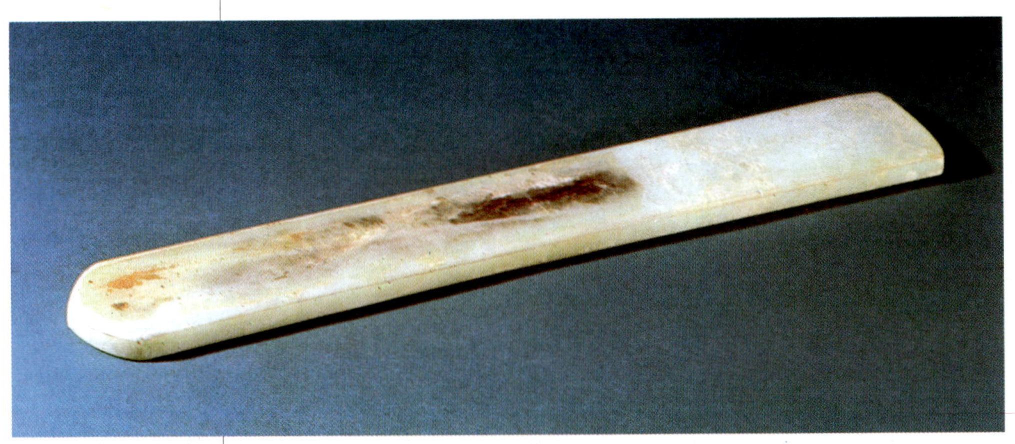

玻璃圭

元

长42.6厘米

宽6.5厘米

1964年江苏苏州南郊吴门桥张士诚母曹氏墓出土

现藏苏州市博物馆

莲花玻璃托盏
元
盏口径8.6厘米
高4.8厘米
托口径12.5厘米
高1厘米
甘肃省漳县元汪世显家族墓出土
现藏甘肃省博物馆

士诚之母曹氏墓中出土了一件玻璃圭。与此类似，带板也是中国传统的器物，以玉制为主，1978年江苏扬州梅花岭明代史可法衣冠冢中出土了一套玻璃带板。这表明中国古代的玻璃器一方面不拒绝国外的先进技术和异国特色的造型装饰，另一方面又坚持传统，继承和发展了前代的工艺造型和品种。

生活用品类玻璃器包括碗、杯、瓶、盘、钵、酒盅、罐等。其中有些与陈设品类器物交错使用，不能截然分开，有的既可以是陈设品，同时又具有实际生活用具的作用。例如甘肃漳县元汪世显家族墓出土的莲花玻璃托盏，盏口及腹呈七瓣莲花形，托平折沿，作八瓣莲花状，腹壁略向外撇。制作精美，色彩艳丽，既是实用器，也可作精美的陈设品。生活用品类玻璃器在中国古代玻璃器中占的比例很小，这

描金波叶纹蓝琉璃盘
唐
高2.2厘米
直径15.5厘米
1987年陕西扶风法门寺地宫出土
现藏法门寺博物馆

鸟形玻璃器
北宋
通高6厘米
1966年河南密县北宋塔基出土
现藏河南密县文化馆

玻璃瓶
北宋
高3.8-6.5厘米
口径1.2-1.9厘米
1966年河南密县北宋塔基出土
现藏河南密县文化馆

是由中国自产玻璃的特殊性质所决定的。中国自产玻璃质轻而脆，不耐寒热变化，不利于作为实际生活用具，这种现象直到清代以后才有所改观。另外，由于中国古代玻璃器生产数量较少，远不能像陶瓷器那样普及，甚至也不能像玉器那样走入寻常百姓家。

最早的实用性玻璃器出现于西汉，1954 年广州市文管会在配合基建工程中发现一座西汉木椁墓中有三个玻璃碗，其后类似用具开始增多，尤其是唐宋时期，用玻璃器作酒具、食具等在贵族阶层很受欢迎，同时也具有较为广泛的普及性。究其原因不外乎三点，一是工艺技术的提高，出现了属于玻璃器的一些实用器形；二是经济的发展，手工业的进步，各地之间、各国之间经济文化交流频繁，西方玻璃品种大量进入中国，而他们的作品大多以实用性为主；三是唐宋以来世俗化倾向至为流行，反映在工艺作品上也是摒弃前代礼制化、格式化的风格，而向大众风格转化，因此，在客观上带动了玻璃器实用化的转变和发展。这三点的共同作用，使得玻璃器在这个时期逐渐地增强实用性，并在该期的中

后段确立了主流地位。

陈设品玻璃器主要包括鼎、瓶、葫芦、花盆、雕像、尊、觚等。陈设品类玻璃器出现的时间要晚于生活用具类，出现在南北朝时期，在唐宋以后获得飞速发展，宋代就出现了许多前所未有的创新形制，例如1966年秋在河南密县北宋塔基出土了50余件玻璃器，其中有壶形鼎、瓶、椭圆形卵形器、宝莲形器等，制作相当精致。尤其是其中的一件鸟形玻璃器更是精妙无比。鸟颈细长，鸟头如鸡，勾喙，腹为球形，内中空，腹部中间饰凸弦纹一周，在腹部两侧由凸弦上生出双翅，翅为棒状，向上弯曲至鸟首与腹交接处，每翅上均挂一大圆环，尾短小，通体绿色，奇特的造形在我国出土物中前所未见。

玻璃壶形鼎

北宋

通高8.8厘米

口径3.1厘米

1966年河南密县北宋塔基出土

现藏河南密县文化馆

这时期的玻璃器，除了贴花之外，少见系统性的纹饰图案，以小巧别致的造型风格为特点。主要有：写生动物类，多重写意轻写实，这除了中国造型艺术的传统观念外，可能也与当时玻璃工艺水平远没有达到随心所欲的境界有关系；写生植物类，如宋代大量出现的玻璃葫芦瓶，造型可作为宋代玻璃器的标准器，可作为断代的一个重要依据，河南密县北宋塔基出土的一组玻璃器，有的直接为葫芦形，有的则由葫芦形经过变化而成；传统形，如玻璃珠，不仅有圆形、椭圆形，还有六棱形、八棱形、瓜棱形和梅花形、瓜子形等；还有侈口长颈溜肩瓶、圭、带板、鼎等。

5.清初单色玻璃突出

黄玻璃菊瓣式渣斗
清雍正
高9.9厘米
口径9.7厘米
现藏故宫博物院

清朝入关以后，主要精力放在巩固统治地位发展经济生产上面，尚无力顾及工艺美术的发展。直到康熙初年，在经济恢复的基础上，玻璃等工艺美术才真正开始发展起来。因此，清早期玻璃艺术主要是指康熙、雍正两朝。

康熙三十五年（1696年），清宫设立养心殿造办处玻璃厂，招进掌握玻璃技术的外国传教士，参与玻璃厂的制作，使得清朝的玻璃制作出现了崭新的变化，最突出的就是套料和单色玻璃的高度发达。这个时期的套料作品主要是“白受彩”，即用涅白玻璃作地来套饰其他颜色，而且套饰层数较少，基本上都是套单彩，“彩受彩”和多彩套在此时还不多见。

单色玻璃颜色的丰富和纯净，也是康熙朝的一大成就。这时的颜色有白、红、蓝、黑、绿等多种主色调，另外还有丰富的中间色调，例如白色就有砗磲白、珍珠白、凝脂白、霁雪白、藕粉白等不同程度的色调。清代文人对此的评价是“白如冰晶，红如火齐”、“浑朴简古，光照艳烂如异宝”等。

玻璃水丞
清康熙
通高7厘米 口径2.8厘米
现藏故宫博物院

在玻璃器造型上，康熙朝也有大的突破，兼采玉、瓷器的精华，创造出全新的玻璃形制，如水丞、笔筒、鱼缸等。水丞又称砚滴、水滴等，为滴水于砚的器具，早期多以铜、瓷、玉制。北京故宫收藏的“康熙御制”年款的透明玻璃水丞，器物无色透明，质地纯净，分盖和器身两部分，腹部下垂，平底。加工时先将熔融的玻璃料吹成扁圆状，再用琢磨玉器的方法进行加工。这种透明玻璃因仿水晶效果，也称“水晶玻璃”。康熙时玻璃器传世罕见，此器为故宫博物院的孤品，可见清早期玻璃工艺之一斑。

雍正朝的玻璃器生产基本上延续康熙朝的技术，没有大的创新，但在单色玻璃上较前朝有了很大的进步。颜色更加丰富，纯度更高。单就颜色来看，雍正时期有葡萄色、红色、金珀色、涅黄、涅白、黄、翡翠绿、玛瑙红、琥珀蜜黄、雄黄、亮蓝、蓝、霁蓝、亮紫等。

造型上也较前朝更为丰富，据档案记载，有杯、圆球钟、鸡鼓水注、轩辕镜、水丞、鱼缸、如意、笔洗、玻璃珠、把碗、水盂、渣斗、瓶、盒等，而且每种造型都有许多变化。

故宫收藏的黄玻璃菊瓣式渣斗，为小件陈设玩赏品，口大而外侈成喇叭状，腹部隆起如橘状，底部带足。从口部到底部以凹凸手法饰十六瓣菊花式，通体橘黄色。这件渣斗的颜色艳丽而润泽，色度均匀，造型美观、小巧，虽有一些气泡和糟坑，但仍不失为清早期玻璃器中的佳作。另有蓝透明玻璃尊，呈淡蓝色，器形规整，但透明度不够，器表面有糟坑，工艺尚待成熟、提高。

蓝透明玻璃尊

清雍正

高19.5厘米

口径16厘米

现藏故宫博物院

6. 乾隆朝由盛而衰

清中期，亦即乾隆朝，玻璃工艺进入了一个高度发展的极盛期。表现有三：一是生产数量急剧增加，如清宫档案记载，乾隆二十年（1755年）四月七日一次传旨制作500个玻璃鼻烟壶、3000件其他玻璃器皿足以说明乾隆时期的生产规模是多么巨大。二是技法多样而精湛，套料多采用彩套彩，如红套蓝、红套黄、绿套红、宝蓝套绿等，兼套也明显增多，如黄地套青、红，白地套紫、黄、红等，多的一器有十余种颜色。另外，夹金、夹彩、搅胎、描金、刻花等技法均已熟练且广泛地应用。三是器物的造型多姿多彩，从纯粹的装饰品，到实用器，从陈设品到礼制用器，都得以全面发展。而且具体的形制也融汇了多种工艺品造型的精粹，例如珠、管、簪子、鼻烟壶、碗、杯、瓶、香炉、扇子等，无不齐备。

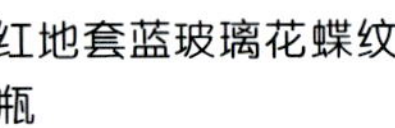

红地套蓝玻璃花蝶纹瓶
清乾隆
高24.7厘米
口径7.7厘米
现藏故宫博物院

乾隆朝的玻璃器与其他各朝各代相比，除了数量巨大、技法精湛、造型多样外，最富有特性的时代特色就是质地精美、纹饰华丽而繁缛、雕刻极为精细，给人如梦幻般的感觉。如红地套蓝玻璃花蝶纹瓶，器胎玻璃为豇豆红色，胎外套饰浅绿色花纹，颈部饰八瓣俯蕉叶纹，腹部纹饰为牡丹、荷花、山茶、梅花等四季花卉，花枝叶丛中有蝴蝶、蜜蜂等，近足处饰花蕾纹一周，料色鲜艳，纹饰精美，生动活泼，可谓乾隆时期套料玻璃器中的精品。又如白地套蓝玻璃缠枝莲纹碗，为涅白色玻璃制成，大口，圈足，口沿套饰蓝玻璃弦纹一周，腹部套饰蓝玻璃开光缠枝莲纹，腹下近足处套饰蓝玻璃云头纹，足为蓝色玻璃，底刻“乾隆年制”四字楷书阴文双直行款。此器涅白玻璃胎，

白地套蓝玻璃缠枝莲纹碗

清乾隆

高5.3厘米

口径12厘米

现藏故宫博物院

胎质纯净细腻，基本上没有气泡或糟坑。色泽鲜明，边缘剔刻光滑，不露痕迹。造型圆滑而规矩，给人以华贵、典雅的艺术享受。另有蓝玻璃刻花蜡台，以蓝色玻璃制作，分上下两层，器表以线刻缠枝莲纹和卷云纹并填金。玻璃纯净，造型精致，纹饰细腻，具有乾隆时期工艺品共同的华丽繁复的特点。

乾隆时期的玻璃器除了华丽繁缛的主流风格外，也存在一些比较素雅大方、清朗质朴的作品。如红透明玻璃直颈瓶，质地为红色透明玻璃，形制采用马蹄形，颈部细直而长，腹部较矮，完全以单色玻璃的色度和质朴的造型来体现器物的魅力。还有一种风格相同于此器，而处理方法却侧重于用纹饰来体现此种风格的器物，例如蓝地套绿玻璃螭纹水丞，造型质朴而简练，难能可贵的是，纹饰的处理完全摒弃了乾隆时期所盛行的繁缛，而大胆地采用简省的方法，两

蓝地套绿玻璃螭纹水丞

清乾降

高3.9厘米

口径3.3厘米

现藏故宫博物院

蓝玻璃刻花蜡台

清乾隆

高28.5厘米

盘径6厘米

现藏故宫博物院

条螭虎作前后追逐状，线条粗犷而随意，并不刻意描划螭虎的细部特征，但其矫健、舒展之态却跃然纸上，于不经意间营造出返璞归真的氛围，具有较高的艺术品味。

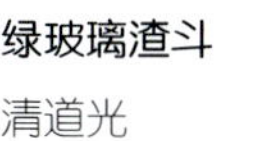

绿玻璃渣斗

清道光

高9.2厘米

口径7.7厘米

现藏故宫博物院

清中期的玻璃艺术并不是自始至终都是鼎盛不衰的，而是有着一定的阶段性，即以乾隆二十五年（1760年）为界，前期为鼎盛期，后期为维持期。鼎盛期的时候由于进入清宫的西方传教士如纪文、汪执中等，掌握着先进的玻璃制造技术，使得清宫玻璃厂开始了异乎寻常的大发展。而进入维持期，西方传教士离开了清宫，并带走了技术。据清宫档案记载，自他们离开以后，宫内许多大型玻璃器具，如极乐世界玻璃水法、玻璃灯等都无人能够制作成功。但是，这种影响还没有造成整体水平的大滑坡，一些具有传统特色的器物，仍然保持了较高的水准，这与清中期强大的经济实力和民间玻璃作坊的发展有着密切的关系。

从嘉庆朝以后，由于经济实力下降、国力衰败，尤其是道光、咸丰以后，政局动荡、外强入侵，使国家处于风雨飘摇之中，直接影响了清朝玻璃业的发展。嘉庆年间清宫玻璃厂的生产规模进一步萎缩，只保留了属宫中定例的年节供活，即盘、碗、盅、碟和鼻烟壶等计301件。而且，清宫玻璃厂内已没有常年服役的工匠，所需人等都是临时从地方抽调来京，干完定例即走。

嘉庆时期虽然生产规模锐减，但是作品还是保持了较高的水准，基本上维持着乾隆晚期的水平，玻璃器无论是质地、颜色，还是造型、纹饰，都与乾隆晚期的器物没有太大的区别。从道光朝开始进入了真正的衰败期，作品质地粗糙，颜色或暗或乱，器形全无规矩。如道光朝制作的

黄地套五彩玻璃瓶

清晚期

高16.8厘米

口径1.5厘米

现藏故宫博物院

绿玻璃渣斗，口部外撇太小，腹部不圆不方，比例极不协调，而且刻款潦草、颜色晦暗。咸丰朝的玻璃器质量继续下滑，但有一个比较鲜明的特点，就是大多数没有纹饰，注重刻款。

同治、光绪年间由于国内局势稍有稳定，经济有所复苏，玻璃器的衰败有所遏止。例如藏于故宫的一件清晚期黄地套五彩玻璃瓶，器物的形制比较规整，套彩技术比较纯熟，色料的配制较为成功，但是色调的搭配过于繁杂，画面显得俗气。在做工上砂眼较多，工艺上与乾隆时期已有很大差距。

清晚期的玻璃器总的来说处于衰败状态，没有什么成就，但也有一个衰中求变的特例，那就是内画鼻烟壶问世，为西下的落日抹上了一层灿烂的余辉。

7. 推陈出新的玻璃工艺

清代玻璃器发展繁荣，产生了大批精美的玻璃器。首先是质量显著提高，生产规模扩大，专业化程度提高。其次技法推陈出新，原有工艺得到了最极致的发挥，又出现了许多新的工艺技法；在装饰技艺上也显著提高，纹饰、颜色、器形品种多样，绚烂多彩。

规模化和专业化使清代的玻璃生产达到了历史上的最高峰，官办与民营并举，集中与分散互补，构成了相当合理的生产布局，形成了以北京、山东博山和广州为中心的三足鼎立的生产格局。北京的玻璃生产分为两个阶段，以嘉庆为分界。前期主要是始于康熙三十五年的清宫玻璃厂，为宫廷生产玻璃器，工匠主要来自山东和广州，还有一部分是西方传教士。后期自嘉庆以后，清王朝统治逐步走向没落，清宫玻璃生产与其他工艺品一样跌入低谷，于是，玻璃生产转变为以民营作坊为主，作品以内画玻璃艺术而闻名，著名的有“袁家皮”、“辛家皮”、“勒家皮”。不过，北京不生产原料，更专心于后期制作，玻璃原料来自于山东博山。

金星玻璃天鸡式水盂
清乾隆
长21.5厘米
高15厘米
现藏故宫博物院

博山（今山东淄博市博山区）是清代最重要的民间玻璃制作中心，它的历史最早可以上溯到元代中晚期，明代时就已经在此地设立宫廷玻璃作坊，隶属于内官监，明末以后衰落，直到清康熙年间重新恢复生产，但已从官办变为民营。博山玻璃生产规模逐年增大，产品行销全国。博山玻璃注重颜色

磨花玻璃杯
清乾隆
高3.4厘米
口径6厘米
现藏故宫博物院

美、质地纯，对造型和纹饰的要求并不很高。

广州主要是生产“土玻璃”或“广铸”，另外仿制外国玻璃。“广铸”玻璃承继了中国早期玻璃质薄而脆、不耐热的特性，在当时并不受人欢迎。相反，它的仿西洋玻璃，原料从欧洲运来的玻璃碎片经融化而得，并借鉴西方玻璃制造技术，产品大受追捧。

清代玻璃制造工艺从融炼、成型和装饰三个方面均超越前代。

融炼工艺是指融化玻璃原料的方法，其中最为重要的就是玻璃成分的组成。清代最为显著的特点是配方成分的多样性。清代以前，玻璃配方在不同时期一般只有一或两种成分，清代则是多种成分并存，既有较传统的钾铅玻璃、钠铅玻璃，又有具有西方特点的钠钙玻璃，而且占有的比例不相上下。一般来说，山东、北京的民间玻璃产品多趋向于传统配方，而清宫玻璃厂的产品则多出现西方玻璃配方成分较重的作品，这与西方传教士参与清宫玻璃生产有

套料荷花纹缸
清乾隆
高12.4厘米
口径16.7厘米
现藏故宫博物院

很大的关系。

中国自产玻璃的成型工艺经历了由模铸法向吹制法转变的漫长历史，到清代的时候，成型工艺发展到了技术上的颠峰。早期的模铸法继续沿用，但是有了非常大的改进，即采用失蜡模铸，就是先采用石蜡制出器形，然后利用蜡模翻制出石膏或陶等材质的模具，再进行玻璃熔液的灌注，这样就可以得到造型细腻而复杂的玻璃器，避免了早期模铸玻璃器形制简单、做工粗糙的缺点。例如清乾隆年间制作的金星玻璃天鸡式水盂，鸭嘴，羊须，凤尾，表面纹饰繁杂而清晰，显示出清代高超的失蜡模铸技术。

白地套红玻璃云龙纹瓶

清乾隆

高29.5厘米

口径9.5厘米

现藏故宫博物院

吹制法在清代已经达到炉火纯青的地步，各种复杂的技艺，在清代玻璃工匠的手中已是拈重若轻，与前代相比，吹出的玻璃器形状规整，厚薄均匀，气泡极少，而且造型多姿多彩。

除了模铸法和吹制法外，针对不同的器物造型，还有一些特殊的成型工艺，比如戛悠法用来制作珠子，缠泻法用来制作小珠、条珠，滴凝法用来制作围棋子，拧丝法用来制作仿条、筷子等。这几种方法在博山玻璃业中得到广泛使用。

装饰工艺是对玻璃器物进行装饰、美化的一种手法，它不仅在玻璃表面进行，还包括对玻璃胎内、器内进行装饰。它所包含的技术手段极其丰富，常见的有刻花、磨花、描金、描彩、错彩、搅胎、套料、贴花、堆彩、抛光、内画等众多方法，是清代玻璃器生产最具创造性和艺术性的工艺。

套料是清代创新的玻璃装饰方法，始创于康熙年间，

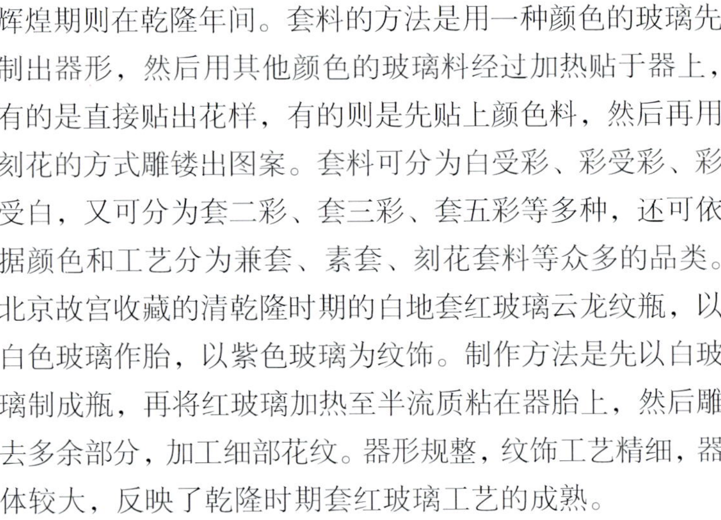
辉煌期则在乾隆年间。套料的方法是用一种颜色的玻璃先制出器形，然后用其他颜色的玻璃料经过加热贴于器上，有的是直接贴出花样，有的则是先贴上颜色料，然后再用刻花的方式雕镂出图案。套料可分为白受彩、彩受彩、彩受白，又可分为套二彩、套三彩、套五彩等多种，还可依据颜色和工艺分为兼套、素套、刻花套料等众多的品类。北京故宫收藏的清乾隆时期的白地套红玻璃云龙纹瓶，以白色玻璃作胎，以紫色玻璃为纹饰。制作方法是先以白玻璃制成瓶，再将红玻璃加热至半流质粘在器胎上，然后雕去多余部分，加工细部花纹。器形规整，纹饰工艺精细，器体较大，反映了乾隆时期套红玻璃工艺的成熟。

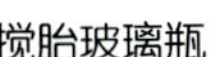
搅胎玻璃瓶
清乾隆
高20.8厘米
口径11厘米
现藏故宫博物院

搅胎是清代著名的玻璃装饰技法，分为单色深浅搅料和多色搅料等多个品种。它是用两种以上的颜色料绞拧在一起，形成有层次的螺旋纹。这种装饰除了规则的平行搅纹外，也有不规则的粗细不等的随意性搅纹。北京故宫博物院收藏的乾隆年造搅胎玻璃瓶，为白、蓝、红三色搅胎，形成相间的螺旋式条带纹，纹饰新颖，匀整度极高，平行的带状螺旋纹使本来规整的玻璃瓶具有了盘旋向上的动感，具有很强的艺术感染力，是清代搅胎玻璃器的代表作。

金星玻璃也是清代装饰工艺的代表品种，始创于康熙年间而兴盛于乾隆时期。它是一种含有结晶颗粒而显示金属光泽的闪光玻璃，制造原理是利用某些金属，如铜等物质在玻璃中溶解度很小的特性，在一定温度下从玻璃中析出，获得金属光泽。清代金星玻璃一般是用铜，呈金黄色闪光。如北京故宫收藏的金星玻璃三阳开泰山子，

金星玻璃三阳开泰山子

清乾隆

高12.5厘米

长22厘米

现藏故宫博物院

是乾隆早期清宫玻璃厂的作品，全器为图案化的山峰，山脚一边卧一抬头羊，另一边是形体较小的幼羊，顶部平坦状的山顶上蜷卧一只幼羊，正回首与山下大羊对望。该山子造型优美，尤其是三只山羊的神态刻画得精细而传神，充满情趣。

除此之外，清代玻璃器还有很多技法。描彩是在无色玻璃或颜色玻璃上再加彩绘的一种方法，描金是其中一种；刻花是在成型的玻璃表面磨刻出花纹的方法，多被用于刻款；点彩是用一种玻璃作地，捺压其他色彩玻璃斑点，常见于乾隆时期作品；夹彩是涅白地点彩后再套透明玻璃，夹金是其一种；压花是在透明玻璃或涅白玻璃胎上贴上颜色料，然后用模子捺印花纹，出现于清晚期。

 **文物百科**

缠泻法

玻璃成型工艺。将玻璃熔液缠到一根预制的芯棒上，一手拈旋芯棒，一手执料条在火中熔化后向杖子上缠去，用来制作珠子等器。

戛悠法

玻璃成型工艺。戛悠法是制作较大的念珠、佛珠等物时，用缠泻法制成珠子后，再用双股叉夹住珠子两端，在特制的槽中来回滚动，使珠子的规格、形状一致。

8. 玻璃绝技——内画

在清代玻璃器装饰中还有一项独特的工艺——内画，即在玻璃器的内壁上绘画施彩，利用材质的透明性，使所绘纹图反衬出来。说它是画，其实也是一种雕刻方法，是将画意用工具磨刻在内壁上。内画技术可能源自清晚期流行的反笔肖像画，就是在平面玻璃的背面依反视原理描绘人物肖像，然后利用玻璃的透明性在正面观看。但是内画技术比反笔绘画要困难许多，因为它需要在器物的内壁作画，瓶口又极小，而且内画多为微雕。内画装饰主要是施于玻璃鼻烟壶上。

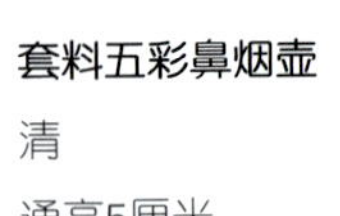

套料五彩鼻烟壶
清
通高5厘米
现藏河北省博物馆

鼻烟壶是用来盛装鼻烟的器具，质地多种多样，有金属、陶瓷、玉、竹木等，其中玻璃质地的鼻烟壶最多，因为玻璃器晶莹剔透，更适宜于做鼻烟壶。清代的早、中期，玻璃鼻烟壶多为透明玻璃和各种套料、单色玻璃，所施技法多种多样。清晚期内画玻璃鼻烟壶出现，并逐渐形成了京、冀、鲁三大派别，涌现了一大批各有专长的艺术大师，著名的有周乐元、马少宣、叶仲三、丁二仲、毕荣九、孟子受等。

周乐元是早期文人派的代表人物，有深厚的文学和绘画素养。他的作品多是效仿古书画的布局立意，山水、人物、花鸟、草

虫等，特别是仿清代画家新罗山人画最为传神，具有较高的艺术价值。北京故宫收藏的周乐元款内画玻璃风雨行舟图鼻烟壶，壶腹通绘树、水、屋、人，一片风雨飘摇之中，渔翁身披蓑衣，正欲启舟离岸。为了表现萧瑟风雨之意，画面处理成灰暗的冷色调，树和草均被风吹得弯向一侧，充满寒意，为周乐元仿新罗山人画意。作者于方寸之间将人物、树木和建筑清晰地表现出来，确属鬼斧神工之作。

玻璃内画风雨行舟图鼻烟壶
清·周乐元
通高4.1厘米
现藏故宫博物院

水晶内画肖像鼻烟壶
清·马少宣
通高9.6厘米
现藏故宫博物院

马少宣（1867—1937）是活跃于清末的内画大师，以人物肖像最为称绝。他的风格一改早期崇尚古法的流习，而刻意追求西洋油画的效果，因此，他所做的人物肖像透视、光线等处理得当，宛如照片，因而名震京师。另外他也有山水画和写意人物图等。所画内画鼻烟壶，皆一面绘，一面书，书学欧体。如水晶内画肖像鼻烟壶，一面以淡墨绘人物半身像，五官阴暗处理有西洋绘画功力。另一面书录欧阳询《九成宫》句。

叶仲三（1869—1945），北京人。内画题

材多为人物故事和山村景致，色彩对比强烈，充满世俗情趣。如玻璃内画鱼藻图鼻烟壶，壶腹内两面绘相同的鱼藻图，金鱼、鲤鱼共戏于水藻间，色彩艳丽，笔致工细。

孟子受讲究重彩浓墨，丁二仲以气势磅礴的山水画意见长，毕荣九则多是家居小景等。例如毕荣九内画玻璃雄鸡牡丹图鼻烟壶，一面是雄鸡觅食，一面是牡丹盛开，温馨恬淡，给人非常亲切的感觉。

除此之外，还有桂香谷、陈仲三、王习三、孙星五、薛少圃、张葆田、蒋之霖等众多的内画艺人，他们共同创造了我国玻璃艺术最后的辉煌。

玻璃内画鼻烟壶

清·叶仲三

通高7.5厘米

现藏故宫博物院

第五讲 织绣风华灿烂

主讲 李英华

织和绣是两种手工技术的产物。织是指将纤维（丝、棉、毛、麻等）通过机器，使经线（竖）与纬线（横）交织，形成幅面，即疋料。绣是在织好的疋料上以针线为工具，通过穿针引线绣出花纹图案。织是绣的基础，绣是织物的进一步加工美化。两者紧密相关，常常合称“织绣”。

中国是世界上最早开始养蚕，并发明缫丝、织绸、印染和刺绣工艺的国家。中国织绣工艺源远流长，早在新石器时代中晚期，就已掌握简单的纺织技能，并学会利用葛麻等天然原料织物。此后，中国织绣工艺不断发展进步，品种越来越丰富，技艺越来越精湛，以先进复杂的技术，精致优良的性能，丰富多彩的花色品种而著称于世界，被誉为“丝国”，产品远销海内外，对世界织绣艺术的发展产生了重大影响。

1.纺织工具的诞生

在纺织技术发明以前，人类以树皮、树叶、兽皮遮体御寒，为使其更紧密得体，遂以骨针加以连缀，于是有了最早的编织。在距今约18000年前的北京周口店山顶洞人遗址中，发现了一枚骨针，说明当时的人们已经开始制造和使用编织工具。

人们在生产实践中逐步认识到葛藤和野麻皮具有很强的韧性，撕细后可以用来编织鱼网和网衣，网衣穿在身上比兽皮更为舒适、美观。为了将葛、麻纤维加工得更细、更牢固，又发明了纺轮。纺轮多以陶、石制成，为圆饼状或半球形，中间有孔可插杆捻动。中国的许多新石器时代遗址中均有纺轮、纺砖出土，湖北天门石家河遗址出土的陶制纺轮上还彩绘有纹饰。纺轮的出现，说明当时不仅有了纺织品，而且还达到了一定的工艺水平和产量。

距今约7000年的浙江余姚河姆渡遗址不仅出土有木制、陶制纺轮，还出土有各种形状的木棍，这些木棍被认为是纬刀、绕线棒、卷布轴等纺织工具。这些木棍的形状

骨针
旧石器时代晚期
长8.2厘米
直径0.33毫米
北京山顶洞遗址出土
现藏中国国家博物馆

玉纺轮

新石器时代·良渚文化

直径4.3厘米

孔径0.6厘米

厚0.9厘米

杆长16.4厘米

1987年浙江余杭安溪下溪湾瑶山墓地出土

现藏浙江省文物考古研究所

与一些少数民族地区现存的手工织机部件十分相似，因而推断当时已有了原始织机。这种织机有两根横木，经线的两端分别依次固定在横木上；横木一根系于木柱上，一根系于织者的腰部，故又称“腰机”。这种织机应用的时间很长，较之“手经指挂”（《淮南子·氾论》）的原始编织方法前进了一大步，为后世各种织机的产生奠定了基础。

陶纺轮

新石器时代

直径6厘米 高1.7厘米

陕西西安半坡村出土

现藏中国国家博物馆

2.最早的纺织品

中国纺织品出现的时间较早，新石器时代已有。《韩非子·五蠹》载帝尧之服“冬日麑裘，夏日葛衣”，“葛衣”即指以葛布做的衣服。从近年来考古发掘出土的实物证实，新石器时代确已有了葛布。庙底沟、大河村、半坡等仰韶文化遗址出土的彩陶器上，都发现有布纹印痕。1972 年江苏吴县草鞋山新石器时代遗址出土了三块葛布残片，有平纹、斜纹和绞扭组织，其中一块经密 10 根 / 厘米，纬密 26～28 根 / 厘米，用绞扭加缠绕编织出回纹和条状暗花。这是中国迄今发现的最早的纺织品实物——葛布。

麻纤维也是原始社会的主要纺织原料。麻比葛容易栽培，在利用野生麻的基础上逐渐栽培种植。作为纺织原料的麻主要有大麻和苎麻。苎麻是中国特产，有“中国草”之称。中国利用麻纤维的历史悠久，延续时间长，使用普遍。河姆渡遗址出土有苎麻叶和苎麻绳，浙江吴兴钱山漾遗址

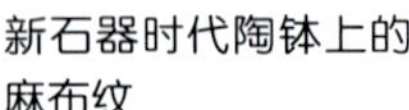

新石器时代陶钵上的麻布纹

出土有麻布，经鉴定为苎麻。麻布为平纹组织，经密30根/厘米，纬密20根/厘米。《诗经》中即有多处提到种麻、收麻、沤麻。《陈风·衡门》有句：“东门之池，可以沤麻。”“沤麻”就是将大麻茎杆、苎麻韧皮在池水中沤浸，使其纤维既白且柔韧。《曹风·蜉蝣》有“麻衣如雪”之句，赞美麻衣的洁白美丽。

蚕丝较葛、麻具有诸多优越性，其既细又长，韧性大、弹性高，脱胶后的熟丝外观光亮，手感柔滑，极易着色，着色后较其他织物更为鲜艳。蚕丝出现后，即受到人们的喜爱，成为各个时期纺织品的主要原料，丝品亦成为纺织品中最高等级的产品。

至迟到新石器时代中晚期，中国已开始植桑、养蚕和取丝织绸。在众多的新石器时代遗址中，均发现有蚕纹及蚕形饰品，如河姆渡遗址出土刻有四条蚕纹的象牙盅，江苏吴江梅堰遗址出土的黑陶上有浅刻蚕纹图案，山西芮城西王村仰韶文化遗址出土陶制蚕蛹，特别是1927年山西夏县西阴村仰韶文化遗址出土半个切割过的蚕茧。

残绸片

新石器时代·良渚文化

1958年浙江吴兴钱山漾出土

现藏浙江省博物馆

1958年，浙江钱山漾遗址出土了一批距今4700年的丝织品，有绢片、丝带、丝线等。绢片平纹组织，经密52根/厘米，纬密48根/厘米，丝的捻向为S捻，织造精细。经鉴定其原料为家蚕丝，而且是经过精心缫练、纺捻、织造而成的。这是目前世界上发现时代最早、织造最为规范的丝织品。

阅读链接

织物的组织结构

组织是指纺织品经纬纱线的结构。平纹、斜纹和缎纹是织物组织中最基本的三种组织结构，称为三原组织。

平纹组织是经线和纬线以一上一下、互相交隔的规律交织的织物组织，是三原组织中最简单的一种。其织物表面平坦，质地坚牢，外观紧密，但手感偏硬，弹性小。

斜纹组织的经线和纬线的交织点在织物表面呈现一定角度的斜向线的结构形式。其织物较平纹柔软厚实，光泽也较好，但坚牢度不如平纹织物。

缎纹组织是基本组织中最复杂的一种组织。经线和纬线交织点较少，虽形成斜线，但不是连续的，相互间隔距离有规律而均匀。其织物平滑匀整、光泽良好、质地柔软。

示意图中，甲为组织图，乙为结构图，丙为剖面图。

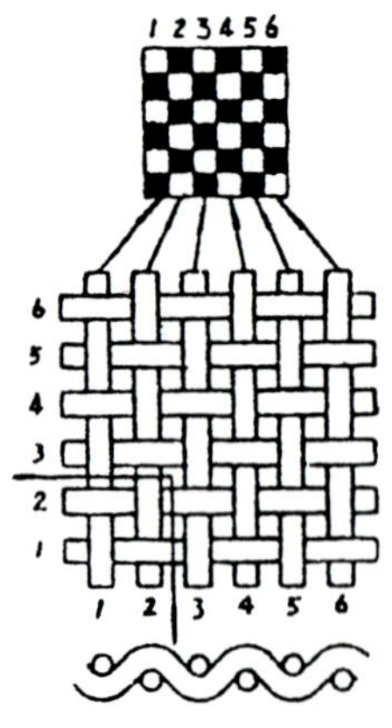

平纹组织示意图

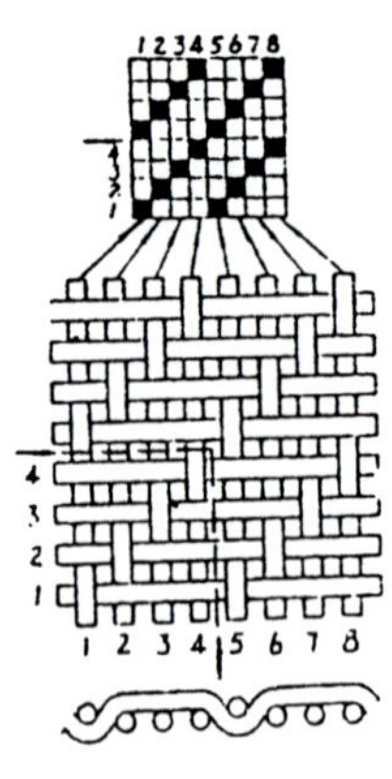

斜纹组织示意图

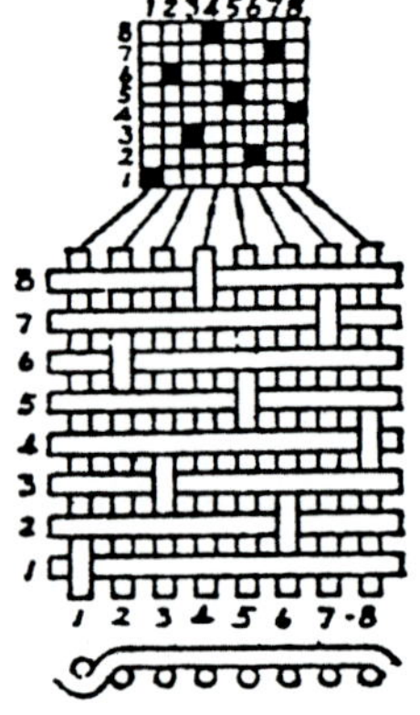

缎纹组织示意图

3. 商代纺织业的奇迹

约在公元前2000年，中国出现了第一个王朝——夏，人类开始进入文明社会。夏代目前尚无完整的纺织品出现，但此时的陶器、青铜器上发现有织物印痕，并伴有骨针、骨梭等纺织工具出土。例如，二里头宫殿遗址出土的一件镶嵌绿松石片圆形铜器上留有织物痕迹，经辨认，原来裹有至少6层粗细不同的四种织物。文献中亦见有记载，例如《管子·轻重甲》载："昔者桀之时，女乐三万人，端噪晨乐闻于三衢，是无不服文绣衣裳者。伊尹以薄之游女工文绣纂组，一纯得粟百钟于桀之国。"《太平御览》引《太公六韬》亦有"夏桀、殷纣之时，妇人锦绣文绮之，坐食以绫纨常三百人"之说，说明当时织绣工艺已相当发达，并可作为商品交换。

镶嵌绿松石片圆形铜器

夏

直径17厘米

厚0.5厘米

1975年在二里头宫殿遗址出土

现藏中国社会科学院考古研究所

商代是奴隶制国家发展强盛的时代，农业、手工业、畜牧业生产范围进一步扩大，分工趋向细密，有些甚至向专业化发展。在手工业方面，商代不仅创造了灿烂的青铜文化，在陶器、玉器、漆器制造业，以及与生活密切相关的纺织业都有了高度的发展。

商代养蚕、缫丝、纺织技术趋于成熟。甲骨文中能辨认的从"纟"、"丝"的字就有一百多个，"桑"、"蚕"等字在青铜器铭文中更是常见，商王室还设有专管蚕事的文官，称"女蚕"。

商代已掌握了纺织原料的精练技术。丝、麻等纺织原料必须经过精练，去除杂质，才能得到完好的纤维。

如蚕丝要经过脱胶、去除杂质，才有手感柔软、有光泽的熟丝；麻也要经过沤练、脱胶，才能得到洁白的纤维。商代显然已具备了这种精练技术。瑞典远东古物博物馆收藏的一件殷墟出土的铜钺上，粘附有平纹菱花绮残片，丝纤维非常柔软，显然是经过水洗精练，去除丝胶的结果。河北藁城商墓出土的铜觚上附着的丝织物，丝纤维精细、均匀，织造致密，达到经45根/厘米，纬30根/厘米，经线投影宽0.2毫米，纬线投影宽0.4毫米。一件平纹织物，经、纬线都加强捻，外观有绉效应，并显示出疏松的孔眼，可能是绉纱。同时发现的还有两块大麻织物，平纹组织，密度在经14~16根/厘米、纬9~10根/厘米之间。对纤维的精练是织造高级织物的基础，而上述织物纤维之细、织造之精，均反映了商代纤维精练技术的发展。

商代已普遍织造绢、縠、缣、纨等平纹织物和绞织的纱、罗等，更令人惊奇的是织造了提花丝织物——绮，被称为奇迹。

绮是单经、单纬，平纹地，斜纹或两种以上组织显花的小提花织物。瑞典远东古物博物馆收藏的商代铜钺上粘附有平纹菱花绮残片，安阳殷墟出土的多件青铜器上也发现有绮的印痕。故宫博物院收藏的一把商代玉刀上有同样的丝织物，平纹地，斜纹显云雷纹，由36根纬线组成。还有一件嵌松石兽面纹铜戈，其上留有丝织物痕迹，一处为平纹地起四枚斜纹花，一处为平纹地六枚纬浮线起花。可见，商代花绮的花纹组织还不止一种，已是成熟的工艺。它开创了丝织物从平纹向纹织发展的先河，是丝绸织花的先声。

粘有丝织品残痕的铜片

商

长19.8厘米 宽14.1厘米 厚0.1厘米

1953年河南安阳大司空村出土

现藏中国国家博物馆

4. 西周纺织技术的成熟

玉蚕

西周

长4.1厘米

高0.85厘米

1991年河南三门峡虢国墓地2012号墓（梁姬墓）出土

现藏河南省文物考古研究所

西周是奴隶社会的鼎盛时期，制定了严格的礼乐制度，冠服亦纳入到“礼治”范围。西周以农业为立国之本，男耕女织是其经济的基本模式，以妇女为主的养蚕、丝织遍及全国。国家对纺织业从原料的征集，到纺绩、织造、练染以及服装制造，都有专门的管理机构，如“天官”下设典妇功、典丝、典枲（麻）、内司服、缝人、染人六个部门，“地官”下设掌葛、掌染草等，可见分工之细。在此基础上的织绣工艺有了全面的发展，技术水平成熟，品种全面，不仅有了罗、纱、绢、缟、缣、纨、绝等织物，还有了高级丝织物的代表——锦。

锦是以经过练染的熟蚕丝织造的多重多彩丝织物，是丝织品中最高水平的代表，有“其价如金”之说。《诗经》中有许多关于锦的描写，如“成是贝锦”，“锦衾烂兮”，“锦衣狐裘”等。考古发掘的西周墓中亦多有实物出土。1970年辽宁朝阳西周早期墓内出土经二重丝织品，黑褐色，经密 26 × 2 根 / 厘米，纬密 14 根 / 厘米，正反两面都是三上一下的经重平组织，外观呈斜纹效果。陕西宝鸡茹家庄西周墓出土的铜剑上粘附有纬丝显花的纬二重锦，经密 70 根 / 厘米，纬密 20 × 2 根 / 厘米，显花的纬丝浮长 3 ~ 4 毫

条格纹彩罽

商末周初

长47厘米

宽44厘米

1978年新疆哈密五堡西周墓地出土

现藏新疆维吾尔族自治区社会科学院考古研究所

米。织锦的织造组织复杂，色彩丰富，西周时期已能生产出这种大提花织物，说明当时纺织工艺已趋成熟。

西周时期出现了刺绣工艺。有人认为刺绣源于纹身，这种观点也许有其合理性，但真正意义上的刺绣品，应该是在纺织技术成熟发展的基础上产生的。

相传轩辕黄帝的臣子伯余用麻布做衣服，在上面刺绣，称“絺绣”。《尚书·益稷》记载舜命禹作衣裳：“予欲观古人之象，日、月、星辰、山、龙、华虫作会；宗彝、藻、火、粉米、黼、黻、絺绣，以五彩彰施于五色，作服。”古人称绣也包括绘画。《周礼·考工记》载：“画缋之事，杂五色。……五采备谓之绣。”“凡绣亦需画，乃刺之，故画绣二工共其职也。”

1976年陕西宝鸡茹家庄西周墓中发现有丝织物及刺绣印痕，这是目前所见最早的刺绣实物。织物有三层，最上面一层为刺绣，涂染有红、黄、褐、棕等色，所用为辫绣针法。尽管其在技法上尚处于初级阶段，但作为一种工艺品种已经出现。

中国毛织品生产历史悠久，直到今天，毛织品仍然是高档服装的面料。新石器时代人们利用野生葛麻作纺织原料，也许即有用牛、羊毛作原料，但未见有实物出现。稍后，《尚书·禹贡》中就有“梁州、雍州贡织皮”的记载，“织皮”即毛布。梁州、雍州具为古九州岛岛之一，约为今天的陕甘地区，自古出产羊毛。商周时，毛织品已广泛应用，“无衣无褐，何以卒岁”，“褐”即是毛布衣。《周礼·天官·掌皮》中有“共其毳毛为毡”，说明当时还掌握了制毡技术。

1957年，考古工作者在青海柴达木盆地南部诺木洪发掘到大量毛织品，其生产时间相当于西周初期。织品以平纹为多，有黄褐和红黄两色相间的条纹，一般经密大于纬密，如其中 块为经密13根/厘米，纬密6根/厘米。近年来，在新疆罗布卓尔、哈密五堡、乌鲁木齐南山阿拉沟、且末扎洪鲁克等古墓中，都有毛织品出土，时间相当于商周至战国。织品很丰富，有毛长袍、上衣、毛布、毛毯，提花、印花、绣花毛织品；织造精密，有平纹、斜纹、2/2双面斜纹等组织，其中五堡出土的条格纹彩罽十分突出。

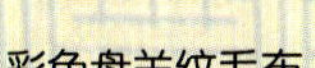

彩色盘羊纹毛布

周代

残长70厘米

宽25厘米

1985年新疆且末扎洪鲁克古墓出土

现藏新疆维吾尔族自治区博物馆

5. 早期纺织品的染色

对色彩的认识和利用，是人类进化和发展过程中审美意识不断增强的表现。山顶洞遗址内成堆的赤铁矿粉末和以其涂染成红色的石珠、鱼骨、兽牙等装饰品，是旧石器时代晚期人们用矿物染料美化生活的见证。新石器时代，对于染色技术的运用更为广泛，色彩丰富斑斓的彩陶，代表了当时人们对于色彩的认识。江苏邳县大墩子新石器时代遗址发现有装在陶罐和陶瓿内的赤铁矿石，表面有研磨的痕迹；山西夏县西阴村、西安半坡等地都发现有下凹的石臼和被红颜料染透的石杵等研磨工具。说明当时人们已经学会了将矿石研磨成粉末，以水调和后彩绘，或是将器物浸泡在颜料中染色的方法。

据文献记载，中国古代织物的染色主要有矿物染和植物染两大类，但目前还未发现原始社会有植物染的痕迹，而矿物染则广泛应用。根据现存的彩陶器等生活用品上发现的颜色分析，其成分主要是丹矿，又称赤铁矿（三氧化二铁）、赭石，为红色染料，但因氧化程度不同，又可生出铁黄、铁黑等色调。其应用上限可追溯到距今六七千年前。

在距今四五千年前的青海乐都柳湾墓地还发现有朱

白衣彩陶钵
新石器时代·仰韶文化
高21厘米
口径21厘米
1972年河南郑州大河村遗址出土
现藏郑州市博物馆

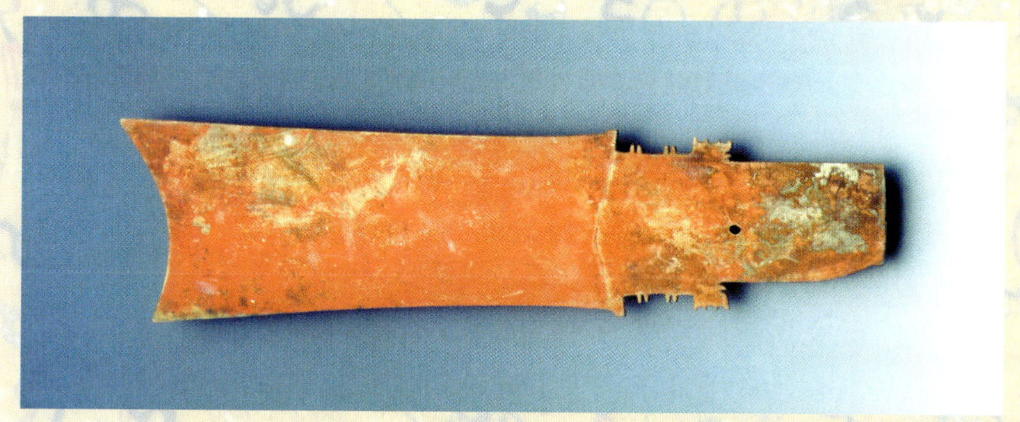

涂朱砂礼器牙璋
夏
河南偃师二里头遗址出土
现藏河南省文物考古研究所

砂。朱砂又称辰砂，主要成分是硫化汞，呈鲜红色，用其染色，既鲜艳又稳定，应用范围很广。

商周时期已能熟练地掌握矿物染技术，并开始利用植物染料。矿物染料使用前必须经过加工提炼，如朱砂在提炼中有三层颜色，上面一层发黄，下面一层发暗，只有中间的红色纯正、鲜艳，可以使用。《周礼·考工记》中有“朱砂染羽”的记载，可见周代已掌握了提炼朱砂的技术。黄色是利用石黄中的雌黄（三硫化二砷）和雄黄（硫化砷），经过加工提炼，可染出纯正的金黄和浅黄色。周代还利用孔雀石提炼绿和蓝色染料。

周代已开始使用植物染料。蓝草（蓼科）的茎和叶可染蓝色，多次浸染可得靛蓝，长时间浸染则是青色，所谓“青出于蓝”。茜草是红色染料，紫草染紫色，栀子、荩草、地黄、栌黄均是黄色染料，皂斗是栎树的果实，其壳和树皮含有机物鞣质，与铁盐媒染可得黑色。

商周时期已知的颜色有红、浅红、金黄、浅黄、土黄、蓝、绿、白、青、紫、黑、棕、绛等，有些颜色必须加媒染剂才能得到，如茜草需加明矾才能染出深红色。《尔雅·释器》中记“一染谓之縓，再染谓之赪，三染谓之纁。”就是说染一次得出一个颜色。但目前尚缺少周代应用媒染剂的资料，一些颜色是通过拼色或套染而得，如先以蓝草染出蓝色，再染黄色得绿色，红和蓝套染出紫色，红和黄套

蔓藤纹印花毛布

西周

残长56厘米

宽57.5厘米

1986年新疆且末扎洪鲁克古墓出土

现藏新疆维吾尔族自治区博物馆

染出橙色等。

丰富的颜色提高了织绣品的艺术效果，也成为别尊卑等级的象征。周代以青、赤、黄、白、黑为正色，象征高贵，是礼服的专用色；绿、红、碧、紫、棕为间色，象征卑微，只能作便服或是内衣及妇女、平民的服色。西周青铜器颂敦的铭文中就有对服色的记载，天子衣用纯朱色，诸侯用黄朱色，大夫用赤色。天子祭天祭祖穿玄衣下纁裳，冕皆玄上朱里。夏代尚黑，商代尚白，周代尚红、黄，不同时代有不同的审美时尚。

文物百科

彩陶

新石器时代彩绘图案的陶器。1921年瑞典考古学家安特森最先发现于河南渑池的仰韶村。最早的彩陶出现于距今约7000年前，在河北磁山文化和浙江河姆渡文化中都发现过早期彩陶。其特征是在红陶胎上描画红、黑、赭、白等色的彩绘，经过压磨，然后用火烧结，成为用具。常见的器物有钵、碗、盆、盘、杯、罐、瓶等。彩绘图案包括几何纹、动物纹、天象纹等。彩陶是研究原始社会绘画。色彩运用等的重要资料。

6.品种丰富的东周织物

东周时代处于列国纷争、诸侯争霸的局面，各诸侯国为问鼎中原，极力网罗人才，发展经济，使经济、思想、文化均出现前所未有的繁荣景象。在奖励耕织、发展蚕桑的政策下，几乎家家种桑养蚕，缫丝织绸。《墨子·非乐》记载："妇人夙兴夜寐，纺绩织纴，多治麻丝葛捆布縿，此其分事也。"还有曾母投杼、孟母断机教子以及苏秦"妻不下纴，嫂不为炊"等故事，都反映了当时妇女从事和忙碌于纺织的史实。故宫博物院收藏的青铜宴乐渔猎采桑攻战图壶上的采桑场面，是当时植桑养蚕情况的真实写照。官营的纺、织、染、缝等大工场盛行，四时都有"麻枲丝茧之功"。正是在这种广泛的社会基础下，织绣工艺有长足的进步，丝织物品种十分丰富。从文献记载和出土实物相对照，已知就有绡、纱、縠、缟、纨、绨、罗及绮、锦等小提花和大提花织物。

绡 细而轻薄、稀疏的平纹生丝织物，有"轻绡"之称。《周礼》郑注："绡又为生丝则质坚脆矣，此绡之本质也。"

纱 经纬线极纤细，平纹，组织稀疏，有均匀的方孔，俗称"方孔纱"，是丝织品中最纤细、稀疏的品种。辽宁朝阳西周墓出土有经纬密度20×20根/厘米的方孔纱；湖南长沙左家塘楚墓出土一块藕色纱手帕，经纬密度为28×24根/厘米，平纹组织，

毛袷袢

春秋

长145厘米 袖长42厘米 肩宽84厘米

1985年新疆且末扎洪鲁克古墓出土

现藏新疆维吾尔族自治区博物馆

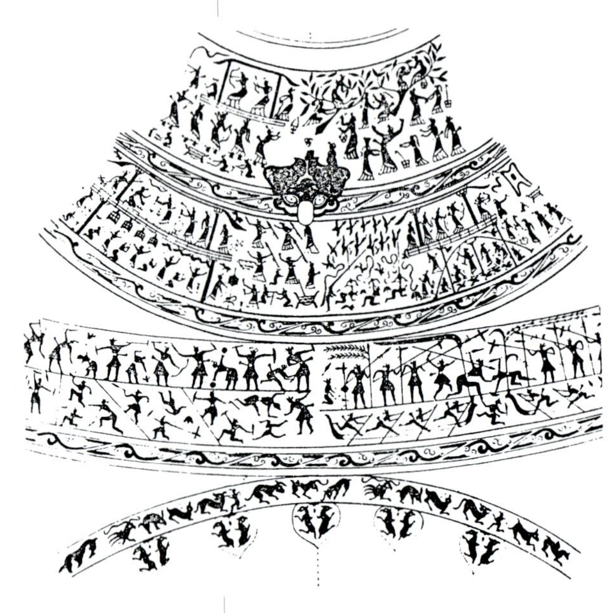

青铜器上的采桑纹饰

有稀疏的方孔，透孔率为7%，相当轻薄。

縠 平纹熟丝织物，表面有纱一样的方孔和均匀的鳞状绉纹，是一种起绉的纱。经纬丝纤细，经过异向强捻，或以不同捻向的纬线交互织造，再加煮练，加强捻的经纬丝发生退捻，引起收缩弯曲，使织物呈现鳞状绉蹙效果。商代已发现有绉织物，长沙左家塘战国楚墓出土的浅棕色绉纱手帕，经纬密度38 × 30根/厘米，经纬丝都强捻，经S捻，纬为S捻和Z捻间隔排列，其轻薄程度相当于现代的真丝乔其纱。

纨 细密洁白有光泽的平纹丝织物。丝经过精练，光亮如冰，有“冰纨”之称。从出土实物分析，经密大于纬密，一般经密在100～120根/厘米，纬密60～80根/厘米，表面呈均匀的经畦纹效果。纨为高档名贵的丝织物，古人

湖北荆州包山楚墓丝织衾出土现场

以着纨衣为奢侈，故有“纨绔子弟”之称。商周至战国都有纨一类丝织物出土，但到东汉以后则少见了。

缟 细密洁白的生丝平纹织物。其洁白鲜丽与纨相似，但缟的经纬密度大致相同，经密40～45根/厘米，纬密20～40根/厘米。以鲁地所产为上，当时有“鲁缟”之称。

绨 厚实有光泽染色的平纹织物。经纬线均较粗，特别是纬线更粗，密度小，经线密度大，表面形成横向凸纹，纺织学称作“经畦纹”或“经亩纹”组织。织造紧密，厚重，手感挺括。江陵马山一号墓出土的绨，经密80根/厘米，纬密10根/厘米，特点鲜明。

罗 质地轻薄，丝缕纤细，采用绞经组织织造，外观呈均匀孔眼的丝织物。其组织结构是平织和绞经相互轮换形成梭口，所谓“来梭提，往梭不提”，即绞经开口为“来梭提”，平织开口为“往梭不提”。江陵马山1号楚墓就出土一件四经绞素罗绣袍。

这些织物中，除锦、绮、罗外，其余均为平纹素织物，但因丝的粗细、捻度大小、织造疏密、厚薄以及工艺处理上的不同，形成了各自特殊的外观效果。

龙凤虎纹绣罗
战国
纹样长29.5厘米
宽21厘米
1982年湖北江陵马山1号墓出土
现藏荆州市博物馆

7.战国织锦的新突破

战国时期，织锦有了新的突破。在西周二重经锦的基础上，战国织锦无论是织造技术，还是纹饰花样都有提高。陈留（今开封）、襄邑（今河南睢县）的美锦、文锦闻名天下。

1957年湖南长沙左家塘战国墓中出土了一批组织和纹

塔形纹锦

战国

幅宽约49厘米

1982年湖北江陵马山1号墓出土

现藏荆州市博物馆

舞人动物纹锦

战国

幅宽50.5厘米

1982年湖北江陵马山1号墓出土

现藏荆州市博物馆

饰复杂的织锦，有深棕地红黄色菱纹锦、褐地红黄色矩纹锦、朱条暗花龙凤纹锦、褐地双色方格纹锦、褐地几何填花燕纹锦等，色彩均较鲜艳，为战国早期织锦的代表。1982年湖北江陵马山1号楚墓出土大批丝织品，其中不同纹饰的织锦达十二种之多，如塔形纹锦、十字菱形纹锦、凤凫几何纹锦、舞人动物纹锦等。

战国织锦图案突破了商周时期简单的几何纹，出现了内容丰富、形式复杂的新纹饰，常常以多种几何纹为骨架，内填龙、凤、瑞兽，组成二方连续、四方连续图案，呈现出总体整齐，而细部丰富、活泼的特点。

目前所见的战国织锦均为经显花夹纬二重锦，平纹组织，但显花的经线打破了只有二色的局限，出现了三色或三色以上的显花经线。经线为二色的表经与底经的排列比为1∶1，经线为三色的表经与底经的排列比为1∶2，一根纹经两根底经相间排列，需要时两根底经与纹经交换位置显花，这样锦面呈竖条状花纹，色彩显得丰富。如湖北江陵马山一号楚墓出土的凤凫几何纹锦，即是三色二重经锦。其纬线均是明纬与夹纬两组，明纬与表、底经交织，夹纬夹在表、底经之间，不起交织作用，可避免表、底经色彩错乱，保障花纹的清晰，同时增加织物的厚度和挺括感。

花纹如此丰富、单位循环如此之大的战国织锦，如果没有结构复杂的织机是无法织造的。现在虽然没有明确的实物证明，但从汉代已普遍使用脚踏多综蹑斜织机的情况分析，战国已开始使用此织机。

脚踏多综蹑斜织机有杼（梭）、柚（筘）、综、蹑和机架等完整结构。织机经面与水平的机架成50～60°倾斜

田猎纹锦

战国

幅宽6.8厘米

1982年湖北江陵马山1号墓出土

现藏荆州市博物馆

角，织工坐在前面操作，可以一目了然地看到经面是否平整，经纱有无断头等。利用杠杆原理，织工只需用两只脚踏板（蹑）提综，形成梭口，两只手专用来投梭、打纬，既保证了产品质量，又提高了生产效率，为以后多蹑提花束综织机的出现，奠定了基础。

 **文物百科**

二方连续

亦称“带状图案”。图案花纹的一种组织方法。指一个纹样单位能向两个方向连续，形成一条带状的图案。排列连续的方法很多，通常有均齐的排列、平衡的排列、混合式排列等。而四方连续是一个纹样单位能向四周重复地连续和延伸扩展的图案，可分梯形连续、菱形连续、四切（方形）连续等格式。

8. 刺绣工艺的重大发展

刺绣工艺到春秋时期已有了很大的发展。《国语》载："齐桓公曰，昔吾先君襄公，陈妾数百，食必良肉，衣必文绣。"又《说苑》记："晋平公使叔向聘吴，吴人饰舟以送，左百人，右百人，有绣衣而豹裘者，有锦衣而狐裘者。"可见绣衣在贵族中已较为普遍。此时齐鲁地区织绣工艺最发达，有"冠带衣履天下"之称。李斯《谏逐客书》中提到各国输入秦的特产，有"阿缟（齐国东阿产）之衣，锦绣之饰"句。

1984 年河南信阳春秋时期的黄君孟夫妇墓中出土一批丝织品，其中两件紫色绣绢引人注目。绢为平纹，呈绛紫色，工艺成熟。紫色是当时时尚的颜色。《韩非子·外储》中记，紫绢又称"齐紫"，在齐国十分流行，有"齐桓公好服紫，一国尽服紫，当是时也，五素不得一紫"的说法，而为楚地的信阳地区亦服紫色丝绢，可见其流风所被。

战国时期，在丝织染色技术高度成熟的基础上，刺绣工艺得到了迅猛发展，产量大，纹饰丰富华丽。1958 年湖南长沙烈士公园楚墓棺内东西壁各贴一幅刺绣品，似为绢地，东壁绣龙凤

绣衣俑
战国
高50.2厘米
湖北江陵九店401号墓出土
现藏荆州市博物馆

蔓草纹，蔓草作“弓”形，龙凤与之相接，构成一幅优美的图案。西壁绣图案化的鹤鹿和花草枝蔓，画面活泼，布局匀称。这种在棺内饰绣品的形式，与“诸侯之棺必衣絺绣”的制度相符。

江陵马山1号楚墓出土了一批大型刺绣品，无论是尺幅、数量，还是花纹形式均为世之仅见，代表了战国刺绣工艺的成就。这批刺绣品包括有绣衾、绣袍、绣衣裤及衣服的绣缘。其中一件纨地绣对龙对凤纹衾，由五幅料缝合而成，面积竟达到200厘米×207厘米。按《汉书·食货志》中周制“布帛广二尺二寸为幅，长四丈为匹”计算，这件绣衾竟用了两匹面料，在当时可算是巨幅绣品了。像这样的大型绣品在此墓中不止一件，黄绢绣蟠龙飞凤纹面

黄绢绣蟠龙飞凤纹面衾

战国

长191厘米

宽190厘米

1982年湖北江陵马山1号墓出土

现藏荆州市博物馆

龙纹绣
战国
长28厘米
宽14厘米
湖北随县曾侯乙墓出土
现藏湖北省博物馆

衾，面积达到191厘米×190厘米，龙、凤姿态生动，口、眼、爪等细部都作了精心描绘。数量众多的大幅作品，单个家庭是难以独立完成的，因此，可以推测当时刺绣制作规模已很大。

从发现的春秋战国时期的刺绣品看，此时的绣品针法上以辫绣为主，个别部位间以平绣（又称直针绣）。在绣法上能根据花纹需要灵活巧施，如面积大的花纹采用多条辫子股并排施绣，不露绣底，也能绣得细密整齐。有的只绣花纹轮廓或枝蔓等细小部位，用单根或双根辫子股，将转折、弯曲的纹饰表现得精细、准确。还利用变换绣线色彩，使相同形式的花纹具有了丰富多彩的层次感。善用对比色调，增加画面的视觉效果。这些手法的娴熟运用，均说明战国刺绣工艺的成熟。

春秋战国时期的刺绣品不仅技艺成熟，而且纹饰题材丰富，以龙凤瑞兽为主，藤蔓花草及几何纹为陪衬，显得丰富多样，华丽多姿，呈现出一派欣欣向荣、活泼奔放的气势。

纨地绣对龙对凤纹面衾
战国
长200厘米
宽207厘米
1982年湖北江陵马山1号墓出土
现藏荆州市博物馆

9. 精品荟萃秦汉织锦

几何纹绒圈锦
西汉
宽28厘米
1972年湖南长沙马王堆1号墓出土
现藏湖南省博物馆

经过两个多世纪的诸侯割据、争霸，到公元前221年秦统一了中国，建立起第一个中央集权的封建制国家。大一统的社会为经济、文化的发展奠定了基础。秦朝统治虽然短暂，但仍然取得了极大的成就从记载中亦可看到秦对种桑养蚕非常重视，丝织品应用普遍。《中华古今注》记秦人“庶人白袍，皆以绢为之”。

由于秦代统治的短暂，出土的丝织品十分罕见。从众多的秦陵兵马俑身上所表现出的复杂的装束、纹饰及色彩，可以想见当时织染技术之一斑。

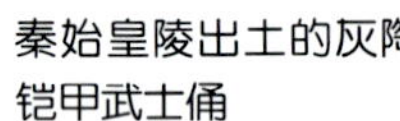

秦始皇陵出土的灰陶铠甲武士俑

1957年陕西咸阳秦宫殿遗址出土了一包丝织物，碳化严重，经辨认有锦、绢等，其中一件绢地刺绣残片，引起了广泛关注。研究者认为，这件刺绣品所采用的针法是纳纱绣，为此种工艺的首次出现，是刺绣工艺的一大发展。

汉承秦制，纺织技术有重大发展。当时从中央到地方都设有管理纺织等手工业的机构，京城长安有东织室、西织室，专为宫廷织造高级丝织品。《汉书·地理志》记：西汉朝廷设织室令丞管理纺织染手工业，襄邑、临淄专设服官，齐三服官作工种数千人，一岁费数巨万。地方和富豪之家的纺织作坊规模也很大，《汉书·张汤传》载，汉武帝时富豪张安世经营的纺织作坊有七百人从事生产，连他的妻子也参加纺绩。纺织业兴盛，男耕女织为普遍的社会分工，所谓“一夫不耕或受之饥，一女不织或受之寒”。汉代成为中国织绣史上的一个重要时期，织造、印染、刺绣都蓬勃发展，各个门类品种都有创新或是提高。

秦始皇陵出土的彩绘陶跽坐俑

汉代织锦发达。除了内府织室织锦，襄邑也成为生产中心。王充《论衡》云：“襄邑俗织锦，钝妇无不巧。”此外，蜀郡也是织锦的重要产地。汉代织锦不仅质量高，产量也十分惊人。《汉书·匈奴传》记：呼韩邪单于每次向汉廷朝贺，汉帝均以数万疋（匹）锦绣礼赐。西汉大将军霍光妻一次就送给女侍医淳于衍“蒲桃锦”24疋！

近年来全国各地出土了不少汉代织锦，特别以湖南长沙马王堆汉墓和新疆地区的丝绸之路沿线为集中。

马王堆出土的汉锦主要有绀地绛红鸣鸟纹锦、香色地红茱萸纹锦、隐花八角星纹锦、红几何纹绒圈锦等。绀地绛红鸣鸟纹锦的图案为鸟儿栖在树枝上，中间嵌织形似倒立状的雄鸡报晓，间以线条、块面等小几何纹点缀，题材

菱花贴毛锦

西汉

长81.5厘米 宽42厘米

1972年湖南长沙马王堆1号墓出土

现藏湖南省博物馆

万世如意锦袍
东汉
身长131厘米
两袖通长174厘米
1959年新疆民丰尼雅遗址出土
现藏新疆维吾族尔自治区博物馆

新颖，似是现实生活的再现；香色地红茱萸纹锦将花卉和菱形、空心点几何纹相结合，构成虚实相对、疏密恰当的竖排图案。

丝绸之路沿线出土的主要是东汉织锦。新疆尼雅精绝国遗址出土有万世如意锦袍、延年益寿大宜子孙锦袜、手套、鸡鸣枕、菱纹锦女袜、藏青地织锦被、五星出东方利中国锦护膊等。吐鲁番、楼兰、民丰等地也出土过风格相同的汉锦，如延年益寿大宜子孙锦、望四海为国庆锦、长乐明光锦、鱼蛙纹锦、登高明望四海锦等。这些织锦无论是鲜艳的色彩、图案纹饰，还是织造技艺，均达到了前所未有的成就。

从已见的汉锦看，图案纹饰更为丰富，具有鲜明的时代特点。在题材上，一部分仍为战国时期流行的龙凤虎豹、瑞兽飞禽以及舞人、几何纹等图案，体现了对传统的承继关系。但在表现形式上亦有所变化，并不一味地追求对称、规矩，而是更加流动、活泼。最具特色的是在图案上大量使用吉语和铭文，如“延年益寿”、“大宜子孙”、“千秋万岁”，再配之以云气、辟邪、瑞兽等，代表了秦汉时期人们迎祥祈福、崇信升仙的思想。

总体来看，两汉织锦在结构上相同，都是经显花经二重夹纬平纹组织。比较突出的是绒圈锦，这是汉代首创。绒圈锦也属二重夹纬平纹组织，只是增加了显花的绒经。织造时需有综架和提花束综配合控制经线的提起或下沉。绒线在起花时织入绒圈杆（即假织纬，织后抽出），不起花时与经二重中的里经一并下沉，随里经和纬线作平纹交织。这种工艺为后世的漳绒打下了技术基础。

东汉织锦在色彩上有明显进步，除二色、三色外，发展到五色以上。采用经线分区的排色方法，每区有三种不同色彩，并用白色和地经作为每区花纹的勾边和嵌织吉祥文字。这时期多以墨绿、深棕、藏青等深颜色作地色，这样纹、地色彩对比鲜明，相互映衬，形成强烈的艺术效果。

长乐明光锦

东汉

长49厘米

宽10厘米

1980年新疆罗布泊高台2号汉墓出土

现藏新疆维吾尔族自治区社会科学院考古研究所

鱼蛙纹锦

东汉

长5.2厘米

宽19.2厘米

1980年新疆罗布泊高台2号汉墓出土

现藏新疆维吾尔族自治区社会科学院考古研究所

阅读链接

马王堆汉墓的大发现

湖南省长沙市东郊五里牌原有一马鞍形土堆，封土堆高10余米，直径30米左右。原来以为是五代楚王马殷的墓葬，因此称为马王堆。1972~1974年在发掘出三座西汉墓葬，墓主分别是汉初长沙丞相軚侯利苍和其妻其子。

三墓均为长方形竖穴土坑墓，形式基本相同，大小有别。墓底置木椁及层层漆绘套棺，周围塞满木炭和白膏泥，然后填土，夯实封固。因1号墓封固十分严密，墓内的棺椁、女尸及随葬器物都完好地保存了下来。

墓中出土的各类文物异常丰富。其中五百多件漆器，制作精致，纹饰华丽，光泽如新；大量丝织品，保存完好；出土的帛画为我国现存最早的描写当时现实生活的大型作品；还有彩俑、乐器、兵器、印章、帛书等珍品。而从3号墓中出土的帛书《五十二病方》，经考证比《黄帝内经》（成书于春秋战国时代）可能还要早，是我国现在所能看到的最早的方剂。这些珍贵文物为研究西汉时期的历史、文化和社会生活等方面的情况以及手工业的发展，提供了极为重要的实物资料。

10. 推陈出新的汉代刺绣

汉代与锦同样出名的是刺绣，甚至更盛于锦。贾谊《新书》云：“匈奴之来者，家长以上，固必衣绣，家少者必衣锦。”汉代世风奢华，凡有钱之人“衣必纹绣”，更促进了刺绣的发展，出现专业化的刺绣匠人。齐郡（今山东临淄）刺绣最著名，有“齐郡世刺绣，恒女无不能”（王充《论衡》）之说。

出土西汉刺绣的地区相当广泛，但数量最多、保存最完好的还属长沙马王堆 1 号墓。此墓是长沙相夫人辛追之墓，所出的织绣品代表了当时贵夫人服饰的最高水平。刺绣品名目繁多，与墓中出土的“遣册”对照，有长寿绣、信期绣、乘云绣；按纹样有茱萸纹绣、方棋纹绣、云纹绣等。这些不同名称的绣品，其花纹主题基本相同，都是由植物藤蔓加云纹、变形动物纹等构成。

绢地乘云绣枕巾
西汉
长87.5厘米 宽65厘米
1972年湖南长沙马王堆1号汉墓出土
现藏湖南省博物馆

罗地信期绣香囊

西汉

长50厘米 口径19厘米
底径12厘米

1972年湖南长沙马王堆1号汉墓出土

现藏湖南省博物馆

东汉刺绣品多出土于丝绸之路沿途，且多为小件作品。如土红地蔓草纹绣绢边饰，花纹丰富，有卷曲的蔓草、花枝，其间点缀有凤鸟、回纹等，似有向写实风格转化的趋势。

汉代刺绣仍以辫绣为主，但技法更为成熟，特别是多色绣线的运用使绣品图案、花色显得更为丰富。如长寿绣上的火焰纹、深棕色枝蔓等，都以多条辫子股并排绣满，使之突出醒目；一些细小的须蔓用单根或双根辫子股，显得纤细、灵活，又不失质感。除占多数的辫绣外，还出现了几种新针法。

齐针绣，绣线从花纹一端刺上，拉到另一端刺下。此种针法战国时已萌芽，西汉独立运用。马王堆出土的方棋纹绣绢上以一个个椭圆形点构成纹饰，在每个方框内绣大

铺绒绣锦

西汉

长35厘米

宽13厘米

1972年湖南长沙马王堆1号汉墓出土

现藏湖南省博物馆

缦地刺绣龙纹边饰

东汉

长31.5厘米 宽33厘米

1959年新疆民丰尼雅古遗址出土

现藏新疆维吾尔族自治区博物馆

圆点，以齐针绣中心，辫绣作轮廓。

铺绒绣，以平绣针法数着绣地纳丝，有规律地绣满，只在花纹边缘留出一线宽的地色（称留“水路”），显现花纹形状。其花纹规矩、整齐，具有图案化效果。马王堆出土的绨地树纹铺绒绣为首次出现的铺绒绣作品。

网绣，以平针在地料上绣小格子，格内再绣不同方向的直线，形成网状，故名。新疆和阗出土一件东汉铜镜木梳刺绣锦袋，其中部以棕、黄、白色素绢拼缝呈等宽的横条，其上再以绿、红、黄、白色丝线绣出菱形图案，应为网绣的最早作品之一。

这几种新针法的出现，标志着汉代刺绣工艺有了长足发展。

11．汉代丝织物与毛织物

汉代纱织物达到了极高的水平，如马王堆出土的举世闻名的素纱禅衣，将领、袖等镶边都计在内，重量仅49克，不足一市两，为纱织物中的极品。纱的轻薄如蝉翼一般，足见当时缫丝、练染、纺织的技术水平。

汉代出现了暗花罗，也称纹罗。纹罗的地、纹组织原理相同，只是地组织的绞经梭口交错间歇，织物表面形成椒眼状罗孔；纹组织绞经密度大且无孔眼，形成地、纹的不同。将两者同时用到一件织物上，需要很高的织造技术。马王堆出土的烟色菱纹罗就是四经绞组织。

以经斜纹显花的暗花绮，经春秋战国的发展，到汉代已达到高峰，与锦、绣并列为当时的高级丝织物，用途十分广泛。《乐府·陌上桑》有句“缃绮为下裙，紫绮为上襦”

素纱禅衣

西汉

衣长128厘米 腰宽49厘米 下摆宽50厘米

1972年湖南长沙马王堆1号汉墓出土

现藏湖南省博物馆

罗绮地信期绣袍

西汉

衣长150厘米 腰宽57厘米 下摆宽63厘米

1972年湖南长沙马王堆1号汉墓出土

现藏湖南省博物馆

可为证。汉代出土的绮十分丰富，马王堆有烟色菱纹绮、香色对鸟花卉菱纹绮等，尼雅有禽兽葡萄纹绮、鸟兽纹绮等，文献中还记载有杯纹绮、长命绮等名目。汉绮除平纹地、三上一下经斜纹花外，还有一种即在斜纹经线两侧加一根平纹，形成斜纹和平纹的联合组织。绮在汉代达到高峰，直到唐、宋都很盛行，但元代以后就很少见了。

先秦时期已有毛织物，但为初级产品，汉代毛织物十分丰富，从织造工艺上可分为花罽、氎罽、毛罗、毛纱、毛绦、毛绣等。

以彩色毛纱提花织造的精纺毛织物为罽，罽多为两种以上色彩。尼雅出土的墨绿地人兽葡萄纹罽，纱很细，织造精密，以黄色显花，具有代表性。龟甲四瓣花罽，平纹，在蓝地上以红、白色织菱形和八角纹，构成龟背纹填花图案。

花罽除平纹组织，尚有1/2的纬面斜纹和2/2双面斜纹，还有双层两面纹组织——双面罽。新疆山普拉出土的黄绿双面葡萄纹罽，织物表、底各为一色，表经、表纬与里经、里纬按1∶1排列，各自织平纹，依需要在花纹边缘处作表、里换层易

龟背海棠花罽

东汉

长24厘米 宽28厘米

1959年新疆民丰尼雅遗址出土

现藏新疆维吾尔族自治区博物馆

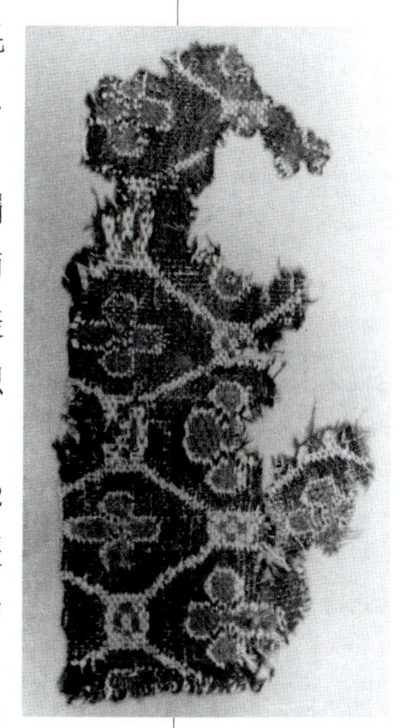

人首马身纹缂丝毛残片

东汉

残长55厘米

宽45厘米

1983年新疆洛浦赛依瓦克古墓出土

现藏新疆维吾尔族自治区博物馆

色，称之为双层风通组织。用于丝织的，称为双面锦。

缀织物的基本技法是通经断纬局部挖织起花，依花纹一块块缀织而成。这种技法用于丝织，就是缂丝。《后汉书·西南夷·哀牢传》记：哀牢人“知染采、文绣、罽𣯋”，“𣯋”即为缀，就是缂毛。山普拉出土有此类物，有花边、壁挂等，具有明显的缀织回纬痕迹，为毛织精品。

12. 秦汉印染的成就

秦始皇即位后，接纳了齐人驺衍的阴阳五行学说，即所谓历代帝祚兴衰转移概由天定，天必依“五德相胜”的逆序，后者胜前者，循环往复。五德是指火、水、土、木、金，周是“火德”，胜商代的“金德”而有天下，故周代尚赤色。秦以“水德”胜周“火德”，水色黑，因此秦人服装、旌旗均尚黑色，以“奉天承运”。秦代出现了一些专染黑色的作坊，似可证明这种说法。其时，矿物、植物染料并用。

汉代依旧沿用黑色，汉文帝刘恒“身衣弋绨”（黑色厚

秦始皇冕服像

印花敷彩纱
西汉
长54厘米 宽47.4厘米
1972年湖南长沙马王堆1号汉墓出土
现藏湖南省博物馆

缯），上行下效，在朝的官员，虽有五时服，但至朝皆皂衣，因此有“皂衣之吏”之称。除了黑色，汉代纺织品的颜色还有多种，马王堆出土的丝织品用色超过了二十种，可见印染取得了巨大成就。

汉代的染料有多种，矿物染料有染朱红的朱砂，染粉白色的云母，染银灰色的硫化铅和硫化汞的混合物，主要植物染料有茜草素、栀子素、靛蓝、碳黑等。当时，已认识了红、黄、蓝三原色，并能够运用其任意调配，扩大了色彩范围。

汉代染色技术已十分成熟，已知的有涂染、印染、浸染、套染、媒染等多种。马王堆出土的金银印花纱，是用木质凸纹模板经过三套印制而成。印花敷彩纱是利用凸板模印和彩绘结合而成。尼雅出土的东汉蜡染人物花布，蓝地上的白赤身佛像，是用蜡染技术染成。此方法是以蜡液在棉布上描绘花纹，再放入蓝色染料中浸染，最后加热去掉蜡液，成为蓝地白花图案。这是最早的蜡染作品。

印花敷彩绛黄纱袍
西汉
衣长130厘米
通袖长250厘米
下摆宽66厘米
1972年湖南长沙马王堆1号汉墓出土
现藏湖南省博物馆

13. 魏晋蜀锦独领风骚

东汉末年起，中原地区战乱频仍，经魏、蜀、吴三国鼎立，两晋短暂的统一，晋室南迁，北方五胡十六国互相攻杀，到南北朝对立，历时近四百年，社会一直处于战乱、分裂状态。纺织业受到严重破坏，织绣生产中心逐步向长江中下游及西北地区转移。四川地区受战火波及较少，又有良好的自然条件，丝织生产稳步发展，成都的蜀锦很快居于全国领先地位，并成为蜀国军资的主要来源。

"富且昌宜侯王天延命长"锦履

东晋

长23厘米 宽8.5厘米

高5厘米

1964年新疆吐鲁番晋墓出土

现藏新疆维吾尔族自治区博物馆

蜀锦在汉代就已居全国第二，汉代杨雄《蜀都赋》中就有赞蜀锦之句："尔及其人，自造奇锦，发文扬彩，转代无穷。"南朝山谦之《丹阳论》中说："江东历代尚未有

藏青地禽兽纹锦

南北朝

长81厘米 宽54厘米

1968年新疆吐鲁番阿斯塔那墓出土

现藏新疆维吾尔族自治区博物馆

对鸟对羊花灯树纹锦

南北朝

长24厘米

宽21.5厘米

1972年新疆吐鲁番阿斯塔那墓出土

现藏新疆维吾尔族自治区博物馆

锦，而成都独称妙。故三国时魏则市于蜀，吴亦资西蜀，至是始有之。”刘备平益州后遍赏功臣，诸葛亮、法正、张飞、关羽等赏锦千匹。诸葛亮曾说：“今民贫国虚，决敌之资惟仰锦耳。”因此，蜀国非常重视织锦的生产，设有锦官专门管理织造。元代费著《蜀锦谱》记：“蜀以锦擅名天下，故城名以‘锦官’，江名以‘濯锦’。”三国魏景初二年（公元238年）倭国女王卑弥呼遣使来贡于魏，明帝回赐之物中有绛地交龙锦五匹、绀地勾纹锦三匹，就应是从蜀购来之物。《邺中记》载：后赵帝石虎御床“辟方三丈，冬月施熟（蜀）锦流苏斗帐”，其“皇后出女骑一千为卤簿，冬月皆着紫衣巾，蜀锦袴褶”，均说明当时蜀锦风靡天下。

在倍受推崇、远近争购的形势下，蜀锦发展迅猛。花纹图案题材广泛，除汉代已有的狮、虎、象、豹等动物和几何纹外，出现了更接近于生活的树、花、人物、骆驼、鸡、羊等，还有新颖的盘条纹、联珠纹。构图上除一部分保持东汉以来在骨架内填纹样的方法外，较多地出现了对称形式，如对鸡、对羊、对象等，还有倒侧式对称，即动物都是头对头、足对足，这是前所未见的新形式。唐代陆龟蒙《纪锦裙》中记载了在李侍御史家见到一条古蜀锦裙，纹饰为“其前左有鹤二十，势若起飞，率曲折一胫，口中衔莩藟荤。右有鹦鹉二十，耸肩舒尾，二禽之间隔以花卉，均布无余地”，这个描绘与出土实物相对照，风格颇为近似。

蜀锦在用色上采用分区循环排色方法，如方格动物纹，分三个彩条，一条黄地蓝牛，白色勾边；一条草绿地白狮子，红色勾边；一条黄地白象，蓝色勾边。每一条都

联珠胡王锦

南北朝

长19.5厘米 宽15厘米

1972年新疆吐鲁番阿斯塔那墓出土

现藏新疆维吾尔族自治区博物馆

有三种不同的颜色，地色、纹色相互调配，打破了东汉只以白色勾边的传统，用色不多，但显丰富。

蜀锦的组织与汉锦不同，虽仍为经显花夹纬经二重平纹组织，但经、纬线比较细，织造精密，经纬密度比汉锦大，约为56 × 2根/厘米× 13 × 2根/厘米，56 × 3根/厘米× 15 × 2根/厘米。在提花技术上采用倒循环的手法，使花纹形成头对头、足对足的侧卧对称式，这是前代未见的提花方法。这种方法使花纹循环小，便于编花本和织造，可省工时。成品面料做成衣时便于安排花纹，如做成衣服时,人物、动物图案不会出现头朝下的现象。

树叶纹锦

南北朝

残长22.4厘米

宽14.3厘米

1972年新疆吐鲁番阿斯塔那墓出土

现藏新疆维吾尔族自治区博物馆

近年来在新疆吐鲁番阿斯塔那古墓群出土大批南北朝至唐代的织锦，如藏青地禽兽纹锦、墨绿地对鸡对羊花灯树纹锦、方格兽纹锦等，在织造工艺、用色技法等方面都具有蜀锦的特点，应是在蜀地织造的。

另在高昌建昌四年（北周明帝二年，公元558年）墓葬中出土了一批织锦，有盘条对狮对象纹锦、盘条骑士狩猎纹锦、盘条对鸟对兽纹锦、联珠孔雀纹锦等。以小圆点或小勾纹组成圆形圈纹，称盘条纹；以小圆珠相连，构成圆形球体为骨架，内填各种纹饰，称为联珠纹或球路纹。这两种纹饰是这时期新出现的纹样。联珠纹被认为是典型的波斯萨珊朝纹饰，因此，这些织锦应是专为西域等地织造的。

除蜀锦外，在战乱的摧残下的三国至南北朝的织绣工艺，在局部地区和某些类别上亦有一定的发展和突破，如东晋陆翙《邺中记》载，石虎在邺城（今河北临漳）设织染署，锦有“大登高、小登高、大茱萸、小茱萸、大明光、小明光、大博山、小博山、大交龙、小交龙、蒲桃纹锦、斑文锦、凤凰朱雀锦、韬文锦、核桃

贵字连环纹绮

北朝

长32.5厘米

宽24.5厘米

1966年新疆吐鲁番阿斯塔那墓出土

现藏新疆维吾尔族自治区博物馆

纹锦……不可尽名。”西北高昌在对外贸易需求下，织锦、棉布名目繁多，具有与内地不同的特点。

文物百科

波斯萨珊朝

古代波斯（伊朗）的一个王朝，因其创建者阿尔达希尔的祖父萨珊而得名。建立于公元224年，覆灭于公元651年。期间与中亚的印度贵霜王朝、东亚的东汉及欧洲的罗马帝国并称，四国雄霸欧亚。在最强盛之时，曾多次威胁比邻的贵霜王朝及东罗马帝国。以祆（音：掀）教为国教，全体人民分为教士、军人、文人和平民四等。

14. 刺绣品用途扩大

刺绣佛供养人像

北魏

长49.4厘米 宽29.5厘米

1965年甘肃敦煌莫高窟出土

现藏敦煌研究院

三国以后，刺绣开始逐渐走出生活用品的范围，出现了一些专事于装饰的制品。东晋王嘉《拾遗记》载："孙权常叹魏、蜀未平，军旅之隙，思得善画者，使图山川、地形军阵之象。赵夫人曰：'丹青之色，甚易歇灭，不可久宝。妾能刺绣作列国于方帛之上，写于五岳、河海、城邑、行阵之形。'既成，乃进于吴主。时人称为'针绝'。"有人认为赵夫人刺绣的军事地图应是绣画并用，但即使如此，在"方帛"之上绣出那么复杂的画面，仍需要有很高超的技艺。

随着佛教在中国的兴起，刺绣亦开始运用到佛教艺术中。敦煌莫高窟出土过一件北魏时期的刺绣佛供养人像，这是迄今最早的一件刺绣佛教艺术品。新疆阿斯塔那382号墓出土一件神鸟纹绣绢，在大红绢地上以七彩丝线绣一只共命鸟，一体二头。绣工精细，除辫绣外，还有齐针，以及首次发现的滚针绣、钉线绣。

刺绣工艺的发展主要体现在针法的进步。传统的辫绣更为精细，可根据花纹需要，以高超的技巧转折圈点作满幅施绣。在阿斯塔那出土的神鸟纹绣绢上，在齐针绣基础上还出现了滚针绣和钉线绣，其上流畅卷曲的细线条就是滚针绣。钉线绣是以一根线按花形放好，再用另一根线固定，形成花纹。这种针法既可绣线条，也可多条线并排形成块面，具有纤细、灵活的特点。

15.全面发展的隋唐织锦

菱格柿蒂纹双面锦

唐

长15厘米　宽9.5厘米

1973年新疆吐鲁番阿斯塔那墓出土

现藏新疆维吾尔族自治区博物馆

经历了近四个世纪的战乱、分裂局面后，到隋开皇九年（公元589年）又归于统一，这是中国历史上第二次大统一。社会安定，生产发展。唐代开国后，更是采取了一系列提高生产、发展经济的措施。玄宗开元至代宗永泰的前后百余年间，社会经济、科学技术以及文化艺术均有了全面发展，成为继汉代以后又一个发展盛世。在这种条件下，织绣工艺得到了高度发展。

当时中央的少府监下设织染署，专门管理染织生产。《唐六典》记载，贞观年间织染署管理着二十五个织染作坊，包括织袵十个，组绶五个,紬线四个，练染六个，分工很细。全国各地都能织造各种丝织品，除早已闻名的蜀锦外，吴越地区的吴绫、吴朱纱，江浙的罗、绢、缭绫等都著称于世。唐代还成功地织造出纬锦，使织

花鸟纹织锦

唐

长24.5厘米

宽36.5厘米

1968年新疆吐鲁番阿斯塔那墓出土

现藏新疆维吾尔族自治区博物馆

联珠猪头纹锦

唐

长17.5厘米 宽23.5厘米

1960年新疆吐鲁番阿斯塔那墓出土

现藏新疆维吾尔族自治区博物馆

锦达到了前所未有的水平。

隋唐早期织锦仍是经显花的经锦，其在组织结构、花纹形式、构图手法上与南北朝时期完全相同，但稍后，这种单一的经纬组织向多样化发展，出现了经显花夹纬经二重2/1经面斜纹组织。斜纹组织出现很早，但多是与平纹联合作绮的显花组织。而这种夹纬经二重三枚经斜纹组织最早出现在南北朝末或是隋初，到唐代才开始大量织造。如阿斯塔那唐墓出土的绿地团花锦枕顶、大联珠鹿纹锦覆面、大联珠立鸟纹锦等，都有明显的斜纹效应。斜纹是对平纹的发展，其交织点减少，能充分显示丝织物的光泽。将经显花夹纬经二重结构做90°回转，使经纬线互易成纬显花夹经纬二重（平纹或斜纹）组织，表、里纬排列比为1：1的两色纬锦。如阿斯塔那出土的唐代红地团花锦小半臂料，即为纬显花夹经纬二重三枚纬面斜纹组织。

纬锦较经锦有许多优点，如不受织机限制，可根据花纹需要任意选择不同颜色的彩纬；众多彩纬可以逐一穿入梭口，用筘打紧，既不会混乱纠缠，也不会过松，花纹清晰。纬锦由于比经锦色彩丰富，织造简便，所以，出现以后就逐渐取代了经锦。

另外，丝织品中还出现了风通组织，即织物的花、地中间呈相通的中空状态，故名。唐代白地团花双面锦，表、里经为白色，纬为酱色，各自作平纹交织。花纹边缘处作

鸟衔绶带纹锦

唐

青海都兰县出土

现藏青海省博物馆

宝相花纹锦鞋

唐

长27.9厘米

宽8.8厘米

高8.3厘米

1968年新疆吐鲁番阿斯塔那墓出土

现藏新疆维吾尔族自治区博物馆

花、地交换，正面呈白地酱色团花，背面则为酱色地白花。红地飞凤夹蝶团花锦，为单经重纬组织，红色地纬与经线作1/5纬面斜纹交织，以黄色纹纬长浮线织遍地花纹，再以粉红、粉绿、白色纹纬浮线织团花，似局部挖梭，黄纹纬不织花纹时以浮线沉在织物背后，形成绒背。青海都兰出土一件唐代鸟衔绶带纹锦，以紫红色为地，藏青、橘黄、墨绿色显花，为1∶3的斜纹纬二重组织，不显花的纹纬都抛在背后，织法与上件相同，就是唐宋文献中讲的“绒（茸）背锦”、“透背锦”，是南京云锦中妆花组织的雏形。

都兰还出土一件蓝地龟甲纹织金锦带，仅2.8厘米宽，在平纹地上以隔经金线作大循环平纹显花，是纬二重平纹织金锦，这是目前所知最早的织金锦。

文物百科

半臂

唐代流行的一种短袖或无袖的上衣。着于内者衣短，着于外者衣长。其形制为合领、对襟，胸前结带，外穿时加于衫子之上。这种服装在隋朝为“内官之服”，至唐朝却不分官庶尊卑，男女老少，都可以服用，只在质料与色彩上有所不同，当时富贵人家子弟所着半臂纹饰华丽，光彩眩目，工艺十分精美。

16. 纹绫的异军突起

绫是一经一纬交织成斜纹地、花的单重丝织物。其具体组织结构有几种：

一种是1/3纬面斜纹地，3/1经面斜纹花的纹绫，如阿斯塔那187号墓出土的黄色团花绫，称同单位异面异向斜纹绫。

一种是2/1经面斜纹地，1/5纬面斜纹显花。这种纬显花的纬线跨度长，不如上一种花纹清晰。

黄色莲瓣龙纹绫
唐
青海都兰县出土
现藏青海省博物馆

第三种是3/1经面不规则山形斜纹（向左右斜，呈山形）为地，以纬的长浮线显花（即花纹上没有间丝点），花纹也不甚清晰。

纹绫多数是经纬同色，以组织变化显花，也有经纬异色，纹、地二色的花纹。还有三色以上的多色花绫，如八彩晕繝提花绫，其基本组织是山形斜纹，以棕、绿、蓝经丝分三组依次排开，用退晕方法排成晕繝色组，又以深红色纬浮线织团花，属于特殊组织。

绫具有光润耀眼的外观效果，《说文》、《释名》中都讲："绫，凌也，其文望之如冰凌之理也。"白居易在《缭绫》诗中对绫进行了赞美："缭绫缭绫何所似，不似罗绡与纨绮。应似天台山上明

晕繝提花绫

唐

残长89.8厘米

宽22厘米

1968新疆吐鲁番阿斯塔那墓出土

现藏新疆维吾尔族自治区博物馆

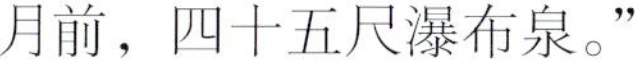
月前，四十五尺瀑布泉。”

绫比绮出现晚，成书于西晋的《西京杂记》说：“绫出巨鹿陈宝光家，宝光妻作其法，霍显召入其第使作之。机用一百二十蹑，六十日成一匹，匹值万钱。”说明魏晋时期已经织造有花纹的绫，而且价格昂贵。绫虽然在文献中早有记载，但在唐代以前未见实物存世，唐代一跃成为重要的丝织品种。《唐六典·土贡》中记载，各州府进贡的绫有龟甲、双距、鸂鶒、镜花绫、交梭绫、方纹绫、水纹绫等，《唐书·舆服志》中又有鹊衔瑞花、雁衔绶带、双孔雀绫、鹤衔灵芝、樗蒲绫、重莲绫等。

17．唐代刺绣的兴盛

大红罗地蹙金绣半臂
唐
身长6.5厘米
通袖长14.1厘米
1987年陕西扶风法门寺地宫出土
现藏法门寺博物馆

刺绣立佛像
唐
纵11厘米 横6.6厘米
1900年敦煌藏经洞出土
现藏英国博物馆

唐代刺绣无论是技法和纹饰均有新的突破。刺绣在针法运用上，除了进一步完善自南北朝以来的平针、滚针等技法，还创造出套针、戗针、接针、缠针、平金、蹙金等众多新针法。如自敦煌流往英国的黄罗地绣牡丹拜垫、绣花鸟纹绢片、绣花卉鸟兽纹罗片等，就运用了套针、戗针、接针等技法。陕西法门寺出土的蹙金绣短袖衣、蹙金绣案裙、钉金绣绮、拜垫等，所用新针法，均是前所未见的。

平针绣的基础是齐针，绣线从一端拉到另一端刺下形成花纹，有直平针、斜平针之分，针脚整齐，表面平整，是刺绣的基本针法。

套针是从第一批绣起，第二批插入第一批中间，批批相套，形成绣面。所施绣线长短、走向不同，又有平套、散套、木梳套、活毛套之分。散套亦是批批相套，但运针较自由，不像平套那样规矩，所绣花纹活泼自然。

戗针又称抢针，是用短齐针依花形由外向内一批批施绣，后批在前批的三分之一处下针，形成由浅入深的晕色效果。

接针主要用来绣线条，后针接在前针尾部，针针相接，形成线条。

钉金线又称钉线绣，是以圆金线（捻金线）按花形摆放好，以另一根针线固定。

平金也称盘金，和蹙金绣都是以圆金线根据花形绣制。盘金是用钉金线技法一根根绣，形成花纹；蹙金绣是在绣底上依花形铺垫一层丝绵，再用盘金技法在上面施绣，花纹略有隆起。此两种绣法在当时很时尚，杜甫《丽人行》中句："绣罗衣裳照暮春，蹙金孔雀金麒麟。"王建《宫词》的"看暮中元斋口到，自盘金线绣真容"等，就是说的这两种绣法。

唐代佛教空前兴盛，各种佛教艺术品大行其市，刺绣也被用来制作佛像、佛经等宗教用品。《白乐天集》中记有绣佛三事，一绣阿弥陀佛，金身螺髻，玉毫甘目；一绣救苦观音菩萨，长五尺二寸，阔一尺八寸，这两件都是白行简妻杜氏所绣。又一绣为西方阿弥陀佛，乃弘农郡杨莲花所作。苏鄂《酉阳杂编》中记，唐永贞元年（公元805年）南海贡奇女庐眉娘，工巧无比，能于尺幅绢上绣法华经七卷，字之大小不逾粟粒，而点画分明，细于毫发。

敦煌发现有多幅唐代的刺绣佛像，如现存于英国的大士像，宽达3米多，用线三四层相叠施绣，妙相天然。还有敦煌和日本各藏一件的释迦说法图等。可见，唐代将刺绣运用到佛教艺术品中已是很普遍的事了。

宝相花刺绣
唐
青海都兰县出土
现藏青海省博物馆

18. 唐代印染创高峰

对饮纹锦
唐
1969年新疆吐鲁番阿斯塔那出土
现藏新疆维吾尔族自治区博物馆

在利用前人以矿物、植物作基本染料的基础上，唐代又开创出多种染料和套染、媒染技术。色谱进一步扩大，利用红、黄、蓝三原色使色谱增加到四十余种，如仅红色就可派生出绛红、猩红、朱红、银红、粉红、褪红等。

唐代丝织品上所展示的图案纹饰，令人耳目一新。从早期的动物纹为主到动植物并重；动物从兽类为主转向飞禽、家禽占主导；植物纹饰从图案化的藤蔓转向牡丹、莲花、菊花等写实花卉。色彩品种极为丰富，达上百种之多，反映了此时印染技术的繁盛。

将色彩通过不同方法和工具染到织物上以呈现花纹图案，称为染缬或印花。根据印花时采用的不同手段、工具和材料，有绞缬、蜡缬、夹缬等，都属于防染范畴。

绞缬又称扎染，是将织物按花纹设计用针线缝结，或以绳线扎缚，入染缸浸染后拆去缝扎绳线，即成色地白花图案。因缝扎不会绝对密封，必有染色侵入，故花纹边缘形成晕色效果。

绛色印花纹
唐
长140厘米
宽14厘米
1968年新疆吐鲁番阿斯塔那出土
现藏新疆维吾尔族自治区博物馆

烟色地狩猎纹印花绢

唐

1973年新疆吐鲁番出土

现藏新疆维吾尔族自治区博物馆

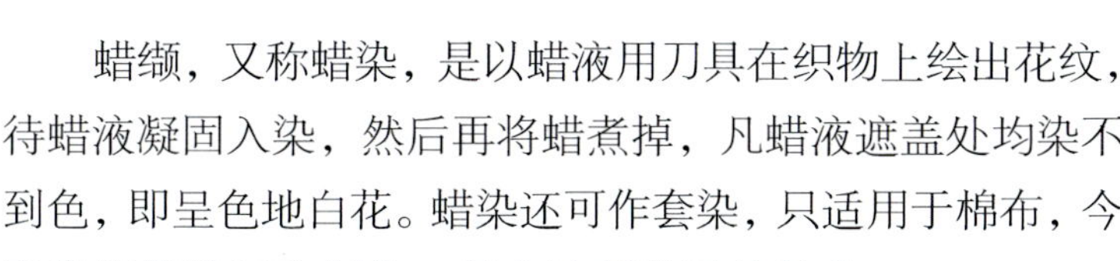

蜡缬，又称蜡染，是以蜡液用刀具在织物上绘出花纹，待蜡液凝固入染，然后再将蜡煮掉，凡蜡液遮盖处均染不到色，即呈色地白花。蜡染还可作套染，只适用于棉布，今天贵州等地还在制作，具有浓郁的民族特色。

夹缬，是以两块雕花夹板将织物夹在中间，用色浆涂在雕花板的镂空处，即成白地色花，也可套染成多彩。据记载夹缬“秦汉始有之”，《中华古今注》中记：“隋大业中，炀帝制五色夹缬花罗裙，以赠宫人及百僚母妻。”宋代王谠《唐语林》中亦有关于夹缬的记载：“玄宗时柳婕妤有才学，上甚重之。婕妤妹适赵氏，性巧慧，因使工镂板为

缦地菱格雪花夹缬
唐
长39厘米
宽24厘米
1964年新疆吐鲁番阿斯塔那墓出土
现藏新疆维吾尔族自治区博物馆

杂花，象之而为夹缬。因婕妤生日献王皇后一匹，上见而赏之，因敕宫中依样制之，当时甚秘，后渐出，遍于天下。”现存唐代夹缬织品很丰富，如阿斯塔那唐墓、日本正仓院等都有大量收藏。

 **文物百科**

日本正仓院

位于日本奈良东大寺大佛殿西北面。建于8世纪中期的奈良時代。木构建筑，屋顶为四阿式，内分北仓、南仓和中仓。是用于保管古代寺院财宝的仓库。公元756年圣武天皇驾崩，光明皇后在举行49天的法会后，将天皇日常用品及珍藏物品交东大寺保管，正仓院正式启用。此后东大寺各大仪式上使用过的物品及信徒捐献物等，均收入正仓院。目前，正仓院中保存了九千多件各时代的文物，其中包括从唐代中国、新罗等地运来的各种精品，甚至还有从波斯而来的珍宝，是研究日本对外文化交流的重要资料。

19. 名留青史的宋锦

公元907年唐代灭亡，相继出现五代十国。公元960年赵匡胤建立了北宋，定都开封。1126年，金兵攻入开封，赵构南奔，在临安（今杭州）建立南宋。五代、两宋历时300余年，也是历史上战乱频仍的时期，经济文化发展不平衡，南方的吴越、南唐相对较发达。北宋局部统一，社会经济得到一定恢复和提高。这一时期的丝织业遍及全国。北宋在京有绫锦院，西京（洛阳）、真定（今河北正定），青、梓州场院主织锦、绮、鹿胎、透背；江宁府润州（镇江）有织罗务，都是官办作坊。锦绫除京师外，四川、河北亦为主要产地。当时京师汇集了当时全国著名的彩锦品种，其中就包括蜀锦。成都的官营锦院每年都要向朝廷进贡官诰锦、臣僚袄子锦，而京师锦院中的织工，多来自成都，作品样式亦多取自蜀锦。

据《蜀锦谱》、《缀耕录》记载，北宋彩锦有四十余种，

花卉瀱鹅锦片

北宋

长54厘米 宽58厘米

1957年新疆若羌阿拉尔出土

现藏新疆维吾尔族自治区博物馆

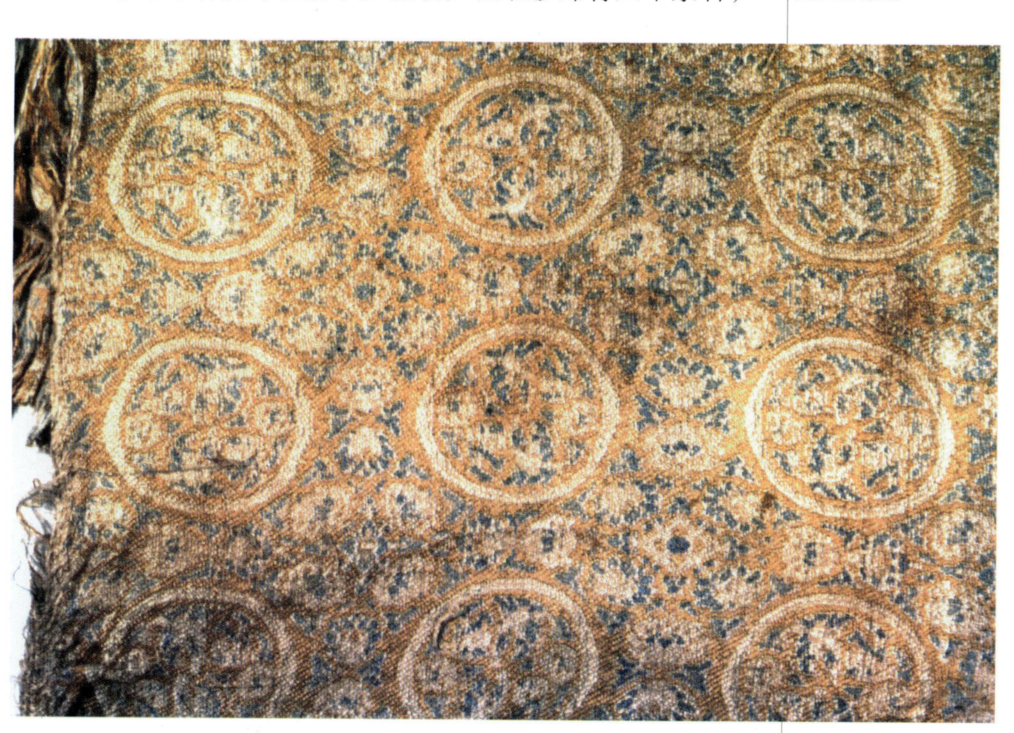

织锦皮帽
北宋
通高31.5厘米 宽44厘米
1957年新疆若羌阿拉尔出土
现藏新疆维吾尔族族自治区博物馆

南宋有上百种，其名目繁多，如八答晕、翠池狮子、天下乐、云雁、盘球、大窠狮子、大窠马大球、宜男百花、簇四金雕、青绿瑞草云鹤、青绿如意牡丹、真红穿花凤、真红雪花球路、水藻戏鱼等。

八答晕又称天华锦，是仿建筑中天花板（藻井）图案，以四出、六出或八出圆形或方形几何纹相连，构成大骨架，再以金锭、镇子甲、古钱、龟背作锦地，骨架上再饰团窠瑞花，所以又称“锦上添花”。新疆博物馆收藏的宝蓝地天华锦，是其中的代表之作。明清时期的

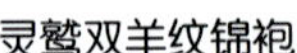

灵鹫双羊纹锦袍
北宋
长128厘米
通袖长197厘米
1957年新疆若羌阿拉尔出土
现藏新疆维吾尔族自治区博物馆

黄地朵云瑞花锦
北宋
残长52厘米
宽34厘米
江苏苏州虎丘云岩寺塔出土
现藏南京博物院

仿宋锦，基本上俱为此类风格。

宋初，部分织锦沿用唐代初创的纬显花夹经斜纹或平纹组织，如新疆阿拉尔出土的北宋织锦为正面 1/2 纬面斜纹，背面2/1经面斜纹，彩纬显花夹经组织。再一种正、背面斜纹结构和斜向都相同，属同面纬二重夹经组织，起花方法有两种，一为彩纬显花，另一种为妆彩织局部花纹，色彩更显丰富。宋代织锦到后期几乎都是纬显花夹经斜纹组织。

宋锦与蜀锦的亲缘关系，在花纹图案上有较多反映，如联珠纹等时有发现。苏州瑞光塔出土的黄地孔雀宝相花锦，两只半开屏的孔雀相对飞翔，宝相花呈十字状作骨架，间饰朵云；还有苏州云岩寺塔出土的黄地朵云瑞花锦，其纹饰图案都可看出与唐代风格的承继关系。还有一种为小朵花、小团花作散点式四方连续图案。

宋锦对后世有很大的影响，明清时期曾大量仿制，称仿宋锦或宋式锦。

20. 新兴的缂丝工艺

几何纹缂丝带
唐
残长9.3厘米
宽0.9厘米
1973年新疆吐鲁番阿斯塔那墓出土
现藏新疆维吾尔族自治区博物馆

宋代最突出的是缂丝的发展，与刺绣一样，以名人书画为稿本，成为极具观赏性的艺术品。

南宋庄绰《鸡肋编》说："定州织刻丝不用大机，以熟色丝经于木梼上，随所欲作花草禽兽状。以小梭织纬时，先留其处，方以杂色线缀于经纬之上，合以成文，若不相连。承空视之，如雕镂之象，故名刻丝。"古文献中有"刻丝"、"克丝"、"克丝"等多种称呼，自明代始定为"缂丝"。

缂丝凤穿牡丹图
北宋
长66.8厘米
宽36.7厘米
现藏苏州市博物馆

缂丝是在汉代精纺毛织物——缀罽的基础上发展起来的，唐代始以丝织，但仅为小件作品，如阿斯塔那出土的唐代几何纹缂丝带，是目前发现的最早的缂丝制品。宋代缂丝达到了鼎盛期。当时以定州为生产中心，多作

缂丝莲塘乳鸭图
南宋·朱克柔
纵107.5厘米
横108.8厘米
现藏上海博物馆

书画包首或经卷封面，也不乏大件作品。南宋缂丝除临安外，云间（今上海松江）亦成为著名产地，更是涌现出朱克柔、沈子蕃、吴煦等缂丝名匠。

缂丝在初创时以作实用品为主，后来和刺绣一样，受绘画影响，以模仿名人画作为尚，唐代范长寿，宋代崔白、赵昌和黄筌、黄居宷父子等名家之画，都是缂丝的样本。

北宋缂丝以写生花鸟、动物为主要花纹题材，用丝较粗，技法古朴。缂丝紫鸾鹊谱、紫天鹿、紫汤荷花等，用色深沉、典雅，为北宋缂丝的代表之作。

南宋缂丝更具观赏性，往往具有绘画效果。如朱克柔的缂丝莲塘乳鸭图，双鸭浮游于荷株、绿萍、水草之间，有稚鸭相伴，周围点缀以白鹭、慈姑、翠鸟、蜻蜓等。色彩雅丽，缂丝技艺精湛，丝缕匀称，体表紧密纤细，层次分明，宛如笔绘。

朱克柔缂丝山茶夹蝶图，以彩色纬丝织山茶花一枝，枝头花朵错落有致，竞相斗艳，左上角点缀彩蝶一只，独具匠心。其花萼采用戗梭，其余则用平缂，叶子不用勾线，枝干则以合花线织成，具有很高的艺术水平。

沈子蕃缂丝梅花寒雀图，缂织一树梅花绽放，两只寒鹊栖息枝头。此图承袭宋代院体花鸟风格，重彩描绘梅花、寒鹊，水墨渲染粗干，工写相兼。缂丝技法繁复，有平缂、搭缂、长短戗等工艺。用色丰富，达十五六种色丝，搭配巧妙，晕色和谐。

这些作品亦书亦画，形神兼备，是南宋缂丝的代表性作品。清代的《墨缘汇观》、《西清笔记》等书评价宋代缂丝，无论山水人物花鸟，“每痕割断（指回纬痕迹），所以生意浑成，不为机经掣制”，“宋缂丝画有绝佳者，全不失笔意”，即所谓织物书画化，是为南宋缂丝的一大特色。

缂丝梅花寒雀图

南宋·沈子蕃

纵104厘米 横36厘米

现藏故宫博物院

缂丝山茶夹蝶图

南宋·朱克柔

高25.6厘米

宽25.3厘米

现藏辽宁省博物馆

 **文物百科**

院体

一般指宋朝翰林图画院开创并由后代宫廷画家承袭的比较工致一路的绘画风格，亦专指南宋画院作品，或非宫廷画家而追仿南宋画院画风之作，如明代中期的浙派作品。宫廷早在唐朝已设待诏、供奉等。然至五代时，西蜀、南唐、敦煌始设画院。宋朝所设翰林图画院，制度趋于完备，画院选拔优秀画家，为宫廷作画，供收藏或用于装饰宫室、家具、用具。历代画院里所画的山水、人物、花鸟等，大都要求技法高超，用笔工细，构图严谨，设色鲜明，有的有较强的装饰性。特别是宋代将画法推向精微细致的写实高峰，形成了工笔细致的画风，影响后世深远，成为院体画的典型样式。

21．具书画神韵的宋代刺绣

宋代刺绣亦受书画的影响，作品主要用于观赏，并以名家书画为样本。特别是皇家对其偏爱有加，宋徽宗于崇宁年间（1102～–1106年）在皇家画院中设画绣专科，分有山水、楼阁、人物、花鸟。皇宫文绣院集从全国各地征召而来的绣工三百余人，像思白、墨林、启美等都是当时的著名绣匠。他们的作品极力模仿和追求书画的笔墨效果和神韵，以针代笔，以线代墨，赵昌、崔白之画，苏（轼）、黄（庭坚）、米（芾）、蔡（襄）之书具可入绣。

宋代刺绣最具特点之处，是能反映出绘画的意境和神韵，正如明人张应文《清秘藏》中所说：“宋人之绣，针线细密，用绒止一二丝，用针如发细者为之，设色精妙，光彩射目。山水分远近之趣，楼阁得深邃之体，人物具瞻眺生动之情，花鸟极绰约嚵唼之态，佳者较画更胜。”

近年有一些北宋刺绣作品出土，如新疆阿拉尔出土的对鸟对鹿纹包首，方形包首中心绣柿蒂纹，内有对鸟、对鹿各四只，间饰朵花，针法简练，花纹古拙。苏州云岩寺

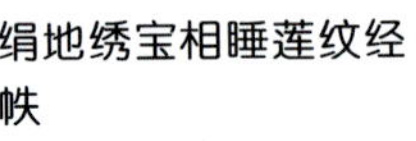

绢地绣宝相睡莲纹经帙

五代末北宋初

残长34.7厘米

宽15厘米

江苏苏州虎丘云岩寺塔出土

现藏南京博物院

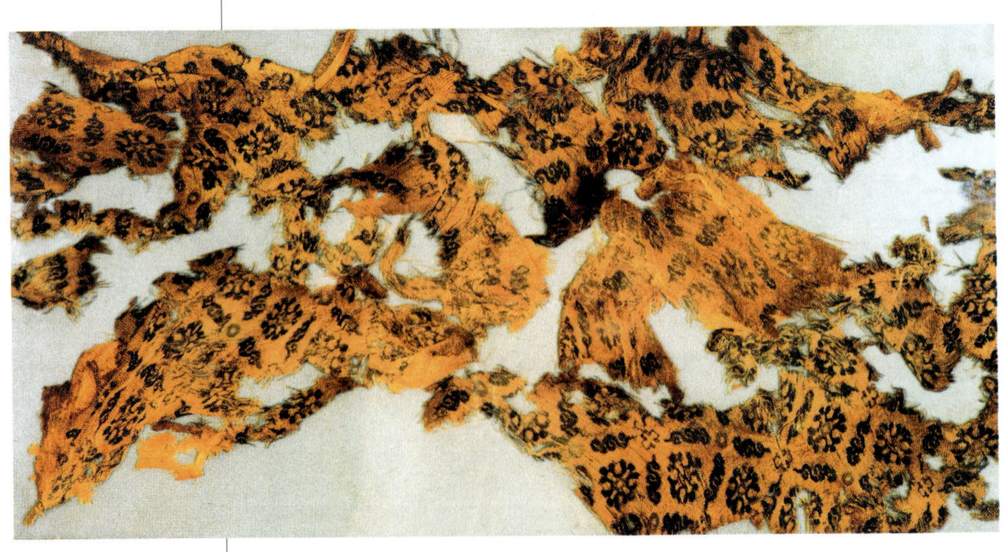

塔出土的深酱色绢地绣宝相睡莲纹经帙，有准确纪年，为五代末北宋初的绣品。浙江慧光塔出土的北宋庆历前的作品，有罗地绣双鸾团花经帙，以团花为中心，翔鸾对飞，优美活泼。绣品正反面花纹相同，均不露线头和线结，是用切记针法绣制，称为两面针，即是早期的双面绣。

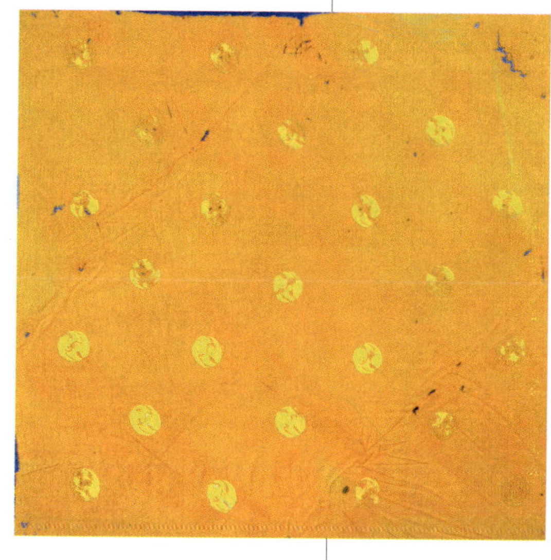

罗地绣双鸾团花经帙

北宋

纵48厘米 横49.5厘米

1966年浙江瑞安慧光塔出土

现藏浙江省博物馆

南宋刺绣品存世较多。20世纪50年代山西出土一批南宋刺绣品，其中一件绛色罗地绣花鸟璎珞纹边饰，绣两只凤凰围绕牡丹花飞翔嬉戏。辽宁省博物馆藏宋绣瑶台跨鹤图，画面左上角仙人乘鹤而来，瑶台上二童子持幢相迎。伸出的松柏，既是衬景，又有迎客之意。瑶台下的翠竹、水浪，富有浪漫色彩。针法以平绣为主，兼用

刺绣瑶台跨鹤图

南宋

纵25.4厘米 横27.4厘米

现藏辽宁省博物馆

刺绣海棠双鸟图
南宋
纵27.9厘米
横26.4厘米
现藏辽宁省博物馆

单线绣等多种技法。此外，同为辽宁省博物馆珍藏的宋绣海棠双鸟图、梅竹鹦鹉图，以及台北故宫博物院藏梅竹山禽图、白鹰图等，都具有宋代院体工笔花鸟画的风格。

22. 宋代的绫罗织物

宋代以绫作官服面料，需要大量紫绫、花绫，同时，还要向辽、金、西夏馈赠，用量之大，前所未有。当时开封有绫锦院，湖州有织绫务，各地都织不同名目的花绫，如赵州狗蹄绫、柿蒂绫、寺绫等。

宋绫以斜纹地斜纹花为主，但在斜纹结构和花纹显现上变化多端，如异向绫除三枚、四枚异向外，尚有六枚异向绫。湖南何家皂出土的褐色仙鹤藤花绫、金黄色牡丹童子戏莲绫等，都是5/1经右斜纹地、1/5纬左斜纹花，斜纹清晰。还有异单位异面同向绫，如黄褐色缠枝花果童子绫，为3/1经左斜纹地、1/6纬左斜纹花；4/1经左斜纹地、1/3纬右斜纹花，为异单位、异面异向组织。还有3/1经右斜纹地、纬浮线显花。

宋代的罗更是风靡一时，为江南名贵丝织品。当时润州专设织罗务，每年贡御服花罗数千匹，有孔雀罗、瓜子罗、春满园罗、宝相花罗等。主要组织是二经、三经、四

镶花边罗女夹衣

南宋

长74.6厘米

通袖长135厘米

1975年福建福州北郊黄升墓出土

现藏福建省博物馆

经绞组织为地，三枚斜纹和平纹织花。三经、四经绞罗工艺复杂，费工费料，后来逐渐被平纹地、一绞一组织的横罗所代替。

宋代绫罗织物上的花纹较前更为丰富，突出的是出现了自由流畅、清新活泼的具有写实风格的纹饰。当时流行的花卉有牡丹、芙蓉、山茶、荷花、菊花、梅、竹、月季、芍药、海棠等，或缠枝、或折枝、或串枝，都安排得自然得体。如绛色牡丹花罗，以大缠枝牡丹为主，配衬则是花叶、花蕾，清新活泼。牡丹、芙蓉、梅花绫是将几种写生花卉组织在一起，将一个个缠枝花再连起来成为串枝形。莲心牡丹花罗，以牡丹和芙蓉为主体，在牡丹花中心饰朵莲，在芙蓉叶上饰莲花，所谓花中套花，为一种全新的形式。

宋代织锦、缂丝、刺绣等织物上的纹饰图案，题材扩大，风格一新，虽然仍主要为动物、植物、几何纹等，但更贴近于生活，如动物中异兽减少，代之以羊、鹿、鹤、蜂、蝶等；植物中更是以牡丹、荷花等写生花卉为主。整体风格上呈现出精巧玲珑、自由活泼、纤丽典雅以及趋于写实的特点，即所谓“生色花”。另外，还出现了“天下乐”（灯笼纹）、婴戏莲、落花流水等附会的吉祥图案。

褐色印花褶裥罗裙
南宋
通长78厘米
下摆宽158厘米
1975年福建福州北郊黄升墓出土
现藏福建省博物馆

23.元代织金锦的辉煌

龟背团龙凤纹纳石失佛衣披肩

元

长43厘米

肩宽70厘米

飘带长42厘米

现藏故宫博物院

蒙古贵族成吉思汗建立了元王朝，结束了长达二百余年的南北对峙，统一了中国。生长在漠北草原的蒙古族，对华丽的丝织品有着传统的喜好。元代建立以后，为满足自身的享用和对外贸易需要，统治者将包括织绣在内的工艺生产控制起来，大批工匠成为官营局作的工奴。官府设立织染局、司，如绣局、纹锦总院、纳石失局等。集中技术高的工匠专门织造“纳石失”（织金锦），使其得到空前发展。缂丝、刺绣继承宋代传统并有所发展。缎织物开始成熟，不仅增加了丝织物的品种，并为以后的多彩缎织物做好了技术上的准备。

元代将织金锦称为“纳石失”，“纳克实”等，为波斯语音译，是一种以片金线或圆金线为纹纬的丝织物，既可以金线织花纹，又可用以勾边，具有金碧辉煌的装饰效果。在丝织物中加金约始于战国，唐宋时期技术已趋成熟，元

龟背团双羊织成锦被

元

长191厘米

宽118厘米

1976年内蒙古集宁路元故城出土

现藏内蒙古自治区博物馆

印金花卉罗夹衫

元

长58.3厘米

袖长43厘米

下摆宽70厘米

1976年内蒙古集宁路元故城出土

现藏内蒙古自治区博物馆

代达到极盛，丝织物以色彩综合为主的艺术风格至此一变为用金银线来作主体表现。

以游牧生活为主的蒙古族历来喜爱富丽堂皇的金银装饰，在战争中获得的大量黄金，及俘获的织金绮文锦工匠，使元代织金锦得到空前的发展。

元代统治者十分喜爱织金锦，不仅“衣金锦”，还将其用作官服和赏赐品，甚至作为军中营帐，绵延数里，盛况空前。当时南京、苏州、镇江都织造织金锦，《元典章》中有织金胸背麒麟、织金狮子、织金虎豹等众多名目。传世和出土的元代织金锦作品，向我们展示了其高度发展的成就。

现藏辽宁省博物馆的元代织金锦仪凤图，长 53.5 厘米，宽 54.8 厘米，可称巨幅之作，在桃红色的缎地上，用金彩纬线通梭提花织制百鸟朝凤图案，以拈金线制织羽毛、玉兰枝的框边，花纹更显光彩夺目，堪称精品。

内蒙古集宁路元故城出土的龟背团双羊织成锦被，长 191 厘米，宽 118 厘米，用两幅织锦拼接而成。经丝分地经与纹经两组，用黄、蓝两色纬丝起花。主体图案为背向回首相对羊纹，凤头羊身；双羊间缀以花卉，外围连弧纹圈。空间布满以六角形组成的细花图案，四周织出缠枝芙蓉、荷花边饰。以斜纹为地，用黄、蓝两色纬丝起花，起花部分的长纬用地经将纬丝压下。整个作品一气织成，如此大型织成锦殊为少见。

另外，新疆盐湖元墓出土有织金锦菩萨像、开光缠枝莲织金锦，甘肃章县元墓出土凤鹿纹织金锦，苏州张士诚母墓出土对龙织金锦，新疆博物馆收藏有白地四合如意天华锦等。

这些元代织金锦都是片金线，即用纯金箔托贴于皮或绵纸上，再裁成细条为片金。片金线比圆金线更具有光亮耀眼的效果。元代织锦都是纬显花，经线分地经和纹经两组，有平纹和斜纹组织。

阅读链接

喜爱金银的蒙古族

以游牧生活为主的蒙古族是一个极为喜爱金银的民族，蒙古族建立的元朝，对金银的使用更是达到了挥金如土的程度。这从元朝金银制造业的盛极一时和各地出土的为数众多的元代金银器上可见一斑。

元代增开了多个金银矿，金银的产量较北宋时期有显著提高。金银器制作有“官作”、“民作”之分，并允许金银器自由买卖，大大促进了金银制作业的发展。

考古发现了数量众多的元代金银器，品种有杯、盏、壶等酒器，盘、碗、筷、勺等食器，簪、钗、镯等首饰，渣斗、水盂等生活用器，几乎涵盖了生活的方方面面。

元代金银使用的靡费在《马可·波罗游记》中也得到了印证。书中描绘了元朝用黄金涂满宫殿内壁所造成的金碧辉煌的画面，记述了元帝宴饮时大量使用金器，而宫殿里所藏金杓、金盏数量之多，价值之巨令人震惊。

24．元代的缂丝、刺绣

元代缂丝仍以绘画为稿本，并增加了许多佛像和祝寿内容的作品，与织锦一样，缂丝中也大量参织金线。缂丝牡丹纹团扇，以金线勾边，显得浓艳有光彩；缂丝东方朔偷桃图、缂丝八仙拱寿图、缂丝百花辇龙图、缂丝杏林春燕图等，都具有宋代缂丝的艺术观赏性风格。在缂织技法上也保持宋代的方法，但表面平整，用线较粗，具有古朴苍健之风。

缂丝东方朔偷桃图轴
元
长58.5厘米
宽33.5厘米
现藏故宫博物院

缂丝东方朔偷桃图是元代缂丝的代表作。图缂织东方朔从仙界偷仙桃后疾走之状，回头张望，银须飘拂。上方是累累果实，下方配灵芝、水仙和竹石，寓意“芝仙祝寿”。此图运用多种缂织技法，以平缂作色块平涂，在纹样边缘或二色相交处，则使用勾缂进行勾勒，长短戗进行调色过渡。寿石用深蓝、蓝和浅蓝三晕色戗缂，突出山石的立体感。尤其以两种色丝捻合后使用“合色线”技法较有特色，如东方朔的手指缝用黑、白二色丝，灵芝的茎部用石青和米色二色丝，较好地表现出物象糙涩的质感。现存元代缂丝作品极少，而似此艺术上佳之作更为罕见。

元代刺绣在技法上基本继承了宋代的传统，风格上

棕色罗绣人物花鸟纹夹衫

元

通长65.5厘米

袖长43厘米

1976年内蒙古集宁路元故城出土

现藏内蒙古自治区博物馆

以粗犷、豪放为主。元代在大都（北京）人匠总管府设有绣局，专门制作帝王、官员的绣衣。皇帝绣十二章纹，百官公服依品级分别绣大小独科花、散答花、小杂花等。在华丽的织金锦袍上镶饰大珍珠，称“答纳都纳石失”。

元代刺绣大量应用富有生活气息的写生图案，如内蒙古集宁路元故城出土的棕色罗绣人物花鸟纹夹衫，花纹极其丰富而富有生活情趣。山东李裕庵墓出土的绫地刺绣人物花卉裙带，在5厘米宽的彩带上绣有老翁、仙鹤、鹿、飞鸟、莲花、小草、水藻等，几乎包括了当时所有流行的动植物，花纹复杂，排列有序，似一幅生动的连环画。

元帝信奉喇嘛教，专设梵像提举司，由尼泊尔人阿尼哥掌管织绣佛像。如刺绣密迹金刚像、刺绣西方广目天王

绫地刺绣人物花卉裙带

元

长155厘米

宽5厘米

1975年山东邹县李裕庵墓出土

现藏邹县文物保管所

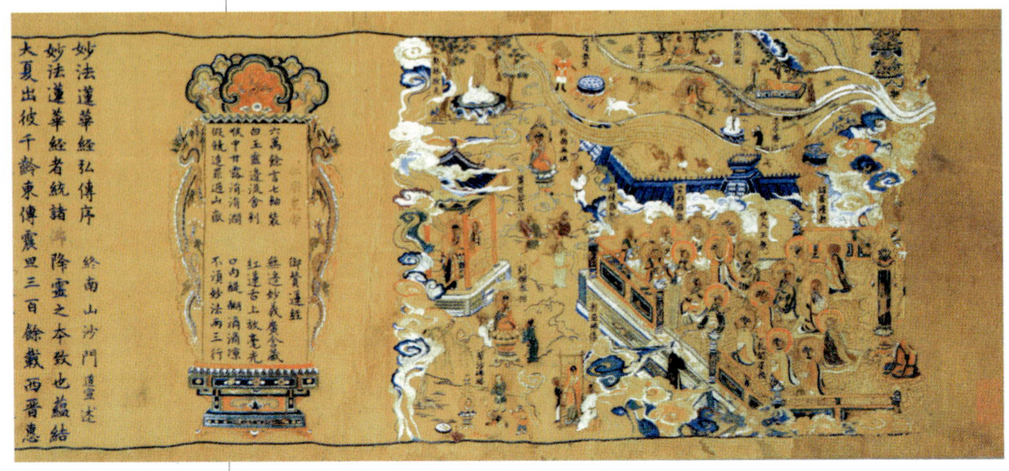

李德廉刺绣妙法莲华经

元

纵44.1厘米

横1953.3厘米

现藏上海博物馆

像，都是这时期的代表作品。特别是广目天王像长250.8厘米，宽247.7厘米，在棕红色缎地上，用彩色丝线绣出天王形象：脸呈方形，身体肥硕，两目圆睁，双腿左右开张，立于云中；头戴凤翅盔，身披铠甲，足蹬云头黑靴；左臂下垂前曲于腰间，手持弓背；右臂前曲于胸旁，右手扬起，手心向外，以拇指与食指夹持羽箭一枝。形象威猛，气势不凡。

25. 暗花缎初露头角

缎是平纹、斜纹、缎纹三原组织中最复杂的，用精练的熟丝织造，外观光亮，手感平滑、柔软。清代以前称缎为“纻丝”，清同治年间汪日桢在《湖蚕述·纺织》中引《新纂府志汇》云：“纻丝俗名‘段’，因造‘缎’字。”后来，才统一将此种组织织物称缎。

缎组织的基本特点是：经、纬线必须在五枚以上；交织点不连贯，以均匀距离分布于相邻的经（或纬）线上。“枚”指组织循环数，五枚即为一根经线下压四根纬线；交织点称“飞”，从一个交织点向上数两根纬线，在相邻的经线上出现另一个交织点，称二飞，以此类推，但缎纹组织中枚数和飞数不能成倍数。

缎织物出现较晚，敦煌藏经洞有缎地织锦，南京有宋代缎地锦，这些应是缎的雏形。到元代，缎织物逐渐多起来，都是成熟的缎纹组织，有五枚二飞、五枚三飞经面缎纹地、纬显花的暗花缎。

元代以后，缎织物不仅数量多，而且工艺成熟。山东邹县李裕庵墓出土的元至正十年（1350年）杂宝云纹暗花缎夹帽，地为五枚二飞经缎组织，纬线起花。云纹横向上下交错排列，间饰金锭、古钱、珊瑚、犀角、火珠、方胜、如意头等，纹饰清晰。这是以同色经纬组织

缎地彩绣韦陀像
元
纵31.2厘米
横27厘米
现藏辽宁省博物馆

缎地刺绣天王像

元

长247.7厘米

宽250.8厘米

现藏中国国家博物馆

不同而显花纹，称作暗花缎。另外，苏州曹氏墓出土有云龙八吉祥暗花缎、菱形卍字云龙纹暗花缎，均为五枚二飞组织。

元代的缎完全具备了缎织物的各项特征，还可以织暗花缎、金花暗花缎、织金缎等。缎织物的出现，增加了丝织物的品种，为多彩缎织物打下了基础。

 **文物百科**

敦煌藏经洞

清光绪二十六年五月二十六日(1900年6月22日)，住在敦煌莫高窟下寺的道士王圆箓在清理石窟内的积沙时，在晚唐16窟甬道的北壁发现了藏经洞。洞内封存了公元4~11世纪初的文献、绢画、纸画、法器等各类文物，约计5万件，5千余种。这些来自丝绸之路的中世纪珍宝，为研究中国及中亚古代历史、地理、宗教、经济、政治、民族、语言、文学、艺术、科技等提供了数量巨大、内容极为丰富的珍贵数据，被誉为“中古时代的百科全书”、“古代学术的海洋”。可惜由于当时国家衰败，这些珍贵文物流散世界各地。

26. 推陈出新的明代织锦

明朝建立后，为保持“长治久安”，采取了一些减税、促进生产的措施，使得在战乱中遭到破坏的经济得到恢复，农业、手工业及商业都呈现出繁荣的景象。织绣工艺得到全面发展，出现了蓬勃发展的新高潮。

当时，南京设内织染局和供应机房，专门织造帝后用品。省管辖的苏、杭两织造，在宫廷织绣品用量大增的情况下，于万历年间升为由朝廷直接管理。从此，苏州、杭州、南京并称为江南三织造。四川、福建、广东、山西等地方丝织业也很发达，定期向宫中进献具有地方特色的丝织品，如福建漳绒、广东粤绣、山西潞绸等都是著名的品种。

明代织锦仍是纬线显花，但在总结宋元以来经验的基

明代花楼织机图

据宋应星《天工开物》摹绘。明代著名的蜀锦及南京云锦均由此种花楼机织成。

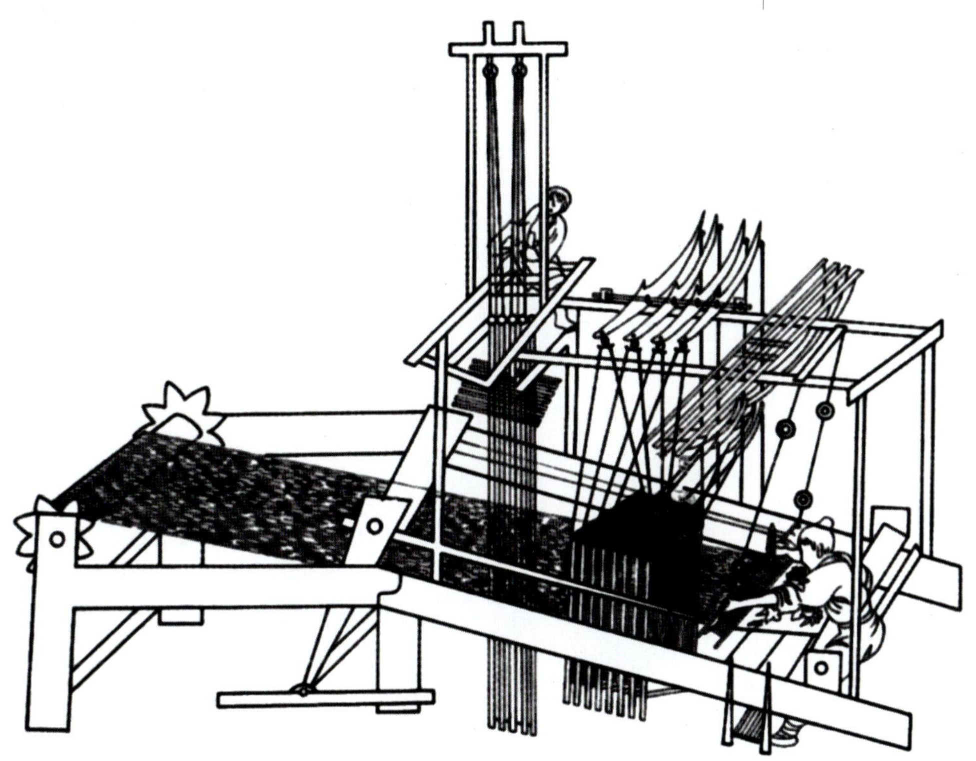

础上，对织机进行改革。主要表现在用双经轴将经线分为地经和纹经两组，比例为1∶3或1∶2、1∶6。地经由综绒控制，专织地纹；纹经由花本控制，和纹纬交织显花。纹经也称结接经，除织花纹，还将不提花的纹纬得到固结，使背面整齐。花本者，明宋应星《天工开物》中讲“凡工匠结花本者，心计最精巧，画师先画何等花色于纸上，结本者以丝线随画量度，算计分寸杪忽而结成之，张悬花楼之上，即织者不知成何花色，穿综带经，随其尺寸度数，提起衢脚，梭过之后，居然花现。”应用花本提花，花形准确，轮廓清晰，这是明代织锦的重大成就。

苏州在元代时就以织金锦闻名，明代时以三枚经斜纹地、三枚纬斜纹花为主要组织，织造精密，极富时代特色。在纹饰上以仿宋代蜀锦花纹为其特色。如灯笼纹，是宋代因灯节而兴起的装饰图案，象征丰收，具有浓郁的生活气息。还有天华锦等，都是苏州织锦的代表。

云锦是南京织造丝织品的泛称，包括彩锦、暗花纻丝

织金盘龙锦袍
明
长130厘米
袖通长110厘米
1971山东邹县鲁王朱檀墓出土
现藏山东省博物馆

黑地五彩云龙海水纹锦

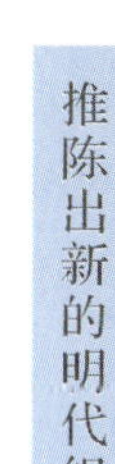

（暗花缎）和妆花缎。其中，彩锦是在元代织金锦基础上发展起来的，花纹气魄宏大，布局严谨，在设计上有“花大不宜独梗，果大皆用双枝，枝长用叶遮盖，叶筋不过三五，叶从果间出不露大块，果中有斑纹不显全身”之诀。彩锦用色鲜艳，大量地织入金银线，织物金彩辉映，瑰丽灿烂，犹如天空云霞，故称“云锦”。

早在汉代即有了毛织双面罽，用丝织则称双面锦。这种双层组织，纺织学上称作“风通组织”。明代的双层锦具有很高的织造技术和特有的艺术效果，一般多用作书画装裱，具有很强的装饰性。

27．妆花、缂丝、刺绣再创新

妆花是一种多彩高级丝织物，是最能代表云锦的技术特色和风格的品种，其基本技术应源于唐宋时期的绒背，并在传统织锦的基础上，吸取缂丝通经回纬等综合技术制造的新兴丝织品种。

妆花是以多彩纬线通梭或局部挖梭盘织而成。挖梭也称挖花，即将多种彩纬穿入小管梭织花纹，地纹用大梭通幅织，大梭织一至二次，小管梭依花纹所需色彩依次挖织一遍，直至织完花纹。妆花织物用色不受织机限制，配色自由，因此是色彩最为丰富的丝织物，可以在绸、缎、纱、罗等各种织物地上妆彩织花。妆花织物比锦轻薄柔软，比缂丝坚固耐用，可以做春夏秋冬四季服装面料，或是被褥等生活用品。

寿字灵芝团龙妆花纱

缂丝大慈法王肖像

明

长107厘米

宽63厘米

现藏西藏自治区文物管理委员会

明清两代，妆花织物用途最为广泛，花色品种最为丰富。成书于明嘉靖年间的记录权相严嵩财产的《天水冰山录》，在记录的一万四千余件衣物中，妆花织物占绝大部分。现在存于各地博物馆中的明代妆花织物也不在少数，

罗地刺绣百子女夹衣
明
长71厘米
袖通长166厘米
1958年北京定陵孝靖皇后棺内出土
现藏定陵博物馆

北京明定陵出土的大量帝后衣物中，包括有妆花缎、织金妆花缎、孔雀羽妆花缎、妆花绸、妆花罗、妆花纱等，妆花织物应有尽有，为明代妆花织物的代表性作品。

明代缂丝保持宋以来传统，在继承古法的同时，又有所创新，特别是首创木梳戗和凤尾戗，以不同色调的丝线长短相套，形成似木梳一样规矩和凤尾一样富有装饰性的组织，用以更为准确地体现花纹的晕色效果。另外，明代缂丝还大量参缂金银线和孔雀羽线，使作品金翠交辉。

明代缂丝作品除作为观赏之外，大量地用作帝后及达官显贵的服饰，以及桌帷、椅帔等生活用品。定陵出土的万历皇帝袍服有近三十件是缂丝的，如缂金孔雀羽十二团龙十二章衮服、缂丝孔雀羽龙袍等，都是大件作品，花纹复杂，缂工精细。纯作观赏品中以神仙、佛像以及摹缂名人书画为主，如缂丝瑶池吉庆图是现存明代缂丝中尺幅最大的作品，缂丝仙桃图更是融诗书画为一体，扩展了缂丝工艺的范围，可算是明代缂丝作品中的杰出之作。

明代刺绣进入了一个发展的高潮，当时宫廷绣作和江南三织造专门绣制帝后及官员用品，在养蚕、织绣更为普及的情况下，全国各地刺绣工艺均得到很大发展，从技术和风格上主要分为南北两大系统。

北方刺绣主要包括宫廷刺绣及河北、山东等地刺绣。特点是绣线较粗，用双股合捻的衣线，也称衣线绣。多用暗花绫作绣底，以写实花鸟为题材，用色浓艳，具有纯厚

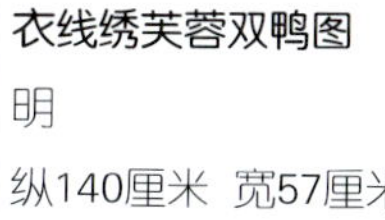

衣线绣芙蓉双鸭图

明

纵140厘米 宽57厘米

现藏故宫博物院

苍朴的风格。

宫廷刺绣集当时刺绣之大成，其绣作中的工匠是从全国各地招募的优秀绣工，作品多为帝后袍服等，技法纯熟、讲究，针法丰富，花纹图案具有程序化特点，各种花卉、龙凤是其主要图案，具有时代和宫廷特色。以定陵出土的红罗地绣龙万寿百子花卉女夹衣、洒线绣百花撵龙纹袍料为代表。其上的茶花、菊花、牡丹、海棠等均是当时的流行花卉。而洒线绣是明代首创，其以双股合捻的丝线，数着绣底纱丝有规律地纳绣，呈菱形，一般用作底纹，上面再绣主体纹饰，具有锦上添花的效果。

南方刺绣的主要代表是苏绣和顾绣，特别是顾绣，在当时及对后世都有巨大的影响。

顾绣产生于明代后期，是在具有广泛普及性和优良技

顾绣洗马图
明
纵26厘米
横23.9厘米
现藏辽宁省博物馆

术传统的苏绣基础上发展起来的地方刺绣。代表人物是韩希孟。她为顾名世次子之次子之妻，亦工绘画，其夫顾寿潜能诗善画，是当时画坛盟主董其昌弟子。韩氏作品以针代笔，劈丝细过毛发，行针运线精巧无比，将娴熟的刺绣针法与绘画中的笔墨技巧相结合，画绣结合，以画补绣，画理融于绣技之中，无论是山水人物，还是花草翎毛，无不具有水墨韵味。韩希孟的刺绣作品存世较多，故宫博物院、上海博物馆、南京博物院、辽宁省博物馆等均存有其传世作品，从中可见其艺术特色。

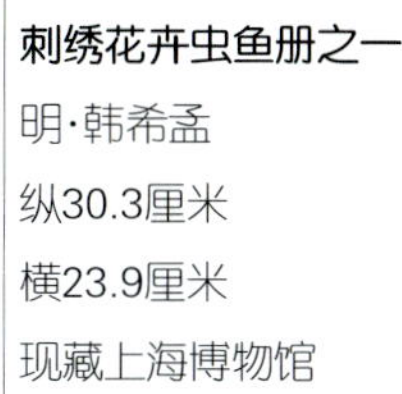

刺绣花卉虫鱼册之一

明·韩希孟

纵30.3厘米

横23.9厘米

现藏上海博物馆

 **文物百科**

定陵

明代十三陵之一。位于北京市昌平区。1956～1958年北京市文物调查研究组等联合发掘。墓主为明神宗朱翊钧及皇后。陵园建在山前，有围墙，门前设无字石碑，进入陵园有祾恩门、祾恩殿，两旁建廊庑。牌楼门后建明楼和宝城。墓室为石砌，由前、中、后殿和左、右配殿组成。各殿间有门相通，中殿设石供案3个，案前各置五供、长明灯等。后殿和左、右配殿各设石棺床。棺床上各有方孔，内填黄土。棺椁置于后殿棺床，三人各为一棺一椁。出土随葬品2000余件，有木制谥册、谥宝、俑，金、银、玉、瓷器等生活用品及佩饰，织锦匹料以腰封、题签标明产地、尺寸、织造年月、织工姓名等，是研究明代织绣的重要资料。明定陵的发掘为明史研究提供了重要的实物资料。

28. 日臻完善的清代织锦

随着社会经济的进步，清代织绣工艺得到了前所未有的发展，特别是所谓的“康乾盛世”时期，更是达到了历史最高峰。当时织绣业主要分为官营和民营两种形式，呈现出官、民竞秀，全面发展的局面。

官营主要以北京内织染局和江南三织造为中心，集中了全国最精良的技术力量，专供宫廷制品，不惜工本，精益求精，其产品自然代表了当时织绣业的最高水平。民营品除却部分用作进贡宫廷和自己使用外，大部分用作商品出售，因此，在艺术风格上突破程序化，敢于创新，富有生活气息和地方特色。

清代丝织品生产地域之广，品种之丰富，都达到了历史最高水平。织锦有宋式锦、云锦、蜀锦、金宝地锦、壮锦、回回锦等，技艺已日臻完善。

黑地冰梅纹锦

清·康熙

长296厘米 幅宽76厘米

现藏故宫博物院

织锦金线佛像

清·乾隆

纵102厘米 横61厘米

现藏故宫博物院

宋式锦的产地主要为苏州。据记载，清康熙时，有人从泰兴季氏处购得宋代《淳化阁帖》十帙，揭取其上宋裱织锦二十二种，转售给苏州机坊，用于摹取花样仿造。清宫《造办处活计档》记载，乾隆曾下旨："将金黄地大花宋锦一块，发往苏州织造照样织锦一匹。"可见，苏州织锦以仿宋锦而著称。

苏州织锦在纹饰图案上多采用宋代流行的灯笼纹、八

石青地云龙纹织金锦妆花缎袍料

清·乾隆

长135.5厘米

宽78厘米

现藏南京博物院

答晕、方棋、朵花、几何纹等，善用退晕的配色技巧，色彩鲜艳柔和，与宋锦纯真、典雅的风格十分相近。其品种主要有重锦、细锦和匣锦。重锦质地厚重，多用作铺垫料和织造绘画作品。细锦以长跑梭和分段换色的短跑梭相结合织造，每段花形相同，色彩不同，使得色彩丰富但又不增加织物厚度。细锦厚薄适中，多用作椅帔、桌帷、书画包首等。匣锦轻薄，花纹小巧，多用作装裱书画和糊囊匣。

南京云锦以缎纹地为多，织物轻薄柔软，并大量织入金银线。常见的一种妆花方法称作芙蓉妆，为宋元以来流行的方法，最初因以芙蓉花为主题纹样而得名，后来虽不用芙蓉花，也称作芙蓉妆。

云锦中还有一种称作金宝地锦，为明末清初南京艺人创造。其以重组织和挖梭技术相结合，大量应用金银线，色彩艳丽、灿烂。

具有古老传统、并在织锦领域长期占有领先地位的蜀锦，在明末战乱中一度遭到严重破坏，生产几乎停顿。清中期以后，在已领先的江浙地区技师帮助下，蜀锦生产得到恢复，织造出具有地方特色的蜀锦，如明机蜀锦、天心锦、浣花锦、巴缎、鸳鸯缎、通海缎等。

蜀锦采用经丝牵彩条和纬线分段换梭织花纹，为缎纹和斜纹变化组织，织物轻薄柔软，适宜作衣料和被面。

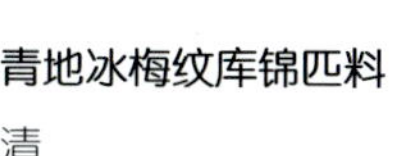

青地冰梅纹库锦匹料

清

长417厘米　宽75厘米

现藏南京博物院

29. 品种齐全的清代丝织物

清代各种丝织物品类齐全，可谓集历代之大成，在平纹、斜纹、缎纹三原组织基础上，又派生出许多变化组织，因而显得十分丰富，异彩纷呈。

清代的缎织物除妆花缎外，尚有暗花缎、织金缎、闪缎、二色缎、广彩缎、漳缎等。

暗花缎为单色单重花缎，经缎地，纬缎花为暗花缎；纬缎地，经缎花为亮花缎。明代和清初多为五枚二飞（或三飞）组织，清中期后增加到七枚、八枚，缎面光亮。暗花缎可作彩缎的地组织，也可直接作各种面料，用途最为

红地缠枝牡丹纹妆花漳缎

清·乾隆

现藏故宫博物院

蓝地百蝠寿库金缎

清

长550米

宽73厘米

现藏南京博物院

广泛。

织金缎是在素缎或暗花缎地上，以金线织花或织地，织花时用挖梭，织地时用通梭纬二重组织。

闪缎、广缎、二色缎都为彩色花缎，只是闪缎的经、纬线颜色强烈对比，经线细，纬线粗，组织稀疏，强光下呈现闪色效果。

漳绒、漳缎起始于福建漳州，故名，属起绒织物。经线有地经、绒经，以细铁丝作起毛杆（假织纬），地纬和起毛杆按一定比例织造，织入一根起毛杆便是一排绒圈，织成后抽掉起毛杆，按图剪开绒圈，便是绒花。以同样方法在缎地上织绒花，便是漳缎。漳绒、漳缎都是花、地分明，具有立体效果。

绸最早出现于汉代。早期绸织物，经、纬线均加捻，为

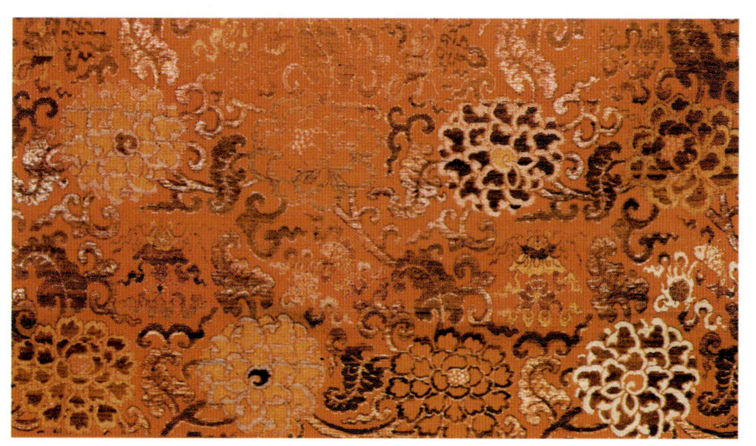

红地牡丹纹妆花缎

清

长715厘米

宽74厘米

现藏南京博物院

蓝色漳绒团八宝纹夹马褂
清晚期
身长77厘米
通袖长164厘米
现藏故宫博物院

平纹组织。明清以后，绸织物逐渐增多，特别是清代，可谓名目繁多。按组织结构，有平纹、斜纹；按装饰外观，有妆花绸、织金绸、暗花绸、绉绸、线绸、春绸等；按产地有江绸、潞绸、川绸等。绸织物的厚薄适中，可作四季服装。

明清以后，三经、四经绞纱罗少了，代之而起的是横罗。横罗即是每织三、五、七梭平纹后，地经和绞经绞扭一下，形成平纹中一横条纱孔，故名。隔三梭平纹称三梭罗，五梭平纹称五梭罗，以此类推。横罗简化了织造工序，

大红绸画花夹驾衣
清
身长126厘米
通袖长193厘米
现藏故宫博物院

具有鲜明的时代特点。

这时期的方孔纱逐渐减少，而多是以两经绞为基本组织的纱织物，根据其不同的外观特征称为实地纱、亮地纱、芝麻纱、绉纱、春纱等。

纱、罗织物的共同特点是轻薄、柔软，透气性能好，是极好的夏季服装面料。

绿纱绣折枝梅金团寿单衬衣

清

身长133厘米

通袖长171厘米

现藏故宫博物院

30．清代缂丝的多项创新

清代缂丝工艺达到了历史最高水平，工艺之精、应用范围之广是前所未有的。特别是宫廷中，大到帝后礼服，各种陈设品，小到鞋面、荷包，缂丝工艺无处不在。清代除将原有的缂丝技艺发挥到极至，还出现了多项创新工艺，如三色金缂、双面透缂、缂丝加绣等。

三色金缂即将圆金、片金、银线同时运用在一件作品

缂丝加绣九阳消寒图

清·乾隆

纵212厘米

横112厘米

现藏故宫博物院

缂丝宜春帖子岁朝图

清

纵120厘米

横87厘米

现藏辽宁省博物馆

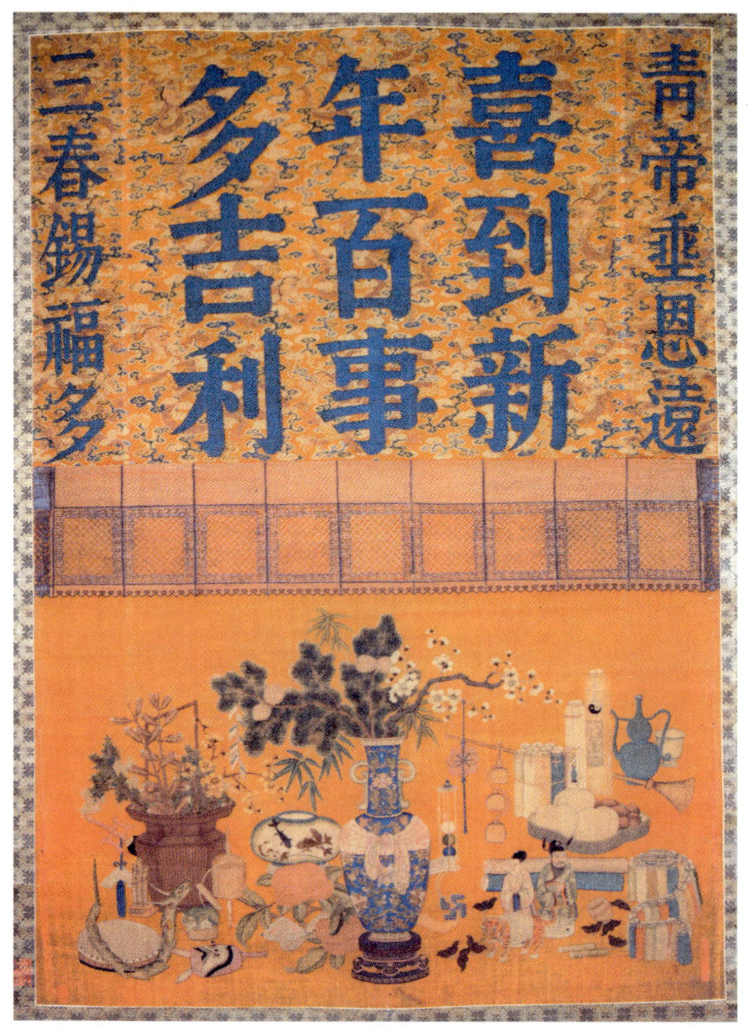

上，巧妙地利用金、银发光体和金色深浅不同的光效，使不同的纹饰部位呈现不同的效果。在大量缂织金银的同时，还在一些作品中加缂孔雀羽，在金光闪烁中透出斑斑翠绿，更显富丽豪华。

双面透缂也是清代首创，即作品两面花形、色彩相同而不露线头，整齐规矩，多用作屏风、宫扇等。

缂丝加绣，即以缂丝作地，再在上面以彩线施绣，使纹饰突出。还有三蓝缂、水草缂，以白色或金色作花纹勾边，具有素雅、安静的艺术效果。

清代存世有大量精美绝伦的缂丝作品，特别是一些大型的陈设品、以名家书画为蓝本的作品，在今天看来，仍然让人啧啧称奇。例如缂丝加绣九阳消寒图轴为苏州工匠仿宋人“九阳消寒图”画本，在宝蓝色地上，配五彩丝线和紫赤圆金采用缂丝和刺绣相结合的方法制成的。构图严谨，主题鲜明，是一幅不可多得的缂绣合璧作品。又如缂丝宜春帖子岁朝图，宜春帖中文字的织法全部用钩线，通呼之为边娘钩。双子母经织法运用非常成熟，使横竖直笔外缘光滑，很少锯齿纹的痕迹。岁朝图中水果、把壶用盘梭，余则平织，部分钩线。整个画面使用了渲染补笔的技法，极为生动。

后来，还出现缂丝加画技法，亦别具特色，但清晚期时，由于动笔过多、缂工粗糙等弊病，工艺已开始走下坡路。

缂丝乾隆御笔仙壶淑景图

清·乾隆

纵82厘米 横36厘米

现藏故宫博物院

31．不惜工本的清代刺绣

清宫绣作中集中了最优秀的工匠，他们的作品不仅具有高超的技艺，而且不惜工本，大量使用各种珍贵材料，具有富丽堂皇、工细精致的特点。

宫中运用最为普遍的是平金绣，即用金线在绣面上盘出图案，如帝后礼服、吉服上的龙纹几乎都为平金绣。还有用孔雀羽线绣龙纹，以其绣底子，称为铺翠。

最具有宫廷特色的是串珠绣，即选用一般大小的小粒珍珠，按照图案穿钉在面料上。由于其费工费时，价格高昂，连皇帝都觉得它过于奢侈。《清实录》中就记有乾隆皇帝下令禁止珠绣："昨偶阅熊学鹏家入宫物件内有珠绣蟒袍，此等费工价而不适用，朕甚鄙之，因即以赏人，并未留御。犹忆皇考时，怡贤亲王曾进珠绣黄褥，当即饬训，并

石青缎绣五彩丹鹤朝阳纹方补
清·乾隆
长36厘米 宽36厘米
现藏故宫博物院

谕其过当。朕遵守家法，宫中服御，从不用及珠绣。”虽这样说，但实际上宫中珠绣服饰从未停止过，如乾隆的明黄缎穿珠绣龙袍、光绪石青缎地穿珠绣八团龙褂等，其上龙纹都为珍珠或珊瑚珠穿绣而成。

另外，还有大量的刺绣陈设品，如卷轴画、屏风等，特别是许多为大型作品，如绣线极乐世界图，仅画心就达 287.5 厘米 × 147.6 厘米。这些作品多为诗书画结合，注重表现意境和笔墨情趣，具有很高的艺术性。

刺绣柳燕图

清·沈寿

纵98厘米 横35厘米

现藏故宫博物院

清代刺绣除宫廷绣作外，地方刺绣也纷纷涌现，呈现出繁荣发展的景象，特别是苏、湘、蜀、粤等地，更是形成了独具特色的地方体系，其影响直至今日，被称为“四大名绣”。

刺绣牡丹雉鸡图轴

清·乾隆

纵108厘米 横46厘米

现藏故宫博物院

苏绣指江苏苏州、吴县等地的刺绣，其在继承宋绣传统的基础上，以精、细、雅、洁著称。归结起来有如下特点：首先是针法丰富，尤其善于运用丝理转折、镶色和顺的擞和针、套针、各种戗针等；第二，绣工精细，将一根丝线劈成十几根，使绣面平齐、细腻；第三，用色淡雅、清新，善用中间色、晕色、和色技法，题材多为花鸟、山水、人物等。苏绣影响极大，宫廷刺绣中有许多就具有苏绣风格。苏绣工匠中名家辈出，最具代表性的有赵慧君、丁佩、沈寿等人。

湘绣是指以湖南长沙为中心的刺绣。其特点的是用丝绒线绣花，劈丝细致，并用皂荚仁液蒸煮处理，丝线具有特殊的光泽。在针法上吸收苏绣套针技法，并加以变化为参针，俗称乱插针。湘绣追求形象逼真，有“绣花能生香，绣鸟能听声，绣虎能奔跑，绣人能传神”之誉。

粤绣又称广绣，是指广东地区的民间刺绣，明代后期逐渐形成独特的地方风格。其绣线为粗而松的绒线和孔雀羽线，利用其走向、排列的疏密以及卷曲转折等方式，表现绣品的肌理质感；主要运用洒插针、松针、鸡毛针、刻鳞等针法。有采用彩色玻璃珠、电光片为原料的珠绣，还有具绣、钉广片等，金翠夺目。“孔雀开屏”、“百鸟朝凤”等是常见题材。

蜀绣又名川绣，是指以四川成都为中心的地方刺绣，历史悠久，与蜀锦并列为蜀中之宝。蜀绣以软缎、彩丝为主要原料，花鸟鱼虫为主要题材，构图简练，虚实结合，用色艳而不火，文而不黯，有花清地白之称。以套针为主，还有旋流针、棚参针、编纳针等，绣工平整，边齐如刀切。平沙落雁、黄莺翠柳、玉猫千秋、芙蓉鲤鱼等是常见题材。

另外，北京、河北等地的堆绫、铺绒（纳锦）、补花、挑花等绣种，朴实、淳厚，都具有的独特的民间特色。

清代织绣品纹饰图案十分丰富，既有传统的几何图案，又有山水、花鸟、人物及以历代名画为蓝本的内容，而最具特色的是大量的吉祥图案，即所谓“图必有意，意必吉祥”。

刺绣夜游赤壁图轴

清·乾隆

纵186厘米 横46厘米

现藏故宫博物院

刺绣百子图壁挂
清
纵308厘米
横218厘米
现藏南京博物院

 **文物百科**

吉祥图案

指以含蓄、谐音等曲折的手法，组成具有一定吉利寓意的装饰纹样。主要有两种形式，一是以形寓意，即将花纹赋以特定的含义，如石榴、葡萄、葫芦寓意多子，龟、鹤、松、菊花、桃寓意长寿，牡丹寓意富贵，将石榴、佛手、桃组合名为福寿三多，葫芦和卍字彩带为子孙万代等。还有一种是利用字的谐音构成吉祥意义，如蝠与福，鱼与余，柿与事，竹与祝等。两个柿子和如意，称事事如意；五只蝙蝠围着一个团寿，称五福捧寿；蝙蝠、寿字彩带、盘肠，称福寿绵长；灵芝、水仙、竹子、寿字，称灵仙祝寿。

图书在版编目（CIP）数据

中国工艺/陈丽华等主讲．—北京：中央编译出版社，2008.7
（文物名家大讲堂）

ISBN 978-7-80211-704-4

Ⅰ．中…
Ⅱ．陈…
Ⅲ．工艺美术品—历史文物—简介—中国
Ⅳ．K876

中国版本图书馆 CIP 数据核字（2008）第 114703 号

中国工艺

出 版 人	和 龑
策划编辑	曲建文
责任编辑	陈 肃
责任印制	尹 珺
出版发行	中央编译出版社
地　　址	北京西单西斜街 36 号（100032）
电　　话	（010）66509360（总编室）　（010）66509246（编辑部） （010）66509364（发行部）　（010）66509618（读者服务部）
http	//www.cctpbook.com
E-mail	edit@cctpbook.com
经　　销	全国新华书店
印　　刷	北京新丰印刷厂
开　　本	787×1092 毫米　1/16
字　　数	245 千字
印　　张	20.5
版　　次	2008 年 8 月第 1 版第 1 次印刷
定　　价	70.00 元

本社常年法律顾问：北京建元律师事务所首席顾问律师　鲁哈达
凡有印装质量问题，本社负责调换。电话：010－66509618